Celluloide

storie personaggi recensioni
e curiosità cinematografiche

a cura di Piero Buscemi

ZeroBook
2017

Titolo originario: *Celluloide : storie personaggi recensioni e curiosità cinematografiche* / a cura di Piero Buscemi

Immagine di copertina:
Robert (2017), progetto grafico a cura di Mauro Maiorca

Questo libro è stato edito da Zerobook:
www.zerobook.it.
Prima edizione: luglio 2017
ebook: ISBN 978-88-6711-123-7
book: ISBN 978-88-6711-124-4

Tutti i diritti riservati in tutti i Paesi. Questo libro è pubblicato senza scopi di lucro ed esce sotto Creative Commons Licenses. Si fa divieto di riproduzione per fini commerciali. Il testo può essere citato o sviluppato purché sia mantenuto il tipo di licenza, e sia avvertito l'editore o l'autore.

Controllo qualità ZeroBook: se trovi un errore, segnalacelo!
zerobook@girodivite.it

Indice generale

Prefazione..11
Celluloide: i film..13
   Alla ricerca della meglio gioventù..13
   Gente di Roma..16
   Il Signore degli anelli - Il ritorno del Re...................................18
   Guerre Stellari, la prima trilogia arriva in Dvd.........................21
   Wonderland - In memoria di John Holmes...............................23
   The Butterfly Effect..25
   L'eredità di Per Fly...27
   The Company di Robert Altman...29
   La Passione di Cristo - The Passion - di Mel Gibson................31
   L'odore del sangue di Mario Martone......................................36
   I diari della motocicletta..39
   Fahrenheit 9/11 L'America che critica se stessa......................41
   Le conseguenze dell'amore 43
   Lavorare con lentezza...46
   Treno e cinema nei ricordi di Mazzacurati..............................48
   Closer: tra attrazioni e incontri fortuiti....................................52
   The Aviator: Martin Scorsese continua a volare sempre più in alto..54
   Alexander di Oliver Stone..56
   Donnie Darko, diverso fra gli uguali..59
   Kusturica va alla Guerra: "La vita è un miracolo"....................62
   Ma quando arrivano le ragazze?: l'amore a tempo di jazz......64
   Million dollar baby, storia di Maggie campionessa del ring.....66
   Siamir: Racconto sul tema della migrazione-integrazione.......68
   Hotel Rwanda: un oasi nel deserto..70
   Dias de Santiago: Chi siamo, da dove veniamo, dove andiamo?
....72
   Sin city: non solo noir d'autore..73
   The woodsman: Un uomo alle prese con la sua redenzione....76

Concorso di colpa: un imbarazzante film..................................78
Madagascar - Complimenti alla Dreamworks.......................79
Salvador Allende: Un eroe dei nostri giorni...........................81
La bestia nel cuore - Intimità perfette...................................83
Viva Zapatero! / di Sabina Guzzanti.......................................85
Goodnight and Good Luck 87
Romanzo criminale: L'epopea criminale della banda della Magliana..89
Soy Cuba: il Mammuth siberiano: La memoria di un capolavoro 91
Control Arms. Nicolas Cage ci mette la faccia 93
Il fantasma Provenzano..96
Il caimano: recensione partigiana..99
Il regista di matrimoni, di Marco Bellocchio a Pordenone.....101
Nuovomondo di Emanuele Crialese......................................104
Lady in the Water..106
Minatori Rosso Malpelo: un film sui 'carusi' che fa scoprire i luoghi suggestivi dell'ennese..108
L'amico di famiglia, di Paolo Sorrentino...............................110
Fascisti su Marte..112
Shortbus, il nuovo film di John Cameron Mitchell. Il sesso come esplorazione di sè e degli altri....................................114
La mafia vista da Rossellini. Il "diritto di sognare" dei gelesi..116
Jules e Jim..119
Il Grande Capo..121
Saturno contro di Ferzan Ozpetek...124
Still Life..126
Centochiodi di Ermanno Olmi...128
Le vite degli altri..131
La Caja, il sorprendente film vincitore di EuropaCinema 2007 134
Breakfast on Pluto, di Neil Jordan...138
L'ora di religione...140

La Ragazza del Lago..142
Il buio nell'anima..144
I Viceré di Faenza...146
L'amore ai tempi del colera: gli opposti si incontrano.........150
Non è un Paese per Vecchi..152
Tutta la vita davanti..155
Eraserhead (La mente che cancella, 1977) regia di David Lynch
....157
L'autismo di papà..159
Miracolo a Sant'Anna di Spike Lee................................161
Changeling..165
Valzer con Bashir..167
The Wrestler..169
Gran Torino...171
Angeli e demoni regia di Ron Howard con Tom Hanks..........174
L'Onda..176
Baaria e il caratteraccio dei siciliani..............................179
Good Morning Aman. Regia di Claudio Noce. Con Valerio Mastrandrea, Said Sabrie e Anita Caprioli............................183
Invictus..185
Draquila - L'Italia che trema. Un film di Sabina Guzzanti.......188
Democrazia confinata..190
È stato morto un ragazzo...192
Generazione 1000 euro..194
Il gioiellino..196
Terraferma..198
Il Sentiero...200
Diaz: il coraggio della ricerca della verità......................203
To Rome with love...206
Reality..208
La grande bellezza..210
Vi ar bast! di Lukas Moodysson, meraviglioso percorso di libertà...212

La vita di Adele..214
The Rolling Stones Sweet Summer Sun 2013 è film..............216
Patria, di Felice Farina alla Mostra del cinema di Venezia.....221
Torneranno i prati..223
Roger Waters The Wall...225
Le Terre Rosse, un film di Giovanni Brancale.......................228
Irpinia, mon amour..231
Junction 48 234
Celluloide: i personaggi...238
Manfredi: quante cose che ci ha regalato............................239
Sergio Citti, menestrello di borgata.....................................242
Tom Cruise a Roma...244
Elio Petri, appunti su un autore...247
Paul Newman: si è spenta l'icona hollywoodiana dagli occhi blu
....252
Totò..256
Dennis Hopper..259
Tiberio Murgia: addio a "Ferribotte"....................................261
Dino De Laurentiis...263
Oliver Hardy, in arte Ollio..266
EuropaCinema 2011, la lezione di Pupi Avati......................272
Monica Vitti compie 80 anni..275
Ricordo di Franco Franchi...278
È deceduto il grande attore svedese Erland Josephson.........280
Novant'anni fa nasceva Adolfo Celi......................................282
Gore Vidal, si spegne una stella anche nel cinema................285
Audrey Hepburn, con lei le più belle "vacanze romane".......288
Auguri maestro Zeffirelli..290
Tornatore e Rosi al Taormina Film Festival 2013..................293
Franco Battiato al Taormina Film Festival 2013...................296
Parigi celebra Pier Paolo Pasolini..298
Un ricordo della "Briguglio Film"..300

40 anni senza Vittorio De Sica. Poliedrico uomo di cinema,
    attore e regista, fu tra i padri del Neorealismo italiano.........302
   Manoel de Oliveira, 106 anni di cinema................................304
   Giuseppe Bertolucci, vita di un maestro...............................308
   La gioia per l'Oscar a Ennio Morricone................................313
   Totò, filosofo della risata...315
   Bud Spencer, in arte Carlo Pedersoli..................................319
   Giuseppe Ferrara. Ci lascia il suo cinema civile......................321
   Addio John Hurt...323
Indice dei film e degli autori delle recensioni...........................326
Nota di edizione..332
   Questo libro..332
   A cura di...332
   Le edizioni ZeroBook..333

Prefazione

Tra le invenzioni del XIX secolo, quella del cinema è stata sicuramente la più devastante del quotidiano ad immagine fissa dei primi disegni di luce del primo ventennio dell'800, che darà vita alla fotografia come documento da trasmettere ai posteri. Le evoluzioni nel campo delle immagini e le varie sperimentazioni dei decenni successivi, porteranno alle prime realizzazioni di immagini in movimento, cinema appunto.
Dai brevissimi cortometraggi che sconvolsero gli spettatori tra la fine dell'800 e l'inizio del '900, alle comiche di Charlie Chaplin o Stallio e Ollio, dai thrilling di Alfred Hitchcock passando per il Mago di Oz o il cinema propagandistico del periodo nazista, al neorealismo italiano, al cinema di denuncia degli anni '60 o a quello di fantascienza, la magia delle immagini che scorrono sul grande schermo, ha sempre catturato la fantasia degli spettatori che hanno potuto viaggiare dentro le storie, a volte già lette in famosi romanzi e reinterpretati da geniali registi.
Perché scrivere per immagini è la tentazione che, chi si occupa di scrittura, ha sempre dominato la creatività e la voglia di evasione, impersonando, riconoscendosi e giudicando i milioni di personaggi che ci siamo portati a casa a continuare una fuga dalla realtà, ogni qualvolta siamo usciti da una sala cinematografica.
Non potevamo non far parte di questa infinita schiera di cinefili sparsi per il mondo. Ognuno a modo suo, con gusti diversi e con mezzi diversi, abbiamo sfiorato anche noi di Girodivite le vite di personaggi, più o meno reali, scavando tra le storie assorbite, aiutati da quel poco di gioco di specchi che è rimasto a farci sognare una vita diversa.
Attraverso recensioni, festival, dibattiti ed incontri con il fantastico mondo della celluloide, i nostri inviati hanno preso contatto diretto con la storia dell'uomo, incisa su chilometri di pellicola.
Questa nuovo produzione, nata dalla collaborazione della testata giornalistica online Girodivite.it e la casa editrice ZeroBook, vuole

mettere a disposizione dei lettori una carrellata di fermi immagini, raccogliendo le impressioni e le sensazioni emotive che il cinema ha saputo regalare ai nostri redattori in quasi quindici anni.

Vogliamo dedicare questa antologia a due grandi personaggi dell'illusorio mondo del cinema. Il primo John Hurt, indimenticabile attore inglese, scomparso di recente, e protagonista del toccante capolavoro *The Elephant Man*, il secondo, il grande comico napoletano Antonio De Curtis, in arte Totò, che nel 2017 sarà protagonista di moltissimi eventi per celebrare il cinquantenario dalla sua morte, avvenuta il 15 aprile 1967.

Due modi, sicuramente diversi, di comunicare attraverso il grande schermo quel messaggio onirico e, spesso, consolante, del nostro quotidiano. Sicuramente molto più banale, senza un buon film dove trovare rifugio.

6 febbraio 2017

Piero Buscemi

Celluloide: i film

Alla ricerca della meglio gioventù...

La meglio gioventù, il film drammatico di Marco Tullio Giordana, prodotto dalla Bibì film di Angelo Barbagallo per Rai fiction, nato per la TV e poi destinato alla produzione cinematografica per la sua qualità e per la sua attenzione agli eventi.

20 novembre 2003, di Laura Giannini

C'è tutto nel film di Marco Tullio Giordana, quarant'anni di storia d'Italia nel bene e nel male. Sei ore per raccontare le vicende di una famiglia italiana, i Carati, dalla fine degli anni sessanta ad oggi. Sei ore dove c'è lo "spirito profondo" del nostro paese: dall'idealismo dei giovani del '68 alla scelta durissima del terrorismo delle Brigate Rosse; e non si dimentica, però, la vittoria dell'Italia ai mondiali del '82 o la paura e lo sbigottimento di fronte alle stragi di Capaci e di Via D'Amelio; c'è anche la storia di un'amicizia fraterna, di quelle rare e preziose. Quattro amici che frequentano l'Università: Nicola (Luigi Lo Cascio) segue il corso di medicina; suo fratello Matteo (Alessio Boni) quello di lettere; l'amico Carlo (Fabrizio Gifuni) il corso di economia e commercio e Alberto filosofia. Il film inizia con un viaggio, le tanto attese vacanze estive, che i ragazzi decidono di intraprendere una volta finiti gli esami. Nicola e Matteo, però, non partono con gli altri per aiutare un'amica malata di schizofrenia e per sottrarla all'elettroshock. La ragazza rimane con loro fino a quando non viene ripresa dalla polizia. allora le strade dei due fratelli si dividono: Matteo, turbato dai sensi di colpa per non averla protetta, decide di tornare a Roma, mentre Nicola continua il suo viaggio fino in Norvegia. A questo punto abbiamo un salto temporale: si arriva all'alluvione di Firenze del'66. Qui i quattro amici si ritrovano e Nicola conosce quella che diventerà la sua compagna, Giulia, e dalla quale avrà una figlia. I tre amici, eccetto Matteo che ha deciso di lasciare l'Università per tentare la carriera dell'esercito, si trasferiscono a Torino. Altro salto temporale: Nicola è ormai diventato medico psichiatra, Carlo un funzionario della Banca d'Italia, Alberto un dirigente della FIAT; Matteo un poliziotto affermato, Giulia, invece, insoddisfatta della propria vita umana e professionale, si avvicina sempre di più al terrorismo delle BR, scambiando per impegno politico un falso ideale e che la porterà a lasciare la famiglia. La prima parte del film si chiude con il matrimonio di Carlo e Francesca, la sorella di Nicola e di Matteo. Struggente la seconda parte, la quale vede attuarsi, in un certo senso, i valori espressi precedentemente. Sara, la figlia di Nicola e di Giulia, è ormai cresciuta e il padre supplisce in maniera eccellente alla mancanza della madre. Carlo e Francesca hanno tre bambini. Alberto adesso fa il muratore, dal momento che ha perso il lavoro alla FIAT. Matteo è sempre un poliziotto, ma stavolta in servizio a Roma. Qui rincontra una ragazza conosciuta a Palermo, che lavora in una biblioteca della capitale. Con Mirella inizierà una tormentata relazione che lo porterà al suicidio. Nicola successivamente riuscirà a rintracciare la ragazza e conoscerà il bambino di suo fratello, Andrea, assieme alla madre, che peraltro rimarrà a Stromboli. Giulia, intanto, viene fatta arrestare grazie a Nicola che preferisce pensarla in carcere piuttosto che ad ammazzare qualcuno: e questo qualcuno doveva essere proprio l'amico Carlo. Sara è cresciuta, frequenta la scuola di restauro a Roma. qui incontra quello che diventerà il suo futuro marito. salto temporale: la nonna è morta ed è stata sepolta a Stromboli. tra Nicola e il nipote, Andrea si instaura un bellissimo rapporto, ma anche tra lo psichiatra e Mirella che si concretizzerà nel finale... la meglio gioventù, omaggio a Pierpaolo Pasolini, che credeva in una gioventù ideale, in una gioventù forse minoritaria, ma viva e presente: essa ci fa sperare in prospettive future migliore di quelle che la realtà quotidiana ci presenta. In una società in cui la politica è diventato business, strumento di potere e di sopraffazione, modo di stupire e di fare moda, esiste ancora un ideale in cui sperare, che va al di là dell'apparenza. era l'indomani del ferragosto quando ho visto questo film... e Piazza Guidiccioni mi appariva come un'oasi felice, un piccolo angolo di una città di provincia, dove si potesse ancora andare alla ricerca di una gioventù che c'è, come prova il fatto che la platea fosse gremita e che, addirittura, molti se ne dovessero andar via senza assistere alla proiezione. in questa gioventù bisogna sperare, per sottrarsi ai condizionamenti di quella TV spazzatura che fa audience grazie alle soap-opera e agli spettacoli dove si mira solo a raggiungere un bieco divertimento privo di sensibilità e lontano dalla riflessione.

Gente di Roma

Torna Ettore Scola, con un film "corale", slegato, discontinuo, episodico, sulla variegata fauna romana.

20 novembre 2003, di Sergio Di Lino

Che un regista come Ettore Scola, maestro riconosciuto del cinema italiano tout court (non solo commedia, dunque), accetti alla veneranda età di settanta anni di rischiare e rimettersi in gioco realizzando un film in digitale, agile e snello come un esempio di cinéma-verité d'annata, senza con ciò virare dalla sua poetica di stampo umanistico-affabulatorio, è senz'altro una nota di merito. Che per ottenere ciò, il buon Scola sia costretto a ripiegare sul bozzetto localistico e vagamente cartolinesco sulla Roma-Capitale, popolata di personaggi-macchietta senza spessore né profondità, è una colpa, specie per un fine sceneggiatore come lui, che si è decisamente poco inclini a condonare. "Gente di Roma" è un collage di episodi minimalisti aventi come unico comun denominatore un ipotetico itinerario tranviario attraverso i quartieri più significativi della città; e se alcuni di questi sketch possiedono una relativa autonomia drammaturgica (soprattutto quello sull'autobus, protagonisti un logorroico Salvatore Marino e un laconico Valerio Mastandrea), la maggior parte degli episodi possiede una valenza di poco superiore alla barzelletta. Il tentativo, va da sé, è quello di creare un affresco corale, variegato e multiforme (oltre che, ma guarda un po', multiculturale e interrazziale) che faccia della differenza (di sguardo e di rappresentazione) la propria linea maginot. Ma l'accumulazione di singoli frammenti pare non produrre in realtà alcuna sintesi, e a latitare è proprio la determinazione univoca di un discorso unitario che si faccia visione del mondo, e soprattutto di una città. E non bastano certo le digressioni fantastico-soprannaturali in un cimitero, con un esangue personaggio che ascolta le voci dei morti (con annessa citazione dostojevskijana affidata alla voce dello stesso Scola), o i ripetuti riferimenti all'attualità (Nanni Moretti e Vittorio Foa che arringano le folle, una puntata - assolutamente pleonastica - al Gay Village) a conferire spessore e consistenza a una scrittura tanto frammentaria quanto asfittica. Alla fine, di Roma restano alcuni scorci piuttosto risaputi e una generale sensazione di precarietà e incompletezza: ma dove sono le borgate, i quartieri limitrofi, e soprattutto la gente che li abita? Siamo veramente sicuri che la chiosa più esatta per un film del genere sia il silenzioso, malinconico incontro tra due anziani in una Piazza di Spagna deserta illuminata dalle prime, pallide luci dell'alba? Certo, a ben guardare, "Gente di Roma" si segnala comunque per un uso consapevole del mezzo digitale, lontano dai dogmi di facciata e vicino - come dovrebbe essere - alla realtà. Ma rimane la fastidiosa sensazione di un'occasione buttata malamente alle ortiche, un atto mancato d'autore, un film monco e (volutamente?) incompiuto. Peccato.

Il Signore degli anelli - Il ritorno del Re

Tutto ciò che ha un inizio ha una fine. O almeno così dicono... Certo che per quei poveracci della Terra di Mezzo ce ne è voluto di tempo...

28 gennaio 2004, di Sergio Di Lino

Non è peregrino immaginare che Peter Jackson sia giunto al termine della lavorazione dei tre episodi-fiume di "Il Signore degli anelli" letteralmente stremato. Eppure, a vedere l'ultimo episodio, "Il ritorno del Re", la prima, impressionistica sensazione è quella di un qualcosa di non finito, sorta di copia-lavoro per un'eventuale full lenght version (presumibilmente quella che vedrà la luce in DVD).
Tre ore e venti minuti di film bastano appena a Jackson per tirare le fila della sua saga, per incoronare Aragorn Re di una terra liberata dal giogo delle armate delle tenebre capitanate da Sauron, per restituire gli Hobbit a quella specie di Valle degli Orti che è il loro villaggio, per orchestrare una spettacolare battaglia a cielo aperto, per dipingere figure eroiche (Re Théoden, destinato a una morte gloriosa, su tutti; oppure Faramir, disprezzato dal padre ma determinato a mostrare fedeltà alla sua missione, fino alle estreme conseguenze) o meschine (l'infido Gollum/Smeagol, del quale il film racconta in un prezioso antefatto la nascita della sua fascinazione per l'anello, e la sua trasformazione nella creatura deforme che incrocia la strada di Frodo e Sam) o tragiche (il sovrintendente Denethor, impazzito per la morte del primogenito Boromir), per offrire ancora una volta un bizzarro, ossimorico saggio di epica postmoderna. L'impressione è che lo stesso Jackson volesse differire il più possibile la chiusura del film, a tal punto vi è rimasto immerso. E non a caso (mentre già si rincorrono le voci di un possibile

adattamento del prequel "Lo Hobbit", a opera ancora di Peter Jackson - il quale però deve nel frattempo onorare l'impegno contrattuale già siglato per il nuovo remake di "King Kong" - che racconterebbe vicende precedenti alle avventure della Compagnia dell'Anello), dei tre episodi, quest'ultimo, pur immerso in un catartico furore bellico, risulta essere il più malinconico e triste.

Pur essendo una storia corale, la trasposizione di Jackson non può fare a meno di concentrarsi, di volta in volta, su uno o più personaggi, eleggendoli di fatto a protagonisti di ciascun film. "La Compagnia dell'Anello" era sicuramente dominato da Frodo e dalla quest da lui intrapresa; lui era il motore dell'azione, gli altri sembravano non fare altro che accompagnare i suoi movimenti (con la parziale eccezione di Gandalf, già dall'inizio configuratosi come figura trasversale e svincolata da dinamiche e dialettiche di racconto troppo rigide). "Le due torri" ruotava attorno alle gesta di Aragorn (spalleggiato dal laconico elfo Legolas e dal nano Gimli) e alla presa di coscienza del suo destino eroico, relegando Frodo e Sam in un ruolo quasi marginale e privilegiando piuttosto la figura, per così dire, esistenzialista di Gollum/Smeagol. A sorpresa, invece, "Il ritorno del Re" risulta alla fine letteralmente "mangiato" da Sam, il villico sempliciotto e terragno ferocemente attaccato al suo padrone Frodo e disposto a rischiare la vita pur di difenderlo; defilatisi Aragorn, Legolas e Gimli (ma il loro "arrivano i nostri" alla testa di un esercito di fantasmi è memorabile), ridotto ai minimi termini Frodo (succube dell'influsso nefasto dell'anello e delle maldicenze di Gollum), se si escludono le temporanee ascese di alcuni comprimari (Faramir, Théoden, Eówin) al rango di protagonisti, è la solida concretezza di Sam a fungere da motore della vicenda, a determinare, di volta in volta, gli scarti più significativi, le cesure, gli spostamenti progressivi del racconto. E fa sinceramente piacere riconoscere a Sean Astin (uno che anni fa era partito, ragazzino, con "I Goonies", si era un po' perso nel magma della commedia adolescenziale americana, e ora è meritatamente risorto a nuova vita artistica) il merito di un'interpretazione con il cuore in mano, che lascia a tratti senza fiato.

E proprio questa sembra essere la peculiarità maggiore di questa saga: il fatto di non aver mai perso la propria dimensione umanistica, di lasciare spazio ai sentimenti e alle emozioni, di non vergognarsi di commuovere e commuoversi nel nome di ideali per i quali, sembrano dire Tolkien prima e Jackson poi, vale la pena combattere, uccidere e essere uccisi; in un territorio in cui l'epica diviene Mito il virtuosismo si fa strumento emozionale. "Il Signore degli anelli" è in fondo proprio questo: un apologo sconfinato sulla guerra e la pace, sul valore della tolleranza, il rispetto per la diversità e la necessità di preservare dei principi e degli ideali in cui credere e per cui battersi. Con un'unica riserva: era proprio necessario far sparire Saruman senza nemmeno dare al povero Christopher Lee l'opportunità di uscire di scena da par suo? Certo, duecento minuti sono già tantissimi; ma forse un paio di minuti di Christopher Lee in più all'inizio e un paio di minuti di Valle degli Orti in meno alla fine non avrebbero guastato (specie i secondi, ma si sa: de gustibus...).

Guerre Stellari, la prima trilogia arriva in Dvd

Ma saranno le «edizioni speciali». Il progetto iniziale prevedeva l'uscita solo dopo il sesto film, ma Lucas ha trovato il tempo per completare l'edizione digitale.

18 febbraio 2004, di Giuseppe Castiglia

Finalmente i milioni di fan di «Guerre Stellari» potranno gustarsi una delle saghe più amate del cinema fotogramma per fotogramma: i primi tre film della esalogia di George Lucas stanno per arrivare in Dvd. Finora, i primi tre film - «Guerre Stellari» (1977), «L'Impero colpisce ancora» (1980) e «Il Ritorno dello Jedi» (1983) - erano disponibili solo nelle «vecchie» videocassette Vhs, ma non erano state mai vendute nel formato digitale. Una stranezza per una saga così tecnologica, che terminerà il prossimo 21 settembre, quando la trilogia sarà in vendita negli Stati Uniti.

ANTICIPO - Il progetto iniziale prevedeva l'uscita della trilogia, attesa da milioni di fan, soltanto dopo il completamento da parte di Lucas del sesto film della serie, atteso sugli schermi americani nel maggio 2005. Ma Lucas è riuscito a trovare un po' di tempo libero per mettere a punto l'edizione Dvd dei suoi film più famosi, completi di commento da parte del regista e degli attori protagonisti. La confezione Dvd prevede anche un quarto disco con gli extra, compreso un lungo documentario sulla creazione della famosa saga.

EDIZIONI SPECIALI - Un dettaglio ha lasciato però delusi molti appassionati: in Dvd ci saranno le «edizioni speciali» uscite in anni più recenti e non le versioni originali presentate inizialmente nelle sale cinematografiche (esistenti solo su nastro). «Per Lucas le edizioni definitive dei film sono quelle uscite negli anni recenti dove ha potuto usare tecnologie non disponibili negli anni '70 e '80 per rendere le storie più aderenti alla sua visione originale», ha spiegato un portavoce della «Lucas Film». Gli appassionati speravano invece di trovare sui Dvd anche le versioni originali della trilogia di «Guerre Stellari», che invece sembrano così destinate a sparire e a resistere solo nel ricordo di chi riuscì a vederle in sala o nei passaggi televisivi. Inoltre, sembra che Lucas abbia voluto intervenire ulteriormente sui film per uniformarli ai nuovi episodi: molte scene potrebbero quindi essere diverse anche da quelle viste sul grande schermo nel 1997.

RIDOPPIAGGIO - Si ipotizza anche un ridoppiaggio dei tre film: un dettaglio che farebbe davvero infuriare la maggioranza degli appassionanti. Le edizioni degli anni 70-80 ebbero la fortuna di un doppiaggio eccellente, grazie a un cast di attori quasi tutti di estrazione teatrale. Tra i nomi coinvolti all'epoca c'erano Ottavia Piccolo, Stefano Satta Flores, Claudio Capone, Massimo Foschi, Silvio Spaccesi.

Wonderland - In memoria di John Holmes

Diretto da James Cox, un film che riporta alla luce uno degli episodi più oscuri della vita del "re del porno"

19 febbraio 2004, di Sergio Di Lino

Evidentemente non è bastato "Boogie Nights"... Forse era troppo subliminale il riferimento che Paul Thomas Anderson faceva alla figura di John Holmes. A dirla tutta, non sembrava assolutamente... Ma evidentemente il semisconosciuto James Cox non era molto d'accordo... Fatto sta che con "Wonderland" costui si perita di narrarci uno degli episodi più controversi della sfavillante carriera del "re del porno", ovvero le dinamiche che lo portarono a essere incriminato e processato per omicidio (per la cronaca: il tutto si risolse con un'assoluzione piena, anche se il regista sembra avere delle forti certezze circa la colpevolezza di Holmes). Il divo (tale era all'epoca), protagonista di centinaia di film a luci rosse, divenuto celebre con la serie di film dedicati al detective Johnny Wadd, viene ritratto nel momento in cui la sua china discendente è stata appena imboccata... Cocainomane, lontano dal cinema che lo aveva reso famoso, intrappolato in un giro di amicizie pericolose a causa della sua dipendenza, accompagnato da una minorenne, in rotta con il mondo intero, a trentasette anni Holmes è la larva dell'emblema virile che fu. Un'atmosfera decadente avvolge le assolate strade della Hollywood della fine degli anni Settanta - primi Ottanta, reduce sconvolta dall'amore libero e misteriosamente avviluppata su se stessa. Holmes è un ectoplasma che si aggira tra le macerie di un'epoca ormai tutt'al più sopravvissuta a se stessa, vilipesa, inesorabilmente fuori sesto negli anni in cui trionfa l'antiromanticismo e l'edonismo imperante. Forse il ritratto di Holmes offerto da Val Kilmer si piega troppo alle leggi del patetismo, ma risulta forse la cosa più convincente di un film altrimenti irrisolto. Non basta, infatti, una fotografia sgranata per restituire lo spirito di un'epoca; non basta una colonna sonora a base di rock psichedelico per fare atmosfera; non basta ritrarre i personaggi costantemente impegnati a bere/fumare/sniffare (contate le inquadrature in cui Holmes/Kilmer viene ripreso nel mentre di una o più azioni di questo tipo...) per restituire il clima di assoluta, totale, incosciente abiezione in cui stavano annegando i nostri antieroi. Anche per questo motivo, la sottotrama poliziesca, pur giocata diligentemente con momenti alla "Rashomon" (espediente fra l'altro usato e abusato, vedasi "Jackie Brown" di Tarantino o più recentemente il mediocre "Confidence" di James Foley) - la stessa vicenda narrata da diversi punti di vista, dando luogo a versioni discordanti di un medesimo racconto -, fa al massimo sorridere, tanto appare survoltata, caricaturale, inutilmente eccessiva, parossistica laddove sarebbero stati provvidenziali dei mezzi toni. Un film, "Wonderland", che si blocca in mezzo al guado, indeciso tra ferocia e compassione, dubbioso e ambiguo come dovrebbe essere un buon thriller di denuncia ma anche sguaiato come nelle peggiori *pochades*. Alla fine la caricatura trionfa sulla ricostruzione d'epoca, la faciloneria dell'incoscienza prevale sull'approfondimento, se non psicologico, perlomeno storicistico. Un film che fa dell'incompletezza il proprio asse portante. Di qui a dire che sia anche un bel film ce ne corre...

The Butterfly Effect

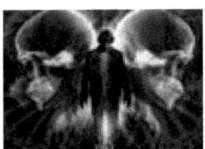 *Tornare indietro nel tempo per modificare il proprio passato.*

25 febbraio 2004, di Ugo Giansiracusa

Il tema del tempo, delle sue ramificazioni, della possibilità di aggirarlo o modificarne gli effetti è uno più popolari della science-fiction sia in narrativa che in ambito cinematografico. Basti pensare a titoli come Sliding doors, Ritorno al futuro, L'esercito delle 12 scimmie... solo per dire i primi titoli di film che mi vengono in mente, senza escludere uno splendido episodio dei Simpson in cui un tostapane riparato (male) dallo stesso Homer diventa il mezzo per attraversare il tempo. E copriamo così i generi cinematografici dalla commedia al film comico a quello di vera e propria fantascienza... al fumetto. Da quando H.G. Wells ha dato vita (narrativa) alla sua macchina del tempo, infatti, in tantissimi si sono fatti dare un passaggio per spingersi oltre i limiti delle leggi fisiche. The Butterfly Effect è l'ultimo esempio di sfruttamento di questa tematica. Un film costruito come un puzzle o un rompicapo dai due sceneggiatori-registi Eric Bress e J. Mackye Gruber. Un film che fa della sceneggiatura il suo punto di forza. Un po' thriller, un po' soprannaturale, un po' fantascienza, un po' sentimentale... si tenta di accontentare chiunque capiti a sedersi in sala per assistere alla proiezione. Il risultato non è per nulla disprezzabile con alcuni momenti di una certa intensità e con l'impossibilità, data la trama particolarmente contorta, di riuscire a scorgere e indovinare la conclusione della vicenda. Anche se, come risultato di un prodotto hollywoodiano, è più che normale che non finisca male. Non tutti hanno il coraggio di un Terry Gilliam che nel suo L'esercito delle 12 scimmie fa morire il protagonista proprio selle sequenze finali. Va detto anche che, nell'esigenza di far funzionare il complicato meccanismo narrativo di The Butterfly Effect, alcuni passaggi risultano involontariamente comici ad un occhio smaliziato. Ma a parte questi momenti non riuscitissimi il film si fa seguire con attenzione e interesse nel suo susseguirsi continuo di colpi di scena attraverso la vita di Evan e dei suoi amici, dall'infanzia fino ad una matura gioventù... e viceversa. È proprio grazie alla scoperta fortunosa, che fa il protagonista, delle proprie paranormali capacità di tornare indietro nel tempo e modificarlo che il film si anima. Infatti i tentativi di trasformare il presente agendo sul passato non vanno esattamente come il giovane Evan si aspetterebbe. E le cose gli vanno, ad ogni tentativo, di male in peggio in un crescendo di tensione. In fin dei conti, come recita il detto da cui viene preso il titolo del film: Il battito d'ali di una farfalla può provocare un uragano dall'altra parte del mondo.

L'eredità di Per Fly

Das Erbe *Strettamente apparentato al Dogma di Von Trier ecco un altro splendido prodotto del cinema danese*

24 marzo 2004, di Ugo Giansiracusa

A volte capita di imbattersi in un piccolo capolavoro. Qualcosa, magari, di estremamente semplice, di poco appariscente, quasi inafferrabile nella sua linearità. A volte capita che tutti gli elementi che compongono il piccolo universo di un film siano dosati ed elaborati talmente bene da coinvolgerci completamente in esso. È il caso di L'eredità. Ennesima gemma estratta da quella che ormai si potrebbe definire "scuola danese". Secondo episodio di una trilogia di indagine sulla società danese di cui The Bench è il primo capitolo, L'eredità è un film che è stato giustamente premiato dalla critica sia nazionale, con 6 Robert Awards (gli Oscar danesi) che internazionale, ricevendo al Festival di San Sebastian il premio della Giuria per la Migliore Sceneggiatura.

Il film è la storia della scelta che il protagonista Christoffer (Ulrich Thomsen) si trova ad affrontare fra il dovere familiare e la libertà personale, fra il potere e l'amore, in quella che si costruisce come una tragedia moderna. Il Dio è rappresentato dal sistema al quale Christoffer aveva cercato di sfuggire abbandonando la sua città natale e l'acciaieria di proprietà della famiglia, alla cui direzione sarebbe destinato, per sposarsi con Maria (Lisa Werlinder), attrice teatrale, ed aprire un ristorante. La sua ybris - la presunzione di poter sfuggire al destino - sarà pagata a duro prezzo da lui e da chi gli sta più vicino. Sviluppandosi su una costruzione psicologica sottile e impeccabile, l'evoluzione del dramma si gioca comunque su una serie di rapporti personali che lasciano la struttura tragica in secondo piano, o meglio come ossatura invisibile, rispetto alla ricerca di comprensione del personaggio, delle sue motivazioni, del percorso interiore che lo porta all'ineluttabile ma, comunque, personale scelta. Da una parte la tragedia, quindi. Il percorso epico e sventurato di un eroe, di un principe moderno davanti al destino. Dall'altra il percorso assolutamente psicologico e intimo di un uomo davanti ai suoi obblighi sociali. Il tutto raccontato con parsimonia e pacatezza da una macchina da presa che si limita ad esserci lasciando alla storia, alla splendida interpretazione degli attori, ai preziosi dialoghi il compito di raccontare una vicenda che si fa, si costruisce, si vive istante per istante. Una tecnica registica che fa sue le principali scelte stilistico-estetiche del Dogma 95 di Von Trier (produttore del film) smussandole e costringendole all'interno di un'operazione che si manifesta come espressione del tutto personale del regista e co-sceneggiatore Per Fly. La sua capacità di comprendere e descrivere ed entrare nei personaggi pur rimanendone in superficie rende questo film un vivido e splendente, denso e drammatico ritratto dell'alta borghesia danese. Senza, però, lasciarsi andare al sociologismo facile ma rimanendo profondamente legato ad una profonda umanità, vissuta inquadratura per inquadratura, come una sorta di agro/dolce amore nei confronti dei protagonisti della vicenda. Un amore da cui nasce l'esigenza di conoscenza e comprensione che è alla base di questo percorso filmico. Ogni fotogramma della pellicola porta impressionato in se l'immagine prodotta dallo sguardo curioso, dolce, comprensivo, indagatore del regista assimilabile a quello di un bambino o di uno spettatore davanti ad una rappresentazione teatrale. Per fortuna capita ancora di vedere film come L'eredita.

The Company di Robert Altman

 *Tra felici intuizioni e noia sotterranea, il ritorno di un maestro*

24 marzo 2004, di Sergio Di Lino

Difficile esprimere un giudizio netto su un film già di per sé contraddittorio come "The Company". Difficile valutarlo con le semplici armi dell'analisi filmica. Da una parte abbiamo l'indubbia padronanza del mezzo del "maestro burattinaio" Robert Altman, il quale riscopre per l'ennesima volta il gusto del racconto polifonico, del caos organizzato, della ritrattistica minimalista, del frammento organizzato in maniera tale da postulare un significato "altro". I film di Altman rimandano sempre a qualcosa di ulteriore rispetto alla superficie, ad un progetto o un sistema di riferimenti che eccedono la comunicazione letterale; e "The Company" non fa eccezione in tal senso. Dall'altra parte, però, abbiamo un film slabbrato quanto si vuole, ma anche con un minimo comun denominatore che accomuna tutte le scene: la mancanza - voluta, forse, finché si vuole, ma dall'effetto ben poco piacere per lo spettatore - di pathos, coinvolgimento, empatia. Freddo e spietato entomologo delle umane, ordinarie abiezioni, Altman stavolta probabilmente eccede in distacco e il film risulta opacizzato dall'eccessiva distanza rispetto alla materia del racconto. Il rischio, inutile negarlo, è di annoiare lo spettatore; anche perché il balletto non è un tema dei più dinamici e accattivanti attualmente sullo schermo. Certo, è innegabile lo sforzo del quasi ottuagenario cineasta nel "personalizzare" un soggetto che rischiava di soffocare il suo "allure" autoriale, forse anche il suo stile. Voluto fortemente dalla protagonista Neve Campbell - un curriculum da ballerina precocemente troncato prima di sublimare il proprio talento nel cinema - il film, al di là della struttura da affresco corale, non sembrava nelle corde del regista di "Nashville" e "Short Cuts". E invece, sorprendentemente, "The Company" appare né più né meno altmaniano degli Altman maggiori. Una partita vinta, dunque, una piccola palingenesi per un vecchio maestro che non sembra non voler finire di stupire e stupirsi. La meraviglia estatica dello sguardo altmaniano di fronte alle evoluzioni dei danzatori del Joffrey Ballet è la meraviglia dello spettatore che assiste alle evoluzioni di un cineasta inquieto e schiavo della propria irriducibile creatività, che ama mettersi in gioco a ogni film che realizza, senza timore dell'impopolarità. Con la necessaria sicurezza di chi ormai non deve più dimostrare nulla, perché ha già dimostrato tutto, e può fare film per il solo piacere di farlo, divertendosi senza smettere di pensare.

La Passione di Cristo - The Passion - di Mel Gibson

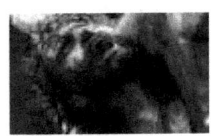 *Le ultime 12 ore di Gesù in versione splatter*

27 marzo 2004, di Ugo Giansiracusa

Sono decine i film su Gesù da quando è stato inventato il cinematografo tanto che il primo titolo sul tema è datato 1897 ed è, coincidenza, "The Passion". Sicuramente una delle storie, in assoluto, più rappresentate. Dai Film comici come "Brian Di Nazareth" dei Monty Python alle versioni intellettuali e colte come "Il Vangelo Secondo Matteo" di Pasolini o "Il Bacio di Giuda" di Paolo Benvenuti o, ancora, il rosselliniano "Il Messia" e poi ci sono le versioni kolossal come "The King of Kings" di Nicholas Ray, "The Greatest History Ever Told" di George Stevens, il televisivo "Gesù di Nazareth" di Zeffirelli senza dimenticare il genere musical con il celebre "Jesus Christ Superstar". Mancava solo la versione splatter e a questo ci ha pensato Mel Gibson.

Ci piacerebbe dire, basandoci sul nostro gusto personale, semplicemente che "The Passion" è un film fastidioso, noioso, disturbante, gratuitamente violento e profondamente povero, se non fosse che sta diventando un caso cinematografico e soprattutto sociale ed è, quindi, doveroso tentare di capirne il funzionamento. Non cercheremo di dare spiegazioni al fenomeno sociale, data la mancanza di una nostra conoscenza a tal proposito, anche se un discorso e un'analisi in questa direzione potrebbe essere assai interessante. Ci limiteremo quindi ad analizzare il film, pur sommariamente e semplicisticamente avendolo visionato non sufficientemente per un'analisi approfondita.

La storia narra delle ultime 12 ore della vita di Gesù, dalla cattura nel giardino di Getsemani alla sua morte, più alcuni flashback e l'epilogo della resurrezione. Il tema centrale del film è indubbiamente la passione, la sofferenza del Dio incarnato nell'uomo Gesù, nei lunghi momenti del suo martirio. Essenziale fino a sfiorare la banalità, nella sua costruzione, il film si svolge in 5 nuclei principali (escludendo dal conteggio la sequenza - collaterale - del suicidio di Giuda). I cinque gangli del racconto sono: Il giardino dei Getsemani dove Gesù, dopo aver respinto le tentazioni di Satana, si lascia catturare; il tempio in cui viene condotto e giudicato dal Sinedrio; la residenza-castrum di Pilato a cui si chiede di decidere della sorte di Gesù; le strade di Gerusalemme in una sofferta Via Crucis; il monte Calvario in cui viene eretta la croce. Il centro di ognuno di questi nuclei "narrativi" sono le violenze a cui Gesù è sottoposto. Nulla è lasciato all'immaginazione dello spettatore. Le sofferenze di Cristo sono rese fin nel più piccolo particolare. Tutto è mostrato, tutto è esibito. La vicenda evangelica è piegata alle esigenze di una sorta di espiazione collettiva fatta attraverso le continue e prolungate immagini del Cristo sofferente.

Ci sarebbe piaciuto poter offrire un calcolo numerico delle inquadrature dedicate alle torture e alle percosse e alle sofferenze a cui Gesù viene sottoposto. Ci sarebbe piaciuto poter cronometrare il tempo dedicato da Gibson alle sofferenze del Cristo e fare uno studio comparato e puntuale fra il testo filmico e il testo evangelico. Purtroppo possiamo solo fornire dei non-dati basati su una semplice visione. Avremmo anche volentieri giocato a calcolare quanti minuti in meno sarebbe durato il film senza le innumerevoli inquadrature in slow motion. E ci saremmo divertiti a rintracciare nei vangeli i brani che hanno ispirato Gibson in alcune scelte e ricostruzioni come l'occhio pesto di Gesù e un rovinoso volo in stile bunging jumping del Messia con al posto dell'elastico delle pesanti catene, fra tutti. Avremmo voluto anche trovare i passi da cui lo sceneggiatore ha tirato fuori l'idea di un Barabba con un occhio guercio che fa le linguacce alle guardie e invece di parlare grugnisce come un gorilla o l'idea di un Giuda che lisergicamente vede trasformarsi in demoni deformi i bambini che lo canzonano. Per quanto Gibson dica che si sia attenuto strettamente ai vangeli non possiamo che nutrire qualche dubbio a proposito e se anche così fosse quantomeno vorremo richiamare l'attenzione sul fatto che è stata operata un'attenta scelta e selezione per rintracciare le scene più cruente. Cosa che contrasta alquanto, a nostro avviso, con l'idea di aver riportato i vangeli "alla lettera".

Una delle diatribe che si è aperta riguardo al film, ancora prima che arrivasse in Italia, concerneva la raffigurazione che veniva fatta degli Ebrei e se questa era antisemita o meno. Ma al di là delle intenzioni del regista i personaggi rappresentati sono talmente caricaturali e ineluttabilmente finti da rendere, secondo noi, piuttosto futile la discussione. Sia i membri del Sinedrio così come i soldati romani sono rappresentati in una maniera talmente piatta e schematica - in stile vecchio caratterista - da risultare impensabile un'analisi sul cosa essi rappresentino. Così come è impensabile fare un discorso sulla gente comune di fede ebraica che, presente al giudizio di Pilato, manda a morte Gesù e salva Barabba. Teniamo presente che non un solo primo piano è dedicato ai partecipanti della folla ma solo dei campi assai larghi che rendono questa massa inconsistente (se non per il suo aspetto sonoro) da un punto di vista sia narrativo che di analisi. Come tutto ciò che non riguarda strettamente l'immagine di Cristo anche le figure degli ebrei presenti nel film sono considerate e mostrate da Gibson in maniera sommaria e utilizzate giusto come strumento per far andare avanti l'azione e il destino dell'evento evangelico.

Complessivamente cercare di soffermarsi sulla recitazione e sulla interpretazione dei personaggi da parte degli attori risulta complesso e problematico e di scarsa utilità se non per accentuare le critiche al film. I dialoghi sono ridotti all'essenziale. Tutto il film si regge sull'impatto emotivo delle intense immagini che il regista riesce a creare. Un'analisi delle continue grida e gemiti e sospiri del Gesù interpretato da Jim Caviezel potrebbero aprire, alla comunità degli studiosi di cinema, una nuova branca di studio della recitazione, ma anche per questo sarà necessaria una più accurata visione del testo filmico... Per il momento possiamo limitarci ad un accenno alle uniche due interpretazioni credibili del film e fare i complimenti a chi, nonostante tutto, è riuscito a recitare e menzionare quindi la Maria di Maia Morgestern e il Ponzio Pilato di Hristo Naumov Shopov che nonostante siano stati costretti (come tutti) a recitare in aramaico e in latino sono riusciti a dare un certo spessore ai loro personaggi. Per il resto si ha a che fare con personaggi comprimari a cui non è lasciata la possibilità di un'esistenza all'interno della narrazione se non per aumentare il sentimento di sofferenza che questa stessa va costruendo immagine dopo immagine.

Il film di Mel Gibson nonostante i mille discorsi (religiosi, storici, filosofici) che se ne possano fare è, in realtà, solo ed esclusivamente la violenza brutale a cui la figura del Cristo è sottoposta. Mantenendo il discorso fortemente legato allo specifico filmico e ricercando in esso le sue dinamiche di funzionamento e di attrazione nei confronti dello spettatore non si può non soffermarsi su questo elemento che del film è parte essenziale e fondante. Se vogliamo cercare una base di comprensione ci è doveroso staccarci, per un momento, dalle tematiche religiose del film. Considerare la violenza in quanto tale senza ancorarla o spiegarla attraverso elementi extra-testuali. Nella dicotomia attrazione/repulsione che si instaura nel corso della visione delle immagini più cruente è evidente una componente vuaieristica e di compiacimento sadico. Nel gioco dell'immedesimazione, elemento tipico e indiscutibile della partecipazione spettatoriale, da una parte ci si trova partecipi della sofferenza che la visione ci presenta e dall'altro siamo sollevati nel non essere noi i soggetti reali di questa sofferenza. Da qui un legame intenso, tra il soggetto-spettatore e l'oggetto filmato, che è l'unico elemento del film che può dirsi riuscito. Riprendendo la lezione "di genere" della cinematografia hollywoodiana degli horror e degli splatter Gibson la ripensa in chiave religiosa sfruttando il forte legame emotivo esistente nella nostra cultura e nel nostro intimo con la figura di Gesù amplificando in tal modo la partecipazione e l'immedesimazione spettatoriale. In "The Passion" il rapporto e il legame fra lo spettatore e il soggetto filmato è portato alle estreme conseguenze grazie anche alla forte compenetrazione dello stesso regista nelle tematiche della fede. Che tutto ciò sia strumento di veicolazione di un messaggio è dovuto ad elementi che sono, per lo più, esterni al film e che sono da ricercarsi nelle conoscenze e credenze ed esperienze e cultura personali di ogni singolo spettatore. Se, cioè, invece di parlare di Cristo si parlasse di qualsiasi altro personaggio queste stesse immagini susciterebbero emozioni completamente diverse. Con tutta probabilità un rifiuto totale di ciò che si è visto e del gioco della partecipazione-immedesimazione. Se questo gioco invece avviene non è comunque merito di elementi interni al film ma esclusivamente derivanti da un patrimonio di sentimenti comuni intrinseci alla nostra cultura religiosa che Gibson è riuscito a raggiungere e scuotere.

Se si voleva fare scalpore con questo film e ci si è riusciti in pieno ma lontana è l'idea di aver fornito una nuova interpretazione al messaggio che il Messia dei cristiani ci ha dato con il suo sacrificio. Complessivamente La Passione di Cristo è un film assai misero, se non per un'accurata fotografia e un impianto scenografico di un certo livello pittorico, un film che deve il suo successo ad elementi del tutto esterni all'arte cinematografica e che vanno invece ricercati in una temperie sociale che il film ha saputo cavalcare.

L'odore del sangue di Mario Martone

Tratto dall'omonimo romanzo di Goffredo Parise il percorso di una relazione malata e tragica.

31 marzo 2004, di Ugo Giansiracusa

Nato da un "corpo a corpo", come dice lo stesso Martone, con il romanzo omonimo di Goffredo Parise, il film L'odore del sangue narra le vicende di una coppia in crisi. L'accordo che i due hanno stabilito è di poter avere relazioni con altre persone a patto di raccontarsi, senza riserve e senza omissioni, le loro avventure con gli altri partner. Ma se la relazione del protagonista Carlo, interpretato da Michele Placido, con la giovane Lù è un rapporto per molti versi "normale" altrettanto non si può dire di quello di Silvia, impersonata da Fanny Ardant, con un giovane violento e prevaricatore che conosciamo solo attraverso le sue parole.
Il gioco di Parise si basava sul dare tutte le parole lo stesso valore e la stessa importanza e da qui il tentativo di raccontare momenti di sessualità e di amore, di violenza e di passione, di gioco e di riflessione con lo stesso tono e la stessa naturalezza. Il tentativo, solo in parte riuscito, di Martone è di riportare questa esperienza al narrato delle immagini. Utilizzare lo stesso sguardo e lo stesso modo di girare e riprendere sia una tranquilla chiacchierata sul divano così come un passionale incontro di sesso. Ma le parole del libro sono segni che hanno il loro significato su un livello lontano, personale, non di immediata rappresentazione come invece hanno i fotogrammi di una pellicola in cui segno e significato si fondono inesorabilmente nell'immagine proiettata. Così è divenuto possibile solo in parte poter rappresentare, per Martone, gli incontri intimi e intensi, spietati nella crudezza delle immagini tanto che sono solo un paio le immagini (e non riguardano i protagonisti) in cui il sesso viene rappresentato con naturalezza come qualsiasi altro aspetto

della vita. Più facile e sincero e riuscito, invece, quando i racconti non sono immediatamente veicolati dalle immagini ma esposti in una narrazione di secondo grado nelle confessioni che si fanno verbalmente i due protagonisti in lunghi e appassionati scambi verbali.

Il film si snoda in un crescendo drammatico dato dall'approfondirsi della relazione tra Silvia e il suo amante che incide profondamente e sempre di più sulla vita di tutti. Silvia si dimostra incapace di troncare la relazione con il giovane che pian piano diventa un'ossessione sia per lei stessa che per Carlo. Una relazione che trascende la normalità per sfociare in qualcosa di profondamente insano e malato che come un cancro erode ogni possibilità di lotta. Così una Roma cupa e sofferente diventa il teatro e il simbolo di questo lasciarsi andare contrapposto alla naturalezza e alla freschezza della campagna in cui Carlo si incontra con la giovane Lù. Con notevole abilità il regista unisce i personaggi al loro ambiente, fa dell'uno e dell'altro componenti indivisibili di una unità data e inscindibile. E in questo parole e immagini e personaggi si fondono in una rappresentazione forte e intensa.

Il destino dei protagonisti, afferma Martone, è segnato come in una tragedia greca. Il drammatico epilogo è lontano dalle possibilità di azione e forse anche di comprensione da parte degli attori della vicenda. Se ci si può avvicinare ad un certo tipo di comprensione è sul destino stesso, che si maschera di casualità e di personali scelte ma che è comunque artefice di un epilogo che, anche se previsto, non può essere mutato.

Cupo e sofferto, da una parte, teneramente giocoso dall'altra il film è il tentativo, solo il tentativo, di esprimere uno dei dati dell'esistenza umana. Dice Parise:

"L'esistenza umana è il disordine, il suo disordine inizia molto lontano, molto più in là delle azioni sessuali, in zone dell'energia non meno sessuali e avvolte ancora, per la più parte, nell'ombra dell'ignoto. E così sviluppandosi e accoppiandosi nel disordine producono e riproducono altro disordine e ignoto, che a sua volta si riproduce in altro ignoto, fino a raggiungere la piccola, piccola parte di un noto che riguarda le nostre conoscenze e la nostra nascita e la breve apparizione in questo mondo. Il disordine è nella vita"

I diari della motocicletta

Walter Sallers ricostruisce il viaggio di Ernesto Guevara e Alberto Granado, dall'Argentina al Perù, dal Cile al Venezuela. Le origini del Che, alla scoperta di se e della vita vera.

8 giugno 2004, di Claudia Pace

Diretto da Walter Sallers, interpretato da Gael Garcìa Bernal e Rodrigo de la Serna e basato sugli scritti dei due protagonisti ("Un gitano sedentario" Alberto Granado e "Latinoamerica" Ernesto Guevara) i Diari della motocicletta non è la descrizione di un viaggio qualunque, ma la storia di un avventura, che perde subito la sua connotazione di vacanza per trasformarsi in un percorso intimo di formazione, di conoscenza di sé, di crescita; viaggio metafora del divenire. Era il gennaio 1952 quando, con accanto l'amico Alberto, il giovane Ernesto Guevara, a un passo dalla laurea in medicina, saltò in sella alla "poderosa", una moribonda Norton 500 del '39, dando inizio a un'avventura che, otto mesi e 100 mila chilometri dopo, avrebbe cambiato radicalmente il suo approccio alla vita determinando quelle scelte future che lo avrebbero trasformato nel Che. Un percorso iniziatico ed entusiasmante, denso di fatica e di espedienti, alla scoperta dell'altra faccia dell'America, povera e disperata, in cui Ernesto conoscerà la terribile condizione dei perseguitati politici e degli indios, lo sfruttamento operato dalle compagnie nordamericane in Cile e in Perù, scoprirà che i poveri non hanno gli stessi diritti dei ricchi, che i malati non hanno gli stessi diritti dei sani che barriere mentali e fiumi gelidi dividono gli uni dagli altri. Il senso di appartenenza, la solidarietà il rifiuto di ogni ingiustizia diventeranno consapevolezza e desiderio di agire in prima persona per riscattare la dignità dei deboli e degli oppressi, e lo porteranno ad attraversare quel fiume, che lo divideva dai lebbrosi, scegliendo, quel giorno e per sempre, da quale parte schierarsi. Diverte e intenerisce il giovane "Fuser" a tratti ingenuo e impacciato, ancora privo di formazione politica ma animato da una inestinguibile sete di conoscenza e di vita, che guarda con occhi stupiti a realtà inimmaginabili; affascina e commuove quando, nella determinazione e nell'orgoglio che emergono progressivamente, riconosciamo il rivoluzionario, il cui sguardo fiero sventola in milioni di bandiere. Intenso ed emozionante, il film è stato interamente girato nello splendido scenario dell'America latina, con l'ausilio dell'oggi ottantaduenne Alberto Granado dai ricordi ancora vividi. Nessun esplicito riferimento politico, nessuna apologia di un mito, solo il racconto sincero ed essenziale di una piccola storia, preambolo di una storia straordinaria, attraverso gli occhi di due amici, diversi ma complici, uniti e vibranti nello stesso anelito di onestà e di giustizia.

Fahrenheit 9/11 L'America che critica se stessa

 *Grande apprezzamento del pubblico, dopo quello già ottenuto dalla critica, per il film di Moore.*

30 giugno 2004, di Ugo Giansiracusa

È appena uscito nei cinema americani, nonostante la censura della Disney che avrebbe dovuto distribuire il film, e Fahrenheit 9/11 è già un successo ai box office degli Usa. Cosa assolutamente straordinaria, per un film documentario, l'opera di Moore è un'eccezione che si basa sulla grande bravura del regista americano di fondere insieme il messaggio politico, l'inchiesta e una grande ironia che gli consente di fare un discorso critico assolutamente rigoroso e allo stesso tempo godibile dagli spettatori.
Così, dopo essere stato premiato con la Palma d'Oro al festival di Cannes il film di Michael Moore dimostra di essere un film apprezzato anche dal pubblico. In questo primo week end di programmazione il film è stato proiettato in 868 sale americane (pochissime per i parametri USA) e, ovunque, ha registrato il tutto esaurito tanto da spingere gli esercenti ad aggiungere proiezioni mattutine e notturne, riuscendo ad arrivare a 21,8 milioni di dollari di incassi solo nel fine settimana.
Finalmente quella parte di America fortemente critica a Bush e alla sua guerra ha la possibilità di avere una voce che la rappresenti nonché dare un segnale forte al Presidente degli Usa per le prossime elezioni presidenziali. C'è una parte dell'America che non si riconosce in Bush, una parte che è sempre maggiore e che se per il momento non ha espresso la sua posizione ciò è dovuto soprattutto alla forte censura del Governo Americano e all'auto censura dei grandi trust dei media che non

hanno permesso agli americani di ricevere una vera informazione su quanto stava succedendo.

Finalmente, con Fahrenheit 9/11, gli americani possono sentire una voce libera che racconta gli intrecci e i legami economici che univano la famiglia Bush a quella di Bin Laden. Ma anche un film che racconta tutta la serie di bugie e di raggiri con cui la Casa Bianca ha giustificato la guerra in Iraq come le armi di distruzione di massa - mai trovate - e i legami di Saddam con il terrorismo islamico - smentiti anche dalla commissione di inchiesta del Senato degli Usa -.

Fahrenheit 9/11 è tutto ciò che Bush non avrebbe voluto fare sapere ai suoi elettori, tutto quello che gli americani non avrebbero saputo se Moore non si fosse convinto di poter lottare da solo contro l'uomo più potente del mondo come le impietose immagini che raccontano di un Bush che racconta favole ai bambini di una scuola elementare mentre le Twin Towers vengono colpite e continua a farlo mentre, nel paese di cui è presidente, si vive il più grande dramma dopo Pearl Harbur.

Fra i super conservatori che hanno aperto una campagna di boicottaggio del film e i liberal che lo sponsorizzano come espressione di una vera alternativa all'informazione ufficiale Fahrenheit 9/11 (che si rifà al titolo del famoso romanzo di Bradbury Fahrenheit 451 in cui i libri venivano bruciati per evitare che la gente potesse imparare a pensare con la propria testa) sembra avere un notevole successo anche nello svegliare il pubblico americano dal torpore in cui si è lasciato andare nell'assuefazione alla guerra infinita propugnata e portata avanti con ogni mezzo dal Presidente Bush.

Le conseguenze dell'amore

Anno: Italia, 2004; Regia: Paolo Sorrentino; Attori: Toni Servillo, Olivia Magnani, Adriano Giannini; Soggetto e Sceneggiatura: Paolo Sorrentino; Durata: 1h e 40'

7 ottobre 2004, di Davide Venturi

Le conseguenze dell'amore può essere visto e raccontato come più storie a seconda dello spettatore che ce lo racconta. È un film, come appunto recita il titolo, sulle conseguenze dell'amore, il nostro Titta si lascia andare oltre la paura d'amare e ne passa le conseguenze: riesce finalmente a dormire, ma già prima viene meno alla sua metodicità da consumo d'eroina il mercoledì mattina alla dieci. Ma è anche la storia di una vera amicizia (e se vi appaio troppo lacrimoso vi chiedo di saltare qualche riga), una amicizia consumata in silenzio, vissuta come un bambino con il suo amico immaginario, come fa notare il fratello del protagonista. È anche una storia di gangster, certo un gangster atipico, ma ciò non impedisce alla pellicola di portare tensione nella sala e anche di farci sorridere. Infine è un film avanguardistico per essere italiano, soprattutto nel narrare una storia che ammicca al film di genere, ma stilisticamente si lascia vedere per le sue atmosfere, per immagini silenziose come il suo protagonista. Ma andiamo con ordine. In primo piano va messa in luce la prova attoriale di Toni Servillo, che grazie anche all'abilità dello sceneggiatore e regista Sorrentino, da vita a sfumature e ad un personaggio unico che per bravura di interpretazione assomiglia al B.B. Thorton de L'uomo che non c'era. La capacità dell'attore la riscontriamo in quelle piccole sfumature di cui si serve Servillo. Era necessario impostare il lavoro di recitazione in tal modo, intendo scomponendo visivamente il personaggio solo quel tanto che basta, con piccole variazioni, perché Titta Di Girolamo è un uomo che non lascia trapelare nessuna emozione, sarebbe infatti un ottimo giocatore di poker per dirla come il direttore dell'albergo. Comunque queste piccole variazioni, questi piccoli spostamenti fanno vivere il personaggio: Titta completamente fatto che non riesce a portare a termine una frase, conservando la sua inoppugnabile calma o lo sguardo fisso e la schiena continuamente eretta anche nel momento in cui si propone per il bacio alla giovanissima cameriera (solo l'accoppiata Servillo-Sorrentino poteva mettere in scena una così bella scena di non-bacio, così bella perché semplice, tanto semplice che scivola nel racconto, di cui quasi non ce ne accorgiamo). La bravura dello sceneggiatore Sorrentino è di essere anche un bravissimo regista che ha coscienza del cinema come di una macchina audio video di cui far muovere molti ingranaggi. È infatti un film che oltre che visto va ascoltato, la musica accompagna o a volte riempie di senso le immagini. Salti stridenti, sospensioni, giochi di ogni tipo che creano atmosfera. Il tutto parte da un precisa e compatta organizzazione in forma sceneggiatura, si veda la fuga stroncata dei due mafiosetti con la valigia imbottita di dollari, congegno perfetto di tempo e di spazio. E interessantissima è la costruzione del personaggio Titta Di Girolamo, uomo metodico, metodico anche nel suo "farsi". Metodico anche nell'affrontare le sue paure: l'amore e le sue conseguenze malvagie, quel dopo, quel futuro dell'amore che è sempre dispiacere. In questa pellicola, infatti, non si vive mai il presente, si pensa al passato o si ripara il futuro. L'unico lamento di Titta riguarda, infatti, la vita che gli hanno rubato e lui per ripicca ruba il simbolo della vita mafiosa (la valigia piena di soldi) agli stessi ladri della sua vita. Il nostro protagonista fino ad allora non aveva fatto alcuna scelta, immobile e silenzioso Titta decide di fare qualcosa (ecco la conseguenza dell'amore) e questo gesto lo porterà alla morte. Un po' come il personaggio interpretato da Thorton anche lui è un uomo che non c'era: non c'era per la famiglia (le telefonate silenziose sono emblematiche), non c'è per il direttore dell'albergo, l'importante è il pagamento della stanza all'inizio del mese, chi sia o non sia Titta Di Girolamo non importa. E Titta risponde al mondo che non vuole sapere chi è con altrettanto silenzio. Solo che le difficoltà iniziano quando qualcuno si interessa a Titta e pretende altrettanto interesse da lui: prima un saluto, che non è altro che il buon inizio di ogni comunicazione interpersonale, e poi sapere-conoscere il mittente del regalo, a cui il protagonista risponde conciso "Titta Di Girolamo". E un nome non basta, ma Titta è stato per anni solo questo. L'amore è scoprirsi dietro e oltre un nome, ma ha conseguenze che possono portare ad un atto eroico se non addirittura alla morte. Astenersi perditempo.

Lavorare con lentezza

"Lavorare con lentezza" affronta la stagione di Radio alice e del movimento bolognese del '77, schiacciato e disperso tra la violenza dello stato e quella delle Br. Chiesa e i Wu Ming, lontani dal pensiero unico, ci ricordano che non siamo nati per produrre...

14 ottobre 2004, di Lorenzo Misuraca

"Lavorare con lentezza" è un bel film. Certo Chiesa, nel raccontare il '77 a Bologna, non ha la potenza cinematografica di Bellocchio alle prese con i germi del '68 nel bellissimo "Nel nome del padre", né di Ferreri alle prese con i cambiamenti sociali del femminismo dell'intenso "L'ultima donna"...però di questi tempi un regista di talento non omologato come lui è bene tenerselo stretto.

"Lavorare con lentezza" affronta la stagione di Radio Alice e del movimento bolognese, schiacciato e disperso tra la violenza dello stato e quella delle Br. L'apporto dei Wu Ming in fase di sceneggiatura è evidente nella felice idea di intrecciare diversi fili narrativi. Idea intelligente per due motivi: aiuta il film a sfuggire alla morsa della agiografia di Radio Alice e permette di personificare nelle diverse estrazioni sociali e nei diversi ruoli dei personaggi le contraddizioni del movimento settantasettino. Dopo quasi trent'anni è giusto riguardare a quel pezzo di storia con partecipazione ma senza indulgenza.

La forza del film sta forse nell'irresistibile fremito orgasmico latente che si prova ascoltando Enzo del Re cantare dalla radio gracchiante (misteriosamente captata in un tunnel sotterraneo): "Lavorare con lentezza/ senza fare alcuno sforzo/ Chi va veloce si fa male/ e finisce all'ospedale/ pausa ritmo ritmo lento...". Al di là dell'utopismo di certe idee del tempo, finalmente qualcuno (in questo caso il film intero) che s'inserisca in una crepa del pensiero unico e ci ricordi gioiosamente che l'uomo non è una macchina per produrre ma un corpo e uno spirito aggrovigliati, che vogliono godere prima di finire in pasto ai vermi.

Andate a vedere il film e prendetevi una pausa per rifletterci sopra... ma fatelo il giorno dopo, quando siete in ufficio.

Treno e cinema nei ricordi di Mazzacurati

Il regista ci parla della sua esperienza durante il set de L'amore ritrovato in una linea turistica vicino Siena, che rischia di morire.

14 ottobre 2004, di Annalisa Giovani

Per L'amore ritrovato, l'ultimo film di Carlo Mazzacurati, il regista si è servito in molte scene della linea ferroviaria Asciano-Monte nei dintorni di Siena. È una linea abbandonata nei decenni passati e fatta rivivere dalla passione di un gruppo di volontari che hanno avviato un percorso turistico a bordo di treni a vapore e littorine degli anni '50. Il paesaggio attraversato dal treno è mozzafiato, ma non basta la bellezza e l'aiuto culturale ed economico ai paesini della zona che il TrenoNatura dà. A causa della solita burocrazia, Ogni anno questa avventura rischia di finire, riconsegnando i binari all'erbaccia. Abbiamo parlato dell'importanza del treno col regista Mazzacurati, che ha avuto modo di conoscere la linea Asciano-Monte Antico durante le riprese de L'amore ritrovato.

Qual è il ruolo del treno nel suo ultimo film L'amore ritrovato? Un ruolo importante, si può dire che il treno sia il terzo protagonista. È il luogo dell'incontro e della separazione di Maria e Giovanni. Sarà ancora il treno, dopo la guerra, a farli rincontrare. Rappresenta l'occasione, il destino...

Fra i suoi ricordi personali, che posto occupa il treno? Nel film Il prete bello ho ricostruito un ambiente che nel romanzo non esiste, tratto da un mio ricordo personale. Si tratta di un ponte di ferro dove andavamo a giocare. Il ponte della ferrovia e il fiume erano la base del nostro gruppo. Forse non è molto educativo da raccontare, ma ogni anno, con l'inizio della stagione calda, una signora si tuffava dal ponte nel Bacchiglione. Era sempre la prima a farlo, poi cominciavano tutti gli altri. È persino assurdo da pensare, oggi che i fiumi sono tanto inquinati. Mi ricordo poi che mettevamo le monete sotto il treno per farle diventare grandi. Negli anni Settanta ho preso il treno Venezia-Istanbul, il corrispondente povero dell'Orient Express. Era pieno di migranti turchi, un treno carico di umanità e di vita. Per il resto non ho grandi ricordi. Quando ero piccolo con la mia famiglia ci spostavamo in automobile. Purtroppo questo paese manca di una cultura ferroviaria e il mio immaginario infantile, relativo ai viaggi, è soprattutto legato all'auto. Nei miei ricordi comunque, il treno, che attraversava la campagna e il fiume, era parte del paesaggio.

Realizzando il film cosa ha scoperto di nuovo sul mondo ferroviario che magari non sapeva? Nei giorni in cui lavoravamo ho conosciuto i conducenti del treno a vapore. Persone meravigliose. Una volta, era sera e avevamo deciso di girare il giorno dopo. Ho visto che i macchinisti continuavano a mettere carbone e mi sono incuriosito. Mi hanno spiegato che la vaporiera ha bisogno di molto tempo per raggiungere la pressione giusta. Ho avuto l'impressione che la locomotiva fosse un animale che aveva bisogno di mangiare. Mi ha colpito il rapporto affettivo che avevano con la macchina. Gabriele un macchinista, mi raccontava che questa locomotiva quando fu costruita agli inizi del Novecento, faceva 100km/h e che ogni pezzo era costruito in modo artigianale, ma con dimensione e forma ben precise, per essere sostituibile in caso di rottura. Questo sembra strano in una realtà come la nostra, in cui tutto è prodotto in serie con quantità enormi. Attorno al treno a vapore c'è un sentimento. Il rapporto con le cose prima era diverso.

Cosa l'ha colpita in particolar modo? Mi ha colpito l'infinita pazienza dei macchinisti. Quando giravamo dentro ai vagoni eravamo continuamente in contatto radio con loro. Gli comunicavamo a che velocità doveva andare il treno e se durante la ripresa bisognava rallentare o accelerare. Una volta mi sono avvicinato alla locomotiva in movimento e mi sono accorto che c'era un rumore infernale. Ero stupito di come avessero potuto sentire qualcosa in mezzo a tanto fracasso. Sono rimasto ammirato per la pazienza dimostrataci.

Ci parli delle riprese. Le riprese sono durate in totale otto settimane e mezzo, delle quali quattro e mezzo attorno al treno. Le stazioni riprese sono state principalmente quelle di Monte Amiata, Monte Antico, Sant'Angelo Cinigiano e Trequanda. Quest'ultima mi ha molto divertito per il nome che sembrava un toponimo latino americano. Mi ha ricordato il libro di Carlo Emilio Gadda, La cognizione del dolore in cui luoghi e realtà italiane sono trasposti in un immaginario stato sudamericano. Interessante è stato il rapporto con il tempo del treno, che ha avuto una reazione disciplinante nei nostri confronti. I tempi del cinema sono affrettati, nevrotici. Lì eravamo costretti a delle pause che ci hanno dato l'opportunità di riflettere. Il tempo del treno è meccanico, tanto lontano da quello elettronico e mediatico, in cui tutto è istantaneo.

Anche le stazioni hanno un ruolo nel film? La partenza e l'arrivo alla stazione sono delle dimensioni visive costanti e importanti della storia. Questo immaginario si è consolidato dalla nascita del treno in poi. Dopo c'è stato lo sventramento, l'interruzione della seconda guerra mondiale e dell'immediato dopoguerra, che ho riportato nel film utilizzando i carri aperti.

Il treno può rimandare all'attualità? Il treno ha un grande potere visivo e simbolico. In un altro mio film, Il Toro, un treno con trecento persone provenienti da sud, da una zona di guerra, e diretto in Germania, si ferma alla stazione di Klanjek in Croazia, perché mancano i permessi per proseguire. È un fatto realmente accaduto. Il capostazione del paese, che vedeva passare soltanto cinque treni al giorno e trascorreva il resto della giornata a pescare, si trovò improvvisamente ad amministrare una situazione difficile divenendo una sorta di sindaco del paese.

La linea Asciano-Monte Antico ha una sua importanza come set cinematografico? Non ci sono altri luoghi del genere in Italia, anche se devo dire che ne sono un po' geloso e spero non venga molto usata per altri film.

Una considerazione sulla possibilità che la linea, attualmente usata a scopo turistico dal "Treno Natura", venga chiusa. Questa linea, mi sembra di capire, che abbia un suo senso economico. Sinceramente non comprendo perché quando qualcosa funzioni, si cerchi di rovinarla. Non condivido questa concezione di modernità capace solo di aumentare i costi senza portare dei benefici. La linea è parte definitiva di un paesaggio. Da sopra la stazione di Monte Amiata Scalo, dove ero alloggiato, guardavo la linea girare verso destra in direzione Grosseto e mi sembrava un elemento naturale del paesaggio. Per tutte le generazioni è innestata n quel luogo. Eliminare questa linea sarebbe, utilizzando un paragone molto alto, come pensare di smontare la torre di Pisa dal suo contesto, tanto è radicata nell'ambiente circostante. Se dovesse venir chiusa sarebbe indubbiamente un dolore.

Closer: tra attrazioni e incontri fortuiti

"Closer" narra le vicende di quattro personaggi (Julia Roberts, Jude Law, Clive Owen e Natalie Portman) e dei loro incontri fortuiti, attrazioni istantanee e tradimenti continui e distratti

29 dicembre 2004, di Calogero

Grande momento per Mike Nichols, regista mitico di titoli come "Chi ha paura di Virginia Woolf?", "Il Laureato", "Conoscenza carnale", "Silkwood". Dopo il recente successo televisivo della miniserie "Angels in America" - una produzione di HBO tratta dall'omonima opera teatrale di Tony Kushner con Al Pacino, Meryl Streep ed Emma Thompson che ha vinto 11 Emmy Awards - ritorna sul grande schermo con "Closer", un altro adattamento della celebre produzione teatrale omonima di Patrick Marber.

E fa di nuovo centro orchestrando un girotondo di amorosi e sessuali sensi che intriga, affascina, conquista e ci sorprende per modernità di sguardo, crudezza e realismo di linguaggio ed una direzione d'attori strepitosa nel mettere a nudo le qualità spesso nascoste di alcuni degli interpreti più "glamour" dell'industria cinematografica. Analisi sottile e dissacrante delle moderne relazioni di coppia, "Closer" narra le vicende di quattro personaggi (Julia Roberts, Jude Law, Clive Owen e Natalie Portman) e dei loro incontri fortuiti, attrazioni istantanee e tradimenti continui e distratti. Ambientato nella Londra dei giorni nostri, seguiamo appassionatamente - e finalmente un film fa mettere in funzione anche i neuroni del nostro cervello - l'evolversi curioso ed antropologicamente interessante dell'eterno rapporto sentimentale uomo-donna che da un senso alla nostra vita e non smette mai di suscitare il nostro interesse.

Ma questa volta per la sfacciataggine di parole e situazioni, per il confine labile ed ambiguamente affascinante tra bene e male (giusto ed ingiusto!) e per l'onestà ed accuratezza d'introspezione psicologica si rimane ammaliati dalle schermaglie amorose di questo "menage à quatre" che mette a nudo le ansie, paure, illusioni, gioie ed attese di un'umanità smarrita e confusa.

E se Julia Roberts/Anna è alle prese con un personaggio crudo e vero che ne mette in risalto sfumature e toni interpretativi ancora sconosciuti al grande pubblico, se Jude Law nei panni di Dan si conferma come uno dei volti più interessanti di queste stagioni cinematografiche e Clive Owen /Larry è una sorpresa per incisività ed intensità d'interpretazione, il vero colpo di fulmine è per Natalie Portman, - finalmente in un ruolo che l'ha trasformata in un'attrice adulta - perfetta "Alice... nel paese delle Meraviglie", una donna affascinante, misteriosa e sensuale che ci commuove e stordisce per il suo disperato ed assoluto bisogno d'amore.

The Aviator: Martin Scorsese continua a volare sempre più in alto

The Aviator, inconsueto biopic hollywoodiano sugli anni giovanili dell'abile industriale, affascinante produttore cinematografico e temerario pilota d'aerei Howard Hughes, è la scommessa vinta di un Martin Scorsese

13 gennaio 2005, di Calogero

Poco importa se anche questa volta Martin Scorsese mancherà l'appuntamento con lo zio Oscar (ed anche questa volta si tratterebbe di una clamorosa "svista"!): ciò che conta è che questo "mitico" regista italo americano non finisce mai di stupirci ed incantarci ad ogni sua nuova impresa! "The Aviator", inconsueto biopic hollywoodiano sugli anni giovanili dell'abile industriale, affascinante produttore cinematografico e temerario pilota d'aerei Howard Hughes, è la scommessa vinta di un autore che da "Taxi Driver" a "Gangs of New York" continua a raccontarci dell'inafferrabile, effimero ed agonato Sogno Americano facendocene ogni volta assaporare il suo libidinoso piacere ma anche l'amaro retrogusto. Personalità tra le più interessanti, ambigue e poliedriche del XX secolo, Hughes (un Leonardo Di Caprio convincente che regge benissimo sulle sue spalle l'intero peso di un film "epico") nelle parole dello sceneggiatore John Il Gladiatore Logan, sotto le luci di Robert Kill Bill Richardson, tra le scene di Dante Ritorno a Could Mountain Ferretti e con indosso i costumi di Sandy Skakespeare in Love Powell diventa il mirabile racconto di un uomo accecato dai propri sogni (cerca di far entrare l'America nell'era dei jet, elabora piani audaci per costruire aerei sempre più grandi e più veloci), divorato dalle proprie ossessioni e fobie (affetto da sindrome ossessivo compulsiva e germofobia finirà la sua vita recluso in una stanza d'albergo di Las Vegas) ed innamorato dell'Amore (da leggenda le sue storie con le stelle di Hollywood come la Hepburn/Cate Blanchett o la Gardner /Kate Beckinsale). E che grazie alla sensibilità, maestrìa e personalità di un regista come Scorsese si trasforma in un altro avvincente capitolo della storia americana che, patria di pionieri ed eccentriche personalità, ci ricorda che per quanto veloci o più in alto si voli è sempre la nostra natura umana a disperatamente trattenerci con la faccia per terra!

Alexander di Oliver Stone

 *Ma davvero ci si aspettava da Oliver Stone, il regista di "Platoon" e di "J.F.K.", una semplice ricostruzione storica delle gesta di Alessandro Magno?*

19 gennaio 2005, di Alfio Pelleriti

Ma davvero ci si aspettava da Oliver Stone, il regista di "Platoon" e di "J.F.K.", una semplice ricostruzione storica delle gesta di Alessandro Magno? I grandi registi necessariamente escono fuori dai canoni ufficiali, dagli stereotipi: Oliver Stone non voleva e non poteva realizzare un semplice film storico o d'avventura, come forse si aspettava il pubblico americano o qualsiasi altro pubblico abituato alla grandiosità dei Kolossal, al lieto fine, alla presentazione dell'eroe buono e bello, che ama ed è amato da donne stupende.

Il giovane Alessandro è omosessuale. Ama Efestione (Jared Leto), che lo venera e lo segue fedele, come Patroclo Achille. Sposa Roxana, giovane ambiziosa persiana, dalla quale spera di avere un erede. Ma soprattutto ama se stesso e il suo impossibile progetto, metastorico e anacronistico: conquistare tutte le terre asiatiche e poi l'Occidente, formando un unico impero, trasformando popoli "barbari" in cittadini che avrebbero dovuto seguire i valori greci della tolleranza, della democrazia, della giustizia. E per realizzare questo sogno piegherà in battaglia il grande e temuto esercito persiano di Dario e poi quelli delle tribù delle montagne afghane e poi, ancora verso Oriente, quelli del subcontinente indiano.

Alessandro coltivava il mito di Achille: voleva misurarsi con lui per batterlo in coraggio, in uomini uccisi in battaglia, in conquiste e, come lui, cercava la gloria, per essere ricordato in eterno, al di là dei confini temporali della sua vita terrena. L'ombra di Achille si accompagnava spesso a quella del padre Filippo, anche lui guerriero vittorioso, ma uomo rude e violento.

Il giovane Alessandro lotta, invero, per approdare ad un'età matura in cui finalmente possa essere padrone delle sue azioni, senza doversi misurare con modelli esterni. Ciò gli sarà impossibile e resterà ancorato ad una fase evolutiva adolescenziale, dominata da un padre che giudica e punisce e da una madre oppressiva e onnipresente che lo attira in un rapporto ai limiti dell'incesto. E Alessandro, novello Edipo, porterà con sé il peso di tali ambivalenze emotive nei confronti di due genitori da cui vorrebbe affrancarsi, senza mai riuscirci. La madre Olimpia (Angelina Jolie), soprattutto condizionerà il figlio, determinando in lui una personalità poliedrica, priva di equilibrio e di identità.

In effetti, se volessimo trovare un significato profondo all'ansia di Alessandro di andare sempre "oltre", di spostare sempre il confine delle sue conquiste, potremmo cogliere la ricerca affannosa di una serenità che non riesce mai a trovare. A vincere sui suoi sogni di gloria sono i suoi sensi di colpa, per non aver salvato il padre dal complotto ordito dalla madre; per non aver punito la madre per quell'assassinio. A questi se ne aggiungeranno altri: il tradimento di Efestione per altri amori, l'uccisione di Cratero e di Cleitus, compagni di tante battaglie, la morte del suo amato Efestione.

In Alessandro sono presenti tutti i tratti dell'ulissismo che connotano chi, mai pago di una vita serena, ma prevedibile; tranquilla, perché priva d'emozioni; pacifica, ma banale, si lascia vincere dal bisogno "di divenir del mondo esperto e de li vizi umani e del valore" e si lascia andare all'ebbrezza di muoversi verso l'ignoto, misurandosi con paure ancestrali, sfidando limiti naturali e divini, cercando in un "folle volo" l'autodistruzione.

Non la storia semplice e banale di un eroe ci ha voluto, dunque, presentare Stone, ma quella di un uomo dai forti conflitti interiori, il cui comportamento toccava i lembi estremi d'una personalità dolce, sensibile ai sentimenti d'amore e agli ideali di giustizia, di magnanimità, di tolleranza, ma anche cinica, violenta, passionale, infine tirannica.

A una voce narrante, quella di Tolomeo (Anthony Hopkins), Stone affida il compito di tenere insieme le varie fasi del racconto insieme a riflessioni, ora politiche ora filosofiche sulle vicende del re macedone. Ciò ha consentito allo spettatore di non perdersi in una struttura narrativa complessa, affidata ad un montaggio sapiente che prevedeva ritorni indietro e anticipazioni; visioni straniate e scene iperrealistiche. Il risultato è stato uno spettacolo splendido, grazie a sequenze superbe e avvincenti (il giovanissimo Alessandro che doma e cavalca Bucefalo); ad una fotografia sempre azzeccata sia per gli esterni che per gli interni(le catene montuose innevate, le scene in campo lunghissimo degli eserciti schierati sul campo di battaglia); ad un'ottima recitazione degli attori protagonisti. Lo spettatore ha potuto apprezzare il lavoro di un regista che, come il suo protagonista, è andato oltre i normali schemi espressivi, al di là dei pregiudizi e delle costruzioni di maniera, presentandoci l'eroe così come, probabilmente, è stato: omosessuale, a tratti pazzo, cinico, passionale, guerriero e saggio amministratore, razionale e sognatore.

Ottima anche la sceneggiatura, scritta dallo stesso Oliver Stone, da Christopher Kyle e da Laeta Kalogridis. I dialoghi in particolare avevano il difficile compito di comunicare concetti filosofici complessi, introspezioni psicologiche non facili, stati d'animo conflittuali, situazioni di gioia esaltante e di forte impatto drammatico.

A noi sembra che l'operazione di rappresentare le vicende di un gigante della storia sia pienamente riuscita, poiché a realizzarla è stato chiamato un gigante della cinematografia mondiale.

Donnie Darko, diverso fra gli uguali

 *È arduo riuscire a raccontare dell'intrigante e sconvolgente trama di Donnie Darko, film che volutamente sfugge a qualsiasi classificazione di genere...*

26 gennaio 2005, di Simone Olla

Si riaccendono le luci in sala ed il mondo, le emozioni, le paure, gli incubi di Donnie Darko ti hanno lentamente travolto costringendoti a fare i conti con inedite prospettive e visioni di vita che credevi inimmaginabili. È la potenza del debutto cinematografico del regista americano Richard Kelly realizzato nel 2001, che un sotterraneo ma incessante tamtam (il web ha fatto la parte da leone!) ha trasformato in un vero film cult, nonostante diverse traversie distributive attinenti a problematiche contingenze storiche e temporali sembrarono decretarne l'insuccesso (il film in America uscì poco dopo l'11 Settembre).
È arduo riuscire a raccontare dell'intrigante e sconvolgente trama di Donnie Darko, film che volutamente sfugge a qualsiasi classificazione di genere (thriller soprannaturale? Sci-fiction? Horror? Apologo moralistico travestito da film giovanilistico?) e che in un ambizioso e riuscito mix di umori, colori, visioni e prospettive si rivela come una delle più illuminanti e scioccanti fotografie sul sistema di vita americano. Lo spietato e cinico ritratto di una società sull'orlo del baratro fa da sfondo ad una favola avveniristica sui viaggi nel tempo concatenata ad una storia d'amore adolescenziale, pura ed assoluta. Alla vigilia delle elezioni presidenziali che vedevano contrapposti Dukakis e Bush senior, Donnie Darko muove i primi incerti e risoluti passi di vita, mentre nella sua scuola si sperimentano lezioni di ottimismo del nuovo guru di turno e i rivoli più stretti e lontani della società americana sono ricondotti nelle vicine e

facili sponde che delimitano l'amore e la paura. Donnie Darko si presenta al mondo adulto come il peccatore da educare: è troppo diverso, non si riconosce nei ritmi e nelle angosce del mondo moderno, non è integrato e quindi non ha paura. La guerra fredda è ormai agli sgoccioli, ma questa piccolissima fetta d'America ha paura e va educata all'amore.

I problemi di sonnambulismo di Donnie Darko, così come le sue turbe psichiche, le allucinazioni o l'insofferenza nei confronti di una società, quella americana, che tende a banalizzare l'esistenza umana, lo portano a convivere con una dose quotidiana di psicofarmaci e a chiacchierare sotto ipnosi con la sua psicanalista. Ma è tutto frutto della sua immaginazione o è invece una scioccante realtà il terrificante mondo che lo circonda? Una fantasia tipica degli anni '80 abbruttita dalla cultura pop, dagli eccessi materialistici, dal fondamentalismo, da un cinismo ed individualismo prevaricante e dall'ipocrisia dilagante?

Infinite possono essere le risposte ed interpretazioni che ogni singolo spettatore darà alla storia di Donnie Darko (e questo era nelle intenzioni dell'autore!), tutti però concordi nell'aver assistito ad uno dei più promettenti e fortemente originali debutti della recente cinematografia americana. Supportato da un cast d'attori strepitoso e perfetto in ogni singolo ruolo (Jake Gyllenhall/Donnie, Jena Malone/la sua amata, Mary McDonnell/la madre iper wasp, Katharine Ross/la psicologa, Patrick Swayze/il guru, Drew Barrymore/la professoressa alternativa) e coadiuvato da un cast tecnico che è riuscito nell'impresa di rendere l'aspetto fantascientifico della storia in modo realistico, Kelly ha diretto così il suo American Beauty speciale e folgorante, impreziosito da una geniale fusione di elementi che fanno della sua opera prima un'esperienza visiva, emozionale ed intellettuale veramente unica, illuminata da una regia bellissima e visionaria, che si sofferma con leggerezza ed eleganza su altri protagonisti del film, mostrandoci il lato oscuro che alberga in ognuno di noi.

La capacità di Kelly di ridare un senso alle immagini, rendendole indipendenti dalla parola, è una delle maggiori sorprese di questo film; una tra le tante. Donnie, ha la colpa di mostrare il suo lato nero (Dark/o), in un mondo che invece lo nasconde, incapace di guardare oltre l'apparenza. Nonostante gli attacchi massicci del sistema, allineato e coperto nel demonizzare la sua diversità, indicandogli i rimedi (analisi e medicine), Donnie Darko resiste e reagisce, vuole capire, seminare scomode domande e vivere di dubbi... La schizofrenia di Donnie diventa così il modo migliore per fuggire dalla follia della normalità e dei luoghi comuni; nella ricerca "dell'universo tangente" è celato il mistero di un film colto, raffinato, elegante che mette in guardia sulle derive del mondo odierno.

Kusturica va alla Guerra: "La vita è un miracolo"

Il colorato e matto mondo che Emir Kusturica "disegna" nel suo nuovo film "La vita è un miracolo", favola/tragedia tristemente ottimista sullo sfondo del conflitto balcanico del '92

10 febbraio 2005, di Calogero

Le macchine scorrono lungo i binari della ferrovia. Il postino pasticcione arriva in sella ad un cavallo bianco. Ed i somari soffrono per amore. È il colorato e matto mondo che Emir Kusturica "disegna" nel suo nuovo film "La vita è un miracolo", favola/tragedia tristemente ottimista sullo sfondo del conflitto balcanico del '92.
E per chi ama il tocco alla Kusturica (creatività senza regole, situazioni surreali magicamente realistiche, personaggi e caratteri oltre il confine ed intelligente e pungente occhio sulla vita sociale e politica dei nostri tempi) non rimarrà deluso nel ritrovarsi davanti all'ennesima "carovana" di colori, luci e suoni che da sempre animano il suo cinema.
Tra Marx e Shakespeare, questa volta il regista ci racconta le avventure di Luka, (Slavo Stimac... la versione balcana di Anthony Perkins!), un ingegnere serbo di Belgrado, che vive a ridosso dei binari di una ferrovia insieme a sua moglie Jadranka ed il figlio Milos. Sta lavorando al progetto della stazione che trasformerà la regione in un paradiso turistico, ma completamente assorbito dal lavoro ed accecato da un ottimismo innato, Luka non dà peso ai continui e persistenti segnali di una prossima guerra! Così quando scoppia il conflitto, il sempre positivo Luka - nonostante la svampita moglie scappi con un musicista mentre il figlio viene chiamato al fronte - riuscirà a scamparla vivendo un'intensa e pazza storia d'amore

con la giovane Sabah, un ostaggio musulmano che dovrà essere consegnato in cambio di un prigioniero serbo....suo figlio Milos!

E Kusturica colora questa sua farsa di speranza e dolore nuovamente accentuando toni e caratteri che meglio mettono in risalto i sentimenti e le emozioni umane a discapito di una più profonda ed attenta analisi politica che fa del tema della guerra una scena di quinta sulla quale far scorrere le vicende di un'umanità che oramai sembra rassegnata a convivere con gli orrori di conflitti divenuti ordinari e paurosamente naturali.

Ma quando arrivano le ragazze?: l'amore a tempo di jazz

Il film di Pupi Avati "Ma quando arrivano le ragazze?". Storia di ventenni tra Umbria e Emilia-Romagna...

10 febbraio 2005, di Calogero

Ma poi "quando arrivano le ragazze" cosa accade? Può anche capitare che un'amicizia "storica" come quella tra Gianca e Nick, nata sui "banchi di scuola" dello stage per giovani musicisti di Umbria Jazz, vada in frantumi a causa di una rivalità amorosa che nasconde ben più grandi ed inguaribili ferite.
Come la profonda cicatrice che fra il talento e la passione solca un'estesa zona di confine dove giovani coscienze in crescita possono smarrirsi alla ricerca della propria vocazione. E questa volta Pupi Avati traveste il suo eterno racconto d'amicizia e d'amore sotto le mentite spoglie di una storia di formazione nuovamente attingendo ad esperienze autobiografiche che sappiamo - da suoi spettatori fedeli - essere sempre ricche di spunti, emozioni e nuovi personaggi.
"Ma quando arrivano le ragazze?" se da un lato conferma e sottolinea - sempre con preciso e malinconico rigore - lo stile di autore fortunatamente prolifico per il nostro "povero" mercato cinematografico dall'altro rivela un inedito sguardo compassionevole, a tratti velatamente cinico e distaccatamente partecipe, a storie di personaggi che forse lo scarto generazionale rende come sospesi ed a tratti poco credibili.
Paolo Buongiorno, Notte Briguglia (un Gianca - musicista dalla forte passione artistica ma mediocremente talentuoso - poco incisivo), Claudio Il Posto dell'anima Santamaria (interprete - nel ruolo del trombettista di successo Nick - sempre generoso e naturalmente disincantato) e Vittoria Elisa di Rivombrosa Puccini (una contessa Francesca eccessivamente

leggera ed eterea) sono il terzetto d'interpreti attorno al quale Avati costruisce la sua nostalgica ronde amorosa questa volta però poco emozionandoci (i risultati del recente "Il cuore altrove" sono lontanissimi!) regalandoci gli unici momenti di vera ed intensa intimità con una storia poco universale nelle note dolenti, malinconiche ed amare di un ritrovato Johnny Dorelli attore (il papà di Gianca, frustrato nelle sue velleità artistiche) al quale auguriamo una "nuova" carriera cinematografica ricca di personaggi e storie emozionanti.

Million dollar baby, storia di Maggie campionessa del ring

È un film perfetto dove i tanti temi trattati (il mondo della boxe, nobile, duro, spietato, ambiguo; l'eutanasia; l'amicizia; il rapporto genitori-figli) sono legati da una struttura narrativa solida. Una recensione tra l'identificazione e lo straniamento.

30 marzo 2005, di Alfio Pelleriti

Quando assisti ad uno spettacolo esaltante, che muove alle lacrime, quando ti senti vicino al protagonista con il quale hai scelto d'identificarti, hai bisogno di raccontare questa tua esperienza, che non è lontana né dal regista né dal personaggio del film, ma correlata ad esso, poiché la magia del cinema è proprio questa: eliminare ogni barriera spazio temporale e riuscire a comunicare empaticamente in una dimensione dove i concetti di realtà e finzione non esistono.
Ero lì con Maggie (Hilary Swank), giovane donna che spendeva i pochi guadagni di cameriera in un' infima trattoria di Los Angeles per allenarsi in una palestra di periferia frequentata da bulli, malandrini, pugili falliti e gestita da un uomo "ex" in tutto: ex padre, perché odiato dalla figlia che non lo degna d'una risposta alle sue continue comunicazioni epistolari; ex manager, perché sente d'aver provocato il fallimento sportivo ed umano del suo miglior pugile (Screp); ex idealista, perché ha ormai deciso di non lottare per nobili ideali e sa accettare i compromessi.
Ebbene, dicevo, ero lì con Maggie e la capivo quando chiedeva di rimanere oltre l'orario di chiusura in quella squallida, fredda palestra a menar pugni per cercare di sfogare la rabbia d'essere sola e non amata. Ho seguito i suoi progressi in quello sport duro, dal labile confine tra la competizione e la violenza. Gioivo con lei dopo i suoi trionfali incontri, soddisfatto per il suo coraggio, per il suo riscatto giusto, vero, pulito. Ed

ero lì quando infine è caduta, colpita alla schiena, a cercar di soccorrerla, insieme al suo manager, invano. Anch'io ho poi tolto la spina liberando quello spirito guerriero da un corpo ormai vinto, già morto.

Il vecchio Clint ce l'ha fatta ancora a colpire il suo pubblico. Alla sua maniera: lui avanza, riempie lo schermo, parla poco, si schernisce, poi affonda, improvviso, il colpo segreto che sorprende ottunde annichilisce. E mentre segui la vicenda umana di quest'uomo solo e triste come un eroe dell'Intrepido, a tratti lo rivedi più giovane, col poncho e la pistola al fianco, mentre calmo s'accende il suo sigaro, tutt'intorno le note del maestro Morricone.

Ma sono flash che si amalgamano bene con il tutto: non offuscano la bravura dell'attore regista, né appesantiscono la storia. Del resto ognuno porta con sé esperienze pregresse che determinano e condizionano il suo presente e in questo cinema di Eastwood senti la presenza di Sergio Leone, il regista.

È un film perfetto, dunque, dove i tanti temi trattati (il mondo della boxe, nobile, duro, spietato, ambiguo; l'eutanasia; l'amicizia; il rapporto genitori-figli) sono legati da una struttura narrativa solida che non fa smarrire lo spettatore, seppur tradotta in una sceneggiatura a tratti scarna ed essenziale.

La scenografia non ricca, le luci soffuse e grigie, l'interpretazione quasi sotto tono di tre magnifici attori, l'aria dimessa di tutta la costruzione, quella voce fuori campo di un narratore a cui chiedi continuamente "e poi? Continua! E poi?" nascondono un'energia comunicativa straordinaria che avvince e scuote.

Siamir. Racconto sul tema della migrazione-integrazione

 *Francesco Munzi alla sua opera prima (selezionata nella finestra "Orizzonti" del Festival di Venezia) sceglie di raccontare la storia del difficile rapporto di un padre ed un figlio albanesi...*

20 aprile 2005, di Calogero

Il giovanissimo cinema italiano (vedasi anche i recenti casi delle opere di registi come Vincenzo Marra o Daniele Gaglianone) sente l'assoluta necessità di raccontare il nostro incerto e "drammatico" quotidiano con una onestà di parole ed immagini che sottolineano la gravità di un presente per nulla rassicurante.

Ed allora se un regista di 34 anni come Francesco Munzi alla sua opera prima (selezionata nella finestra "Orizzonti" del Festival di Venezia) sceglie di raccontare la storia del difficile rapporto di un padre ed un figlio albanesi che in Italia vivono di illegittimi traffici di immigrati clandestini è evidente l'urgenza e necessità (anche storica!) del nostro cinema di volersi fare testimone e portavoce dei destini di un'umanità tagliata "fuori".

L'approccio "neorealistico" e severo, di fronte ad una drammaticità di eventi che oramai la stampa registra meccanicamente e stancamente, colpisce per la rigorosità di stile ed utilizzo "ragionato" del mezzo cinema che fanno di Francesco Munzi un regista da tenere d'occhio sin da questo suo film d'esordio.

"Saimir" diventa così (anche grazie all'intensa partecipazione di un attore non professionista come il giovane ragazzo di Tirana Mishel Manoku) l'algida fotografia di una realtà quotidianamente sotto gli occhi di tutti e che ci ricorda come si possa combattere e ribellarsi al destino di una vita che reclama a gran voce il diritto di una seconda opportunità.

Hotel Rwanda: un'oasi nel deserto

L'anno è il 1994. La storia è africana, anzi del mondo intero. Il genocidio dei Tutsi da parte degli Hutu, anzi di un fratello verso un altro fratello. Un massacro a colpi di machete...

27 aprile 2005, di Teresa Geria

Titolo: HOTEL RWANDA
Anno: 2004
Regia: TERRY GEORGE
Produzione: Canada, GB, ITA, Sud Africa
Durata: 121'

Hotel Rwanda, un hotel che diviene un'oasi nel deserto. Non è un miraggio. È tutto reale. L'anno è il 1994. La storia è africana, anzi del mondo intero. Il genocidio dei Tutsi da parte degli Hutu, anzi di un fratello verso un altro fratello. Un massacro a colpi di machete. Alla cieca. I morti sono troppi per poterli contare. I media sono in prima fila per poter filmare la barbarie, coscienti dell'amara convinzione che sarà, comunque, un bel servizio.
Il regista decide di presentare la testimonianza di un manager di colore del migliore albergo di Kigali. Paul Rusesabagina riflette e agisce, piange ed ama. Lui, hutu, riesce a salvare più di 1200 tutsi.
Nonostante le prime file siano presidiate, disorganicamente, da associazioni umanitarie e contingenti di pace, la macchina da presa di Terry George insiste sul simbolo della Croce Rossa o su quello del Casco Blu per reiterare una presenza troppo lontana dell'Occidente, che non insegna altro che affari, indifferenza e stile.

Una pesante pioggia cade giù, incapace di lavare via le colpe. Una danza folkloristica smorza la tensione. Paul e tanti bambini sono finalmente salvi.

Dias de Santiago: Chi siamo, da dove veniamo, dove andiamo?

 *Dias de Santiago è un dramma shakespeariano e non essere è l'epilogo della pellicola. Regia: Josué Méndez. - Produzione : Perù, 2004.*

18 maggio 2005, di Teresa Geria

Nascere per essere combattente. Combattere per sentire l'adrenalina in corpo. Uccidere per non essere uccisi. Santiago è tutto questo per 6 anni. Il suo rientro in società è scomodo, è un voler essere altrove, è continuare a vivere una missione. Salvare anche una sola anima. Allora sì. Sarebbe proprio come essere nella selva, in silenzio, dove il fucile è la continuazione del tuo braccio. Chi siamo, da dove veniamo, dove andiamo come leitmotiv del primo lungometraggio di Josué Méndez.
Se il film fosse un dipinto sarebbe espressionista. Il bianco e nero si alterna al colore in un montaggio che prosegue a singhiozzi. La mirada costante. Il nemico che senti alle spalle. Tu lo vedi. Lo schivi. Lo annienti. I ponti sonori e le voci si accalcano in un flusso di pensieri, che assilla Santiago e lo spettatore. L'immagine, volutamente imperfetta, è visibilmente una somma di pixels/tasselli di un puzzle temporale non costante.
Il protagonista pensa che tutto ha un ordine, altrimenti nulla esiste. Ma ogni suo tentativo di miglioramento è pura illusione. E intanto Lima non fiata nella notte. E intanto Lima ruggisce in riva al mare.
Santiago non dorme, non può. *Tranquilo, quiero star tranquilo!* Nella percezione della realtà patologicamente esasperata, lui trova una via di fuga. Una solitaria roulette russa è più semplice della vita.
Dias de Santiago è un dramma shakespeariano e non essere è l'epilogo della pellicola.

Sin city: non solo noir d'autore

Il "film-fumetto", destinato a fare scuola, si presenta come opera innovativa. Il film di Robert Rodriquez e Frank Miller.

29 giugno 2005, di Alfio Pelleriti

Già dal primo fotogramma, il film si presenta come qualcosa di nuovo, di rivoluzionario, poiché "Sin City" è un "noir" che si avvale della struttura narrativa e della grafica propria del fumetto.
E il film non può non entusiasmare chi appartiene a quelle generazioni che di fumetti sono stati divoratori. Come farà a non apprezzarlo chi ha letto Diabolik o Satanik o le storie dell'Intrepido e di Lancio story, quelle di Andrea Pazienza o di Dylan Dog?
Operazione riuscita ai due registi, Robert Rodriquez e Frank Miller e al collaboratore illustre, Quentin Tarantino. Nel film si nota una costruzione complessiva dell'immagine superba: ogni singolo fotogramma è un piccolo gioiello che splende per l'uso sapiente della fotografia, del colore misto ai grigi, degli effetti speciali. E poco importa che esso sia stato costruito in "laboratorio", attingendo alla grafica computerizzata, poiché il cinema deve utilizzare ogni strumento tecnologicamente avanzato per realizzare il suo specifico prodotto, senza per questo perdere "quarti di nobiltà".
"Sin city" è un film-fumetto fortemente evocativo, esageratamente "noir", come sa esserlo e vuole esserlo un fumetto. Ed è, ad un tempo, emotivamente coinvolgente, come solo il film può esserlo.
Ma andiamo con ordine, poiché troppe cose s'affollano alla mente e tutte premono per trovar spazio. La storia è costituita da tre episodi e da una breve ma intensa sequenza introduttiva, in cui campi lunghi seguono a campi totali; riprese dall'alto si mischiano e confondono in prolungati primi piani; campi e controcampi si alternano veloci. Tutto inchioda lo

spettatore alla poltrona, attento a non perdersi un particolare per poter capire non solo la vicenda che si va snocciolando, ma l'atmosfera ad essa sottesa.

Una voce narrante accompagna l'azione dei protagonisti, degli eroi che la vita ha vinto: un poliziotto, Hartigan (Bruce Willis), rimasto solo ad aiutare i più deboli e a lottare contro malvagi protetti da uomini potenti e corrotti; Marv (Mickey Rourke), un uomo forte, brutto e violento, tenero con i deboli, capace di amare fino al sacrificio, ma propenso anche ad infliggere grandi sofferenze, pur di scoprire l'assassino della sua donna. Dwight (Clive Owen), ex fotografo che cerca il riscatto dopo aver ucciso per errore un amico.

È la storia di un'umanità che vive, ama e soffre nel cuore di una grande metropoli americana, in un'area franca, la città vecchia, "sin city", dove vige la legge del più forte; dove per sopravvivere è necessario appartenere al branco; lì dove anche gli eroi sanno essere cattivi. Sin city è una riflessione politica amara su un presente privo di prospettive e di valori positivi, in cui c'è spazio solo per la violenza e per egoismi immensi. Ma è anche un film che vuole rompere con i canoni espressivi tradizionali: si gioca con i colori forti misti ai grigi, si alternano lunghi primi piani e stacchi netti da un'inquadratura all'altra, non mancano dettagli che piegano all'horror, ma addolciti da una voce narrante che spiega il perchè di scene, a volte, truci.

Non c'è spazio per i piani sequenza, con i quali la macchina "descrive" semplicemente ciò che accade. Si pretende invece una partecipazione attiva dello spettatore, a cui si richiede di "montare" i vari pezzi del racconto, così come è giusto che accada a chi assiste ad un vero thriller. Perciò nel racconto sono presenti ellissi, prolessi, flashback e il tutto si ricompone solo con l'ultima scena che richiama la prima.

In questo disegno complessivo non viene concessa alcuna libertà all'attore. Egli è asservito al regista e alle sue scelte stilistiche e narratologiche. Nel gioco ad incastro, dove la penombra, il grigio e il nero della notte hanno un ruolo rilevante, l'attore si muove poco, come nei fumetti, appunto. Le emozioni, che nel film hanno grande rilievo, si manifestano con i colori: il rosso per i sentimenti positivi; il giallo, l'azzurro, il grigio per quelli negativi.

Un'operazione riuscita, dunque, "Sin city", grazie ad un montaggio perfetto, ad una regia attenta e precisa; ad una sceneggiatura superba, realizzata su misura per la struttura ad intreccio del racconto. Un film da non perdere.

The woodsman: Un uomo alle prese con la sua redenzione

The Woodsman - Il segreto conquista per la sempre più rara ma preziosa capacità del cinema di sapersi interrogare ed indagare sui mali di un'umanità sull'orlo del baratro.

domenica 7 agosto 2005 , di Calogero

Ardua scelta quella della debuttante Nicole Kassell di adattare per il grande schermo l'opera teatrale di Steven Fechter "The Woodsman". Vi si racconta la storia di Walter che dopo aver trascorso dodici anni in prigione arriva in un'anonima cittadina, si trasferisce in un piccolo appartamento, lavora presso un deposito di legname e per la maggior parte del tempo se ne sta per conto proprio.
L'unico ed inatteso conforto alla sua grigia esistenza gli arriva dalla collega Vickie, una donna segnata da esperienze dolorose che promette di non giudicarlo qualsiasi cosa si nasconda dietro il suo comportamento ambiguo e circospetto. Walter infatti non può sfuggire al suo segreto: condannato per pedofilia è consumato dagli errori del passato che gli negano la "normalità" del presente.
Tema così "scabroso" e tabù narrativo diventano, grazie alla regia fredda, distaccata ma onesta della debuttante Nicole Kassell ed all'interpretazione di un sofferto ed intenso Kevin Bacon, inedita materia cinematografica e narrazione nervosa ma necessaria che getta una lucida luce su un'anima dilaniata tra impulsi irrefrenabili e redenzione conquistata a caro prezzo.
E se l'impietoso ritratto di una società dove sembra che ad ogni angolo di strada si nasconda un pedofilo o che si incontrino solo persone vittime di questo terribile crimine lascia interdetti, The Woodsman - Il segreto conquista per la sempre più rara ma preziosa capacità del cinema di

sapersi interrogare ed indagare sui mali di un'umanità sull'orlo del baratro.

Concorso di colpa: un imbarazzante film

È realmente un gran peccato che il ritorno di Francesco Nuti al cinema avvenga con questo pasticciato ed inutile thriller "Concorso di colpa"...

4 settembre 2005, di Calogero

Im-ba-raz-zan-te. È realmente un gran peccato che il ritorno di Francesco Nuti al cinema avvenga con questo pasticciato ed inutile thriller "Concorso di colpa" che la regia piatta ed inesistente di Claudio Fragasso ("Palermo Milano solo andata") ma soprattutto il soggetto e la sceneggiatura di Rossella Drudi - involontariamente comica per dialoghi e snodi narrativi al limite del ridicolo e dell'inverosimile - riducono a fiction televisiva di serie B.
L'idea di raccontare, attraverso il meccanismo del giallo, gli ideali di una generazione (nello specifico le battaglie politiche e sociali dei "Lupi solitari" , ristretto collettivo di cinque ragazzi del 68) che si ritrova a confrontarsi con un presente debitore di un trascorso ideologicamente fallimentare si risolve nell'insipida ed esile trama narrativa di un film che fa acqua da tutte le parti.
E travolti da questa onda anomala anche il cast d'interpreti: Alessandro Benvenuti (a quando un suo ritorno in gran forma al cinema sia nelle vesti d'attore che di regista?), Luca Lionello, Gabriele Ferzetti, Massimo Bonetti, Luigi Maria Burruano (è proprio lui e non il suo clone!), Antonella Ponziani - ma che fine ha fatto il talento di questa ex promessa del nostro cinema? Ma la delusione maggiore è ritrovare al cinema, dopo anni di traversie personali, Francesco Nuti che nel ruolo del Commissario De Bernardi - sulle tracce dei fantasmi del proprio passato - recita "Francesco Nuti" nella sua versione più incolore, stanca ed apatica.

Madagascar - Complimenti alla Dreamworks

Protagonisti dello spassosissimo lavoro della Dreamworks sono Alex il Leone, Melman la giraffa, Gloria l'ippopotamo e Marty la zebra.

8 settembre 2005, di Salvatore Mica

Ultimo Cartone animato della Dreamworks: un diluvio di risate. Tra dotte citazioni, spettacolari gag e manie tipicamente metropolitane si snocciola la storia di animali "zoo - dipendenti" in fuga verso la libertà.
Protagonisti dello spassosissimo lavoro della Dreamworks sono Alex il Leone, Melman la giraffa, Gloria l'ippopotamo e Marty la zebra.
Vivono tutti nello snobbissimo Zoo di New York, serviti, riveriti e ammirati quotidianamente dalle folle, Alex è ovviamente l'attrazione principale, si pascia delle attenzioni del pubblico, è il più egocentrico e viziato del gruppo, Melman è il corrispettivo animale di Woody Allen: paranoico, ipocondriaco, perennemente malaticcio, l'ippopotamo Gloria è vitale e decisa - x una volta il cinema ci concede un'obesa non complessata - Marty la zebra è... stufa della vita in cattività! E sarà proprio Marty ad avviare il catastrofico percorso verso la terra del Madagascar. Il gruppo non si poteva aspettare certo che questo viaggio cambiasse per sempre la loro vita! Scopriranno che la natura è bella, ma pericolosa, la libertà affascinante ma... Faticosa, e la loro amicizia quanto mai rara.
Un'ottima prova della Dreamworks, pienamente riuscita a nostro parere, sbellicanti le gag - segnaliamo la mitica vecchietta Newyorkese e i pinguini jamesbondiani - meravigliose chicche le citazioni cinefile - "American Beauty" e "Il pianeta delle scimmie" - ottimo il doppiaggio di Ale e Franz, Michelle Hunziker e Fabio Deluigi. Semplicemente

eccezionale Il Re discotecaro degli animali del Madagascar, la cui canzone sta già diventando un Cult fra gli smanettoni del File Sharing.

Salvador Allende: Un eroe dei nostri giorni

L'11 Settembre del 1973 un golpe militare sollevò Allende che con il suo suicidio - né disperato né romantico - raccontò sino alla fine la necessità di come la politica non debba mai inchinarsi di fronte all'impossibile.

11 settembre 2005, di Calogero

Giocava con la trottola e con le biglie. Ma già da bambino faceva dei discorsi bellissimi. Ricordi d'infanzia del presidente cileno Salvador Allende che il regista Patricio Guzman alterna a documenti d'archivio, album fotografici ed interviste nel tentativo (peraltro riuscito!) di far comprendere la "crudele" attualità di quest'uomo atipico, rivoluzionario e fanatico della democrazia fino al punto di suicidarsi.
Medico, umanista, marxista sui generis e cofondatore del Partito Socialista, Salvador Allende - nel montaggio lineare e trama narrativa di Guzman dilatata e priva di smottamenti proprio per far parlare e vibrare la vita dell'uomo/Presidente e non un'artefatta ricostruzione cinematografica - diventa l'utopico ed urgente modello al quale ispirarsi per una anch'essa utopica rivoluzione pacifica a cui il mondo occidentale moderno dovrebbe anelare. Della sua vita il regista ci dice che fu una sorta di lunga campagna elettorale, trascorsa attraversando il Paese da un capo all'altro con il solo scopo di ascoltare le esigenze della gente, di discutere con essa e convincerla (in un impari confronto, le "gite" in autobus del Professor Prodi e le missive del Cavalier Berlusconi ci fanno amaramente sorridere). Dopo vent'anni di campagna e quattro candidature, Allende venne finalmente eletto Presidente della Repubblica il 5 Settembre 1970: è l'inizio/la fine di un "meraviglioso" progetto politico per il rispetto puntuale della democrazia e delle sue istituzioni, per la sua etica umanista (la dignitosa e coerente volontà di

farsi portavoce del popolo) che si pose all'attenzione del mondo generando rispetto, stima, desiderio di emulazione ma soprattutto fastidio e rabbia per la pur remota possibilità che questo Sogno politico potesse avverarsi (e Nixon ne fu il più gretto e limitato rappresentante).
Il resto è Storia: l'11 Settembre del 1973 un golpe militare sollevò Allende che con il suo suicidio - né disperato né romantico - raccontò sino alla fine la necessità di come la politica non debba mai inchinarsi di fronte all'impossibile. E Patricio Guzman con questa sua necessaria testimonianza sta lì a rammentarci come il progetto di Allende non abbia perso forza e soprattutto oggi sia il modello di una lotta da riprendere con rinnovata energia e coscienza perché attuale è il monito di "dover fare tutti sacrifici per seminare il futuro".

La bestia nel cuore - Intimità perfette

Uno dei migliori film a cui abbiamo avuto il privilegio di assistere. Meravigliosa sceneggiatura, ottimo il ritmo, eccellenti gli attori...

15 settembre 2005, di Salvatore Mica

Uno dei migliori film a cui abbiamo avuto il privilegio di assistere. Meravigliosa sceneggiatura, ottimo il ritmo, eccellenti gli attori tra cui spicca la semplicemente sublime performance della Mezzogiorno, il film passa leggero, dipanando tre storie fortemente intrecciate fra loro, drammi, comunque, che esplodono soficemente nelle nitidissime atmosfere casalinghe create dall'autrice.

Primo filo narrativo:
Sabina (Giovanna Mezzogiorno) ha tutto: un bell'uomo accanto a se, attore: Franco (Alessio Boni), e un lavoro da doppiatrice che svolge con passione assieme ad una sua amica: Maria (Angela Finocchiaro); Purtroppo però Sabina non è felice, anzi la vediamo sfiorire man mano che la sequenza filmica va avanti, dalla morte del padre, strani incubi la perseguitano. Decide di andare a trovare il fratello Daniele (Luigi Lo Cascio) che vive negli States per scavare nel proprio passato e per scoprire "da cosa si deve salvare".

Secondo filo narrativo:
La migliore amica di Sabina è Emilia (Stefania Rocca), una ragazza ceca segretamente innamorata di lei sin dai tempi dell'infanzia. Emilia vive isolata e trasandata, al buio, nella speranza che Sabina la passi a trovare. Il suo attaccamento morboso verso di lei spinge però Sabina ad allontanarsi, Emilia conoscerà Maria (Angela Finocchiaro) e riuscirà grazie

a lei a ricostituire un percorso esistenziale dapprima relegato nel rimpianto di un passato irraggiungibile.

Angela Finocchiaro, perfettamente in ruolo, seppur mantenendo alto il ruolo drammatico a lei affidato, ci fa sorridere. Convince pienamente la sua performance.

Terzo filo narrativo:

Franco, insoddisfatto del suo lavoro, durante la permanenza di Sabina negli States, vive una fugace relazione con un attrice e riceve una gratificante proposta di lavoro dal suo regista. Al ritorno di Sabina dovrà scegliere quale delle due vie la sua vita dovrà seguire.

L'autrice mostra di conoscere perfettamente l'animo umano ed è maestra nel rappresentarlo. I drammi mostrati, non risultano mai urlati, appesantiti, ridondanti, tutto nella sequenza filmica rimanda una luce familiare, casalinga, vera più del vero. La luce è forse l'elemento con cui maggiormente si è cimentata la regia: perfetta rappresentazione dello stato d'animo dei personaggi che via via si spogliano dei panni borghesi che vestono nel palcoscenico della vita.

Accusa feroce verso il mondo benpensante, urlo terrifico denunciante le nefandezze che ognuno di noi porta dentro, mormorio sommesso annunziante il perdono di una vecchia fine e la speranza in un nuovo inizio.

Viva Zapatero! / di Sabina Guzzanti

Triste quel paese che ha bisogno di eroi. Triste quel paese che ha bisogno di comici perché si dica la verità.

18 settembre 2005, di Victor Kusak

Triste quel paese che ha bisogno di eroi. Triste quel paese che ha bisogno di comici perché si dica la verità. "Io sono un guitto, un buffone" dice Sabina Guzzanti, ma facendo con coscienza il mio mestiere ho trovato la solidarietà e la vicinanza della gente.
Il film di Sabina Guzzanti è un documentario civile, duro e arrabbiato. Più di un anno fa, la censura al programma Raiot, con cui il centro-destra ha chiuso d'imperio la programmazione. Un atto di grave lesione delle libertà civili in Italia, che ha consegnato - assieme ai licenziamenti dalla Rai dei giornalisti Santoro, Biagi, del comico Luzzatti, la soppressione del programma di Paolo Rossi, ma anche il cambio del direttore del Corriere della Sera, De Bortoli ecc. - il mondo dell'informazione in mano al regime. Tutto questo è avvenuto nonostante la protesta civile delle persone, e nell'acquiescenza più completa da parte dei partiti della cosiddetta opposizione: il centro-sinistra non ha fatto un buona prova di sé.
Nel film denuncia, gravi risultano le affermazioni, fatte al parlamento, da parte di Luciano Violante sul fatto che il centro-sinistra al potere qualche anno fa non prese nessun provvedimento contro il pericolo democratico rappresentato da Silvio Berlusconi, anzi vanta di aver favorito Berlusconi e i suoi interessi economici. Decisamente imbarazzanti le dichiarazioni di Luciano Violante, fino a qualche mese fa capo della Commissione di Vigilanza della RAI e funzionario dei DS, e ora presidente della RAI. Per non dire agghiaccianti le dichiarazioni invelenite di Lucia Annunziata, presidente della RAI all'epoca, che molto chiaramente afferma di non

aver fatto nulla per difendere il programma di Sabina Guzzanti perché questa ne aveva fatto una caricatura.

Il film presenta un confronto con la realtà dei programmi satirici in altri paesi europei: Francia, Inghilterra, Belgio. Anche qui, l'Italia fa una pessima figura. Non a caso si sottolinea come in un rapporto di un osservatorio ONU, l'Italia sia stata relegata al 70 esimo posto tra i paesi con problemi grossi nel mondo dell'informazione e sl tema delle libertà civili e di stampa: notizia che è stata sistematicamente ignorata da tutti i mass media italici. Il documentario si pone all'interno del "genere" del documentario politico e d'opinione, che ha avuto in Michael Moore un punto di riferimento. Quello di Guzzanti è un documentario di denuncia, fatto per chi ancora crede di vivere nel "migliore dei mondi e dei paesi possibili", questa italietta un bel po' fascista e molto ma molto vigliacca.

Goodnight and Good Luck

Quando gli USA persero l'innocenza. Un film di George Clooney, bianco e nero coraggioso, privo di fronzoli. Un documentario su anni che sembrano non dissimili dai nostri.

18 settembre 2005, di Victor Kusak

George Clooney mette in scena le battaglia contro McCarthy di un anchorman statunitense. Il periodo, quella della caccia alle streghe. Il clima di intimidazioni e di persecuzione non solo politica, ma sociale, quotidiana, in cui si viveva "allora". Un bianco & nero molto bello, asciutto, senza fronzoli. Il tema delle libertà civili e individuali di fronte alle campagne politiche montate dalla destra. Allora gli Stati Uniti seppero reagire, anche se una intera generazione di giornalisti, scrittori, sceneggiatori ne restò per sempre segnata. Molti persero comunque il posto, diversi i suicidi. Ad Hollywood capo degli artisti "anticomunisti" era Ronald Reagan che iniziò allora il suo percorso politico. Si denunciavano i propri amici, i propri colleghi, tutto era ammesso in nome dell' "anticomunismo". Gli Stati Uniti persero allora la propria innocenza.
Clooney con molto coraggio mette in scena tutto questo, per parlare e ricordare oggi, che un'altra grande montatura politica - quella contro i "terroristi" islamici è in atto e sono state operate serie restrizioni alle libertà (con il Patriot Act di Bush II) - sta devastando la vita democratica e quotidiana occidentale.
Sarebbe interessante capire quanto, di un film come questo, riescono a cogliere oggi i giovani, telefoninizzati, allegri italiani. A capire come, il tema della libertà di espressione, è basilare. Da vedere assieme al docufilm di Sabina Guzzanti (Viva Zapatero!), da leggere assieme alle notizie che vedono in questi mesi i giornalisti italiani vittime di censura e

licenziamento (si veda il caso di Marco Benanti a Catania, e di De Bortoli al Corriere della Sera).

Romanzo criminale: L'epopea criminale della banda della Magliana

Impresa ardua e coraggiosa quella di trasporre sul grande schermo il bel romanzo di Giancarlo De Cataldo "Romanzo Criminale"...

29 settembre 2005, di Calogero

Impresa ardua e coraggiosa quella di trasporre sul grande schermo il bel romanzo di Giancarlo De Cataldo "Romanzo Criminale", epica e sontuosa scorribanda di eventi e personaggi che, fra il '77 e '92, resero tristemente famosa una banda di malavitosi romani.
Al regista Michele Placido riesce la "missione": con il contributo essenziale degli sceneggiatori Rulli e Petraglia, di un cast tecnico di ottimo livello - su tutti il direttore della fotografia Luca Bigazzi e la montatrice Esmeralda Calabria - e soprattutto di un cast d'interpreti che riunisce il meglio dei nostri giovani attori italiani - qui al massimo della loro espressione e maturità - "Romanzo Criminale" riesce nel pregevole ed alto intento di raccontare uno spaccato della nostra storia italiana epurata da farraginosi ideologismi ma rivissuta con quella pietas umana che ben si addice al dolore, alle sofferenze ed alle tragiche prove di una nazione afflitta da gravi turbolenze politiche e civili.
"Quei bravi ragazzi" della Magliana - il libanese/Pier Francesco Favino, il Freddo/Kim Rossi Stuart ed il Dandi/Claudio Santamaria sono il centro cardine del gruppo - diventano così lo specchio fedele e distorto insieme di pagine della nostra Storia dove gli inquietanti intrecci tra mafia, attentati terroristici e corpi deviati dei Servizi Segreti si confondono labilmente e pericolosamente con la cronaca locale e violenta di un'organizzazione criminale di giovani delinquenti di periferia.

Eroi "negativi" e poveramente glamour, forze dell'ordine ed apparati dello Stato in predicato di collusione - il personaggio ambiguo del Commissario Scialoja/Stefano Accorsi ne è un degno rappresentante - e sentimenti passionali e veri come l'amicizia e l'amore fanno da motore a vicende di storie di vita vissuta che sottilmente ci affascinano e seducono in un pericoloso gioco di identificazione di cui Placido sa tenere abilmente le fila.

Ed è proprio la sua regia (maestri confessati Rosi, Petri e Damiani) l'artefice principale di un risultato onesto ed importante che ci fa riscoprire l'enorme valore di un cinema d'impegno civile (e spettacolare insieme) capace di parlare al cuore ed alla testa di un pubblico "bisognoso" di fare i conti con il proprio passato.

Soy Cuba: il Mammuth siberiano: La memoria di un capolavoro

"Soy Cuba - Il Mammuth siberiano" del regista brasiliano Vicente Ferraz dedicata alla realizzazione di una pellicola/capolavoro sconosciuta al pubblico occidentale - "Soy Cuba", 1964, del russo Mikhail Kalatozov

13 ottobre 2005, di Calogero

Affascinante e coraggiosa operazione quella compiuta da Domenico Procacci e dalla sua sempre temeraria Fandango. Questa volta fa arrivare nelle sale un altro documentario (il suo listino è ricco di titoli) "Soy Cuba - Il Mammuth siberiano" ed essendo l'opera del regista brasiliano Vicente Ferraz dedicata alla realizzazione di una pellicola/capolavoro sconosciuta al pubblico occidentale - "Soy Cuba", 1964, del russo Mikhail Kalatozov - la Fandango distribuisce anche questo film "mitico".
E l'esperienza - fidatevi - è veramente unica: il film del regista russo è un incredibile emozione visiva che lascia incantati ed interdetti (tutto il merito al direttore della fotografia Sergei Urusevsky) regalandoci alcuni piani sequenza arditi ed unici nella storia del cinema.
Frutto di una collaborazione cubano-sovietica, l'opera venne definita dall'autore come un tentativo di realizzare un affresco esaustivo della Cuba precastrista - il film è composto da quattro storie di abusi e violenze collocate negli ultimi giorni del regime di Batista - ma l'epica impresa (due anni di riprese) alla sua uscita nelle sale fu un clamoroso insuccesso sia in patria che nella stessa Cuba dove venne criticato per la rappresentazione che offriva della sua popolazione che risoprannominò l'opera "No Soy Cuba".
Trent'anni dopo, grazie all'intervento dei registi Martin Scorsese e Francio Ford Coppola, il film viene riscoperto e lanciato sul mercato

americano conquistando per perizia tecnica ed artistica che supera di gran lunga il suo contenuto politico. E su queste incredibili vicende il regista Ferraz costruisce un documentario asciutto ed avvincente che nel dare la parola e visibilità ai membri superstiti della troupe cubana - dagli attori ai semplici carrellisti - ci regala lo straordinario affresco di un'epica impresa umana facendoci riflettere sul valore di un'opera d'arte che proprio perché è arte - anche quando è al servizio di una propaganda politica - è capace di restare al di sopra di essa.

Control Arms. Nicolas Cage ci mette la faccia

Nicolas Cage, Andrew Nicoll e Ian Holm (candidato all'Oscar, "Il Signore degli anelli", "The aviator", "The day after tomorrow", "Alien"), l'hanno fatto con "Lord of war", il lungometraggio di Andrew Nicoll a sostegno di Control Arms, la campagna lanciata da Iansa, Amnesty International, Oxfam il 9 ottobre 2003.

22 novembre 2005, di Carmen Ruggeri

Chiedono un "Addio alle armi", o almeno a quelle (tante, troppe), che finiscono nelle mani sbagliate. Chiedono a tutti gli attivisti per i diritti umani di "metterci la faccia", e sottoscrivere una foto-petizione da presentare alla seconda Conferenza dell'Onu sui traffici illeciti di armi leggere, che si terrà a New York nel 2006. Nicolas Cage, Andrew Nicoll e Ian Holm (candidato all'Oscar, "Il Signore degli anelli", "The aviator", "the day after tomorrow", "Alien"), l'hanno fatto con "Lord of war", il lungometraggio di Andrew Nicoll a sostegno di Control Arms, la campagna lanciata da Iansa, Amnesty International, Oxfam il 9 ottobre 2003. "Lord of war", nelle sale dallo scorso 18 novembre con l'Italian International film, non è un film d'azione, né un documentario nel senso più stretto del termine. È un road movie politico, una denuncia in formato pellicola che ti incolla al video su un tappeto di bossoli in 13 paesi diversi. Un lavoro meticoloso, difficile, dove la storia, l'intreccio narrativo e il riferimento a cose e persone è drammaticamente non casuale. Fotografia drammatica di quella zona grigia appesa sul filo della 'legalità' dove nel pianeta delle armi "leggere" si consumano i crimini più efferati. Un lungometraggio indipendente da 50 milioni di dollari ambientato nel mondo del traffico internazionale di armi all'indomani della guerra fredda, quando 'enorme quantitativo di armi in disuso dall'ex Unione sovietica prende il volo clandestino verso i paesi in via di sviluppo africani (solo in Ucraina, secondo i dati di Amnesty International dal 1982 al 1992 sono state impunemente rubate armi per 32 milioni di dollari). È la storia di Yuri Orlow (Nicolas Cage), 'il signore della guerra', re dei traffici internazionali e del suo impero di piombo. Un personaggio nato dalla penna di Nicoll dalle storie di cinque trafficanti realmente esistiti. "Quasi tutti i fatti del film - chiarisce il regista alla presentazione del lavoro - hanno un precedente reale. Elicotteri militari venduti come mezzi di soccorso, trafficanti d'armi che cambiano il nome e le registrazioni delle loro navi in alto mare, un noto criminale liberato dal carcere degli Stati Uniti in circostanze misteriose, i fatti sul saccheggio delle attrezzature militari sovietiche dopo il collasso con l'Urss, sono tutti veri". Ed è stata proprio questa vera, cruda realtà a mettere i bastoni tra le ruote alla realizzazione del film. I finanziamenti, quelli americani per intendersi, non arrivano. Impensabile che una sceneggiatura attenta e documentata sul ruolo degli Stati Uniti nella fornitura di armi, trovasse l'ok di una qualche majors targata "Usa" alla vigilia del secondo conflitto iracheno (febbraio 2003). "Quando cerchi di vendere un film che racconta certe storie una settimana prima della guerra - spiega Philippe Rousselet, produttore della pellicola - hai idea di quanto sia difficile mettere insieme la somma necessaria. Mi ci è voluto effettivamente un anno e mezzo, e probabilmente nello stesso tempo avrei potuto mettere in piedi tre progetti. Con tutti i contatti che ho stipulato avrei potuto fare tre film; ma alla fine è partito". Difficile trovare finanziamenti adeguati se nel 2004 (anno di produzione del film) il valore dei trasferimenti armamentari (artiglieria, mezzi corazzati, navi, aerei) ammonta a 19.162 milioni di dollari (con un incremento del 14% rispetto al 2002). Difficile se i principali paesi esportatori sono la Russia (6.177 milioni), gli Usa (5.453 milioni), la Francia (2.122 milioni), la Germania (1.091 milioni) e la Gran Bretagna (985), ovvero i principali membri del Consiglio di Sicurezza Onu (la Cina si posiziona all'ottavo posto della classifica, mentre l'Italia, pur non entrando nella cerchia delle "grandi" del Consiglio è seconda, preceduta solo dagli Usa) Impossibile se si pensa che le esportazioni mondiali autorizzate si aggirano attorno ai 28 miliardi di dollari l'anno; che attualmente sono in circolazione 689 milioni di armi leggere (una ogni dieci persone) prodotte da 1100 aziende in 98 paesi; che ogni anno muoiono per cause riconducibili all'uso delle armi 500.000 persone, 1300 al giorno, una al minuto; che ogni hanno vengono prodotti 8 milioni di armi leggere e 16 di munizioni; che almeno il 60% finisce nelle mani civili; che 3000 bambini e bambine soldato sono coinvolti in conflitti armati; che un terzo dei paesi del mondo spende più in acquisto di armi che in programmi di assistenza socio-sanitaria; che in Africa le perdite economiche causate dai conflitti oscillano sui 15 miliardi di dollari l'anno.

Il fantasma Provenzano

Il fantasma di Corleone, questo il titolo del film, è la storia del leader indiscusso della mafia siciliana e della sua latitanza dorata interpretata sullo schermo da Donatella Finocchiaro, Marcello Mozzarella e Vincent Schiavelli

23 marzo 2006, di Carmen Ruggeri

L'interrogativo è di quelli che appaiono e scompaiono dal dibattito politico come un fiume carsico: è possibile che un uomo riesca a vivere nascosto su un'isola da 43 anni, braccato da centinaia di poliziotti, e continui ad essere il capo supremo di Cosa Nostra? Il re incontrastato della mafia siciliana si chiama Bernardo Provenzano, classe 1933, è latitante dal 1963. La data è importante, perché il 1963, scherzo delle date, ironia della cronologia, è l'anno in cui venne istituita in Italia la prima commissione parlamentare antimafia. Da allora, periodicamente, ne viene nominata una (8 con quella attuale presieduta dal forzista Roberto Centaro) su un fenomeno che è col tempo diventato esclusivamente argomento di studio accademico ma che, dati alla mano, non vede più la capacità-volontà politica di volerlo debellare.
La prima commissione antimafia nasce a 20 anni dalla liberazione (anni in cui la parola "mafia" veniva negata persino dalla magistratura siciliana) e 30 anni prima delle stragi di Capaci e via D'Amelio. La risposta della politica al fenomeno mafioso, però, è sempre stata una reazione ad un'iniziativa sanguinaria, perché quando la mafia ha rinunciato al profilo militare, scegliendo la linea dell'immersione, lo Stato è, come dire, venuto incontro, trattando e mediando. È possibile, dunque, che un uomo riesca a vivere nascosto su un'isola da 43 anni, braccato da centinaia di poliziotti, e continui ad essere il capo supremo di Cosa Nostra? La risposta, che ricorda tanto la denuncia di Pietro Grasso ("la

latitanza di Bernardo Provenzano la coprono le istituzioni", ha detto qualche mese fa il superprocuratore scatenando il putiferio politico) è impressa sulla pellicola di Marco Amenta, a breve nei cinema: in Sicilia, terra di misteri e vulcani, è possibile.

Il fantasma di Corleone, questo il titolo del film, è la storia del leader indiscusso della mafia siciliana e della sua latitanza dorata interpretata sullo schermo da Donatella Finocchiaro, Marcello Mozzarella e Vincent Schiavelli, ma soprattutto raccontata dai suoi protagonisti: i procuratori Roberto Scarpinato, Antonio Lo Forte, il capo della squadra mobile di Trapani Giuseppe Linares, il colonnello dei Ros Michele Riccio e numerosi collaboratori di giustizia. La cocu-fiction, come si chiama in gergo, si apre con il monito del pentito Nino Calderone ("andatevene in un altro posto, in un altro continente, in un altro mondo, il più possibile distante dalla Sicilia. Perché qui - dice - va a finire sempre allo stesso modo. Va a finire che si muore...") e si chiude con le rivelazioni di altri due collaboratori di giustizia (cestinate nella versione tv che sarà trasmessa a fine aprile) Nino Giuffrè e Salvatore Cancemi. "Provenzano ci dà queste informazioni - dice Giuffrè - e noi ci mettiamo in cammino per portare avanti il discorso di Forza Italia". "Riina - racconta Cancemi - mi disse che Berlusconi e Dell'Utri se li era messi nelle mani".

Il lungometraggio sarà nelle sale dal 30 marzo prossimo e in Rai subito dopo le prossime elezioni politiche (così hanno voluto i vertici aziendali) monco, però, dei suoi fotogrammi più scomodi. "Al cinema - racconta ad Simonetta Amenta, produttrice del film e sorella del regista - vedremo la versione completa, ma la Rai che ha partecipato alla produzione per il 10% preferisce tagliare di netto alcune scene". Quelle, manco a dirlo, che si riferiscono al premier, al suo braccio destro Marcello Dell'Utri e agli atti della procura di Caltanissetta che nel 2002 ha archiviato il processo sui mandanti a volto coperto contro i due big di Forza Italia (in relazione al reato di strage) per "friabilità del quadro indiziario". Niente di nuovo, insomma. Fatti già noti alle cronache che però, nonostante il tempo e la pubblicità (poca), innescano ancora un vespaio di polemiche. Il fantasma di Corleone, infatti, è sì un film su Bernardo Provenzano, ma non solo. È lo specchio dei labirinti di una burocrazia inceppata, dei meandri di uno stato assente e che per vent'anni non si è mai preoccupato delle sorti del super latitante. Solo dopo Capaci e Via D'Amelio, le autorità hanno tolto dal limbo il fascicolo che lo riguardava. Il boss, comunque, è sempre riuscito a giocare d'anticipo. Come mai i suoi massimi compagni d'armi Luciano Liggio e Totò Riina, sono stati catturati con una puntuale "facilità", in momenti cioè in cui la mafia era in crisi, ed era strategicamente necessario dare qualcuno in pasto ad uno stato momentaneamente attento alle questioni criminose? Come ha fatto il boss a rinnovare la propria carta d'identità, a gestire la documentazione pensionistica dei propri familiari, a "volare" indisturbato a Marsiglia? Perché - come ha raccontato Giuffrè e confermato Angelo Siino - alla fine degli anni 90, Provenzano fu fermato ad un posto di blocco su una stradina in provincia di Enna e gli agenti non riconobbero il viso del vispo vecchietto che avevano d'avanti? Gli interrogativi potrebbero continuare, ma Amenta è comunque convinto, ricordando forse un vecchio adagio di Giovanni Falcone, che prima o poi Provenzano verrà catturato. Il problema vero è però stabilire se questa vittoria segnerà una vera sconfitta della mafia, o solo un mero cambio di strategia.

Il caimano: recensione partigiana

"*Di Berlusconi sappiamo già tutto*", dice lo stesso Nanni Moretti in una scena del film; le frasi pronunciate dal Caimano-Moretti nel finale, le molotov, le bombe di piazza non vogliono sorprendere e indignare ma per una volta ancora di più spingere a pensare.

30 marzo 2006, di Antonio Cavallaro

Partiamo subito da due considerazioni: gli effetti che il film di Moretti potrebbe avere sulla campagna elettorale e "il finale cupo" che gran parte delle prime critiche al film così definiscono.
Berlusconi e le sue forze di libertà non hanno nulla da temere da questo film, che forse a due settimana dalle elezioni, presta più il fianco a chi fomenta il mito della persecuzione berlusconiana che altro, in un paese come questo che pare essere diventata la versione italiana e reale di "1984", con un Presidente del Consiglio che di giorno in giorno spinto dalla direzione del vento indica buoni o cattivi, giusti e sbagliati; capace di smentire o dire tutto il contrario di quanto detto in precedenza, con buona pace per la memoria e la dignità del cittadino.
Gli italiani verranno attirati al cinema più dal carrozzone delle polemiche e dalla voglia di vivere l'evento, ma la cosa si fermerà qua. Le elezioni non le deciderà certo il film. Tratto al cinema l'italiano si aspetterà il colpo di scena, l'effetto speciale, la dichiarazione definitiva, ma la storia del protagonista e l'immagine del paese filtrati attraverso l'obiettivo della macchina da presa, probabilmente lo deluderanno.
Il "finale cupo" è la cosa più forte del film, costringendo lo spettatore alla riflessione appena si accendono le luci, ed è in questo intento che va cercata gran parte della forza del film. Lo schermo si riempie di ombre

che calano sul paese anestetizzato, sospeso sull'orlo di una meta - realtà, dove le cose peggiori sembrano accadere solo nei telegiornali nel quarto d'ora che precede sport, ricette, tette e culi.

Moretti a suo modo gira e amalgama tre storie d'amore: quello del protagonista per la famiglia, attraverso il suo bellissimo rapporto con i figli e quello altrettanto bello ma difficile con la moglie che lo vuole lasciare; quello per il cinema che tenta di sopravvivere a se stesso, il "grande cinema italiano" incancrenito, stuprato ed asservito al nuovo rassicurante e più remunerativo orizzonte della "grande fiction italiana", che più si confà all'italiano ormai diventato bestia onnivora televisiva; e l'amore per il paese, espresse da uno sguardo quasi distaccato sulle macerie cadute e quelle che stanno per farlo o potrebbero. Sarebbe sbagliato dire che Il Caimano è un film su Berlusconi, ma è un film sull'Italia che per forza di cose è diventata sempre un po' di più Berlusconi.

Del Caimano come prodotto filmico resta oltre al finale una prima parte divertente ma raffazzonata, un Silvio Orlando che è una delle poche cose buone rimaste al nostro cinema, assieme alla memoria e i ricordi naturalmente, e poi la prima scena in cui compare Il Caimano, dove una valigia di miliardi sfonda il tetto dell'ufficio piovendogli dal cielo proprio sopra la sua scrivania.

"Di Berlusconi sappiamo già tutto", dice lo stesso Nanni Moretti in una scena del film; le frasi pronunciate dal Caimano-Moretti nel finale, le molotov, le bombe di piazza non vogliono sorprendere e indignare ma per una volta ancora di più spingere a pensare. Moretti lancia l'amo, il paese è invitato ad aprire gli occhi e destarsi dal profondo sonno in cui è caduto perché il rumore del suo ronfare si è fatto assordante.

Il regista di matrimoni, di Marco Bellocchio a Pordenone

In esclusiva a Cinemazero (Pordenone) l'ultimo film di Marco Bellocchio

21 aprile 2006, da Redazione

Quarant'anni coi pugni in tasca. Marco Bellocchio, tornato giustamente da qualche tempo ad essere uno dei registi più coccolati da critica e pubblico, si avvicina al mezzo secolo del suo folgorante esordio presentando il suo nuovo affascinante film: Il regista di matrimoni in programmazione - in esclusiva per Pordenone - a Cinemazero, all'Aula Magna del Centro Studi, da venerdì 21 aprile.
A differenza di compagni di viaggio ugualmente 'ribelli', quali Ferreri o Bertolucci, Bellocchio ha opposto meno resistenza alle etichette della critica nostrana, da subito pronta a qualificare il suo come un cinema militante, fortissimamente attratto dal fascino della rivoluzione.
L'ultima stagione di Bellocchio è temperata da una quiete che, se da un lato invita a una meditazione sulla temporalità del sogno (Il principe di Homburg, 1997), dall'altro incoraggia il recupero di una cornice letteraria e storica dove inserire le proprie ossessioni (La Balia, 1999). Ciò che emerge è soprattutto il nuovo modo di guardare il presente, fatto non più di scatti ma di silenzi. Se la Anna de Il sogno della farfalla (1994) vuole fuggire dove «tutto è silenzio», il pittore di L'ora di religione affronta i fantasmi del passato senza gridare, così come fa, rispetto al presente, l'Aldo Moro di Buongiorno notte (2003), protagonista di un fato che Bellocchio reinventa, contaminando la Storia con le vibrazioni del sogno.
Dopo L'ora di religione, Castellitto torna a lavorare con Marco Bellocchio per raccontare la crisi di un regista, un uomo che si guadagna da vivere

girando filmini di matrimoni, un artista, simbolo della crisi della società in cui vive.

Questa la trama: Franco Elica (Sergio Castellitto) è un regista entrato in crisi a causa delle continue delusioni professionali e del matrimonio tra la figlia e un fervente cattolico. Decide di fuggire in Sicilia dove incontrerà un uomo che gira filmini di matrimoni e un altro regista che fa credere a tutti di essere morto per avere quel riconoscimento che non ha mai avuto in vita. Quasi un paradossale autoritratto per un regista che da sempre grida «Famiglie, vi odio!». Si tratta di un appuntamento che sembrava obbligato da anni, quello con una Sicilia che è anzitutto il luogo reale dei fantasmi di Luigi Pirandello, uno dei maggiori ispiratori del regista, da Enrico IV alla Balia, al televisivo L'uomo dal fiore in bocca. Chissà cosa ne verrà fuori, dall'incontro tra le ciminiere di Termini, il mare di Cefalù, le ville barocche di Bagheria, e il "realismo magico" di Bellocchio. Il regista si è imbarcato in questa impresa con collaboratori fidati, dal direttore della fotografia Pasquale Mari alla montatrice Francesca Calvelli al costumista Sergio Ballo (producono Rai Cinema e la Film Albatros di Pelone, Martino e Fenech). Nel cast, insieme a scelte raffinate e intriganti come Donatella "Angela" Finocchiaro e un volto noto ai vecchi cinefili francofili come Sami Frey (sulla piazza dai tempi di Cleo dalle 5 alle 7 e Bande à part), torna Sergio Castellitto, ormai (dopo L'ora di religione) quasi alter ego del regista. E proprio per Castellitto, ormai conteso dal meglio del cinema italiano, si profila un tour de force non da poco. Pur di averlo, infatti, due dei nostri maggior registi si sono offerti a un tandem sul filo del rasoio. Al Festival di Cannes 2006 il cinema italiano potrebbe fare un figurone, con un doppio film in concorso: Il regista di matrimoni di Marco Bellocchio e Il caimano di Nanni Moretti.

Bellocchio padroneggia il suo discorso e lo esprime con un linguaggio (insieme realista, visionario, onirico) di forte tenuta espressiva. Autobiografia (?) di un cineasta in crisi creativa? Riflessione sul cinema minacciato da altri linguaggi? Analisi del rapporto sempre più problematico tra l'artista e la società? Il regista di matrimoni è tutto questo ma non solo: perché non è un film a tesi ma un'opera magmatica e "aperta", come si sarebbe detto un tempo. Che procede, vitalissimo e con un'idea a ogni inquadratura, tra convulsioni, lirismi, scatti e momenti di quiete. Un sogno, forse, a occhi aperti e cinepresa (e telecamera digitale) accese.

Nuovomondo di Emanuele Crialese

"Nuovomondo", il poetico film sulla storia degli emigranti di Emanuele Crialese

30 settembre 2006, di Donatella Guarino

Il viaggio della speranza è compiuto. Il nuovo mondo, del quale si sentono dire tante cose - che le carote sono grandi come tronchi, che la gente fa il bagno nel latte, che dagli alberi piovono monete - è un sogno che si realizza. Parte dalla Sicilia Salvatore Mancuso (interpretato dal bravissimo Salvatore Amato), con i suoi due figli e l'anziana madre. E raggiunge l'America. Vedovo, determinato, per tanti versi ingenuo ma persona "vera", votata al lavoro e al sacrificio, Salvatore rappresenta una vita che diventa paradigma esemplificativo di tante altre vite, emblema della storia dei venti milioni di italiani che nel secolo scorso emigrarono in America.

Vite spezzate o realizzate, matrimoni combinati, squarcio di storia che non va dimenticata. E poi dopo il viaggio la sosta a Ellis Island prima di essere "ammessi in America". Non solo gli italiani, ma tutti gli emigranti, venivano sottoposti a veri e propri test per misurare la sana e robusta costituzione oppure il grado d'intelligenza. Vero e proprio laboratorio umano, nel quale si cercava di isolare una razza superiore capace e degna di adattarsi al nuovo mondo. La lingua parlata dai personaggi è quella povera, semplice e immediata, del popolo dei disperati. È tutto questo e altro ancora che, in modo poetico, quasi magico, Emanuele Crialese – già noto al pubblico e alla critica per il film "Respiro" interpretato da Valeria Golino – racconta. E a Venezia sbalordisce.

Tanto che è stato inventato per il suo film un premio ad hoc, il Leone d'argento per la rivelazione. Ci sono delle scene che "entrano dentro", che bastano da sole a darci il senso, reale e metaforico del viaggio e dell'approdo al mondo nuovo, alla terra promessa. Come la scena bellissima, girata dall'alto, della nave che salpa. La folla è a poco a poco separata, quelli che restano e quelli che partono. Il mare è lo spartiacque dello spazio e del tempo. E il mezzo attraverso il quale si raggiunge il "nuovomondo".

Lady in the Water

Un film di M. Night Shymalan, con Paul Giamatti e Bryce Dallas Howard.

11 ottobre 2006, di Antonio Cavallaro

Lady in the Water è l'ultima attesa opera del regista indiano M. Night Shymalan, che si è imposto, in appena otto anni di carriera, all'attenzione di critica e pubblico grazie a film come Il Sesto Senso, Unbreakable, Signs e The Village; reinventando il genere thriller pur tenendo fede ai consolidati meccanismi della suspence.

Lady in the Water è una fiaba moderna che viene raccontata attraverso i cliché canonici delle favole. C'è un paese lontano dove si svolge l'azione: il condominio "The Cove"; c'è un luogo incantato: la piscina a forma d'occhio, attorno alla quale il condominio è stato costruito; c'è una principessa di grande bellezza, capace di suscitare nell'animo di chi le sta accanto speranza e coraggio: una narf, ninfa emersa dalle acque del mondo azzurro per annunciare un futuro migliore; c'è un mostro cattivo: uno Scrunt, malvagio essere dalle sembianze lupesche, ricoperto da peli che sembrano ciuffi d'erba ed in grado di muoversi sotto la superficie del terreno senza essere visto; e naturalmente c'è un eroe, il più improbabile: il custode balbuziente del condominio, Cleveland Heep, che si metterà alla testa di un battagliero manipolo formato da altri coinquilini, sfidando lo Scrunt e i propri demoni personali, per servire la causa della narf e quella della salvezza del mondo.

Se per originalità, Lady in the Water, può apparire un film minore, la straordinarietà di questa opera va ricercata nella sua forma, nell'ennesima prova di grande abilità fornita da Shymalan di narrare una storia. Abile manipolatore di paure, Shymalan adopera strumenti che lo tengono legato al cinema di genere, utilizzati come punti saldi attraverso cui muoversi nell'esplorazione delle paure dell'uomo, servendosi allo stesso tempo di linguaggi convenzionali per fare breccia nello spettatore, al solo scopo di provocarne un totale abbandono di fronte a modelli consueti, col risultato di suscitare riflessioni e interrogativi su temi fondamentali attraverso delle emozioni pure.

In questo ultimo film, l'autore abbandona il finale a sorpresa, ormai quasi diventato un marchio di fabbrica. Mantenendo la visione dicotomica di ogni sua opera (bene contro male), dove suspense e paura diventano il percorso con il quale attraversare questi due territori e con un saldo equilibrio ed un lucido controllo dell'emotività, Shymalan dimostra di aver affinato ancora di più le sue abilità, dando prova di maturità. La sua grande peculiarità, cioè saper mettere in scena "discorsi alti" attraverso tradizionali approcci alla narrazione, fonte di smarrimento e ridicolo per i detrattori, in Lady in the Water raggiunge livelli di vertice.

Le sovrastrutture vengono ridotte al minimo: il nome della ninfa protagonista è Story, la storia che si svela mentre si racconta. È lei che spiega i meccanismi d'attuare affinché l'equilibrio venga ristabilito, è sempre lei che definisce i ruoli funzionali allo scopo. Shymalan porta all'estremo l'uso di quei codici comuni che con sapienza ha imparato a gestire nel suo cinema. Lady in the Water va ad aggiungersi al suo straordinario bouquet di favole pedagogiche a tinte scure, con cui scandaglia l'oscurità gettata da quelle ombre che negli ultimi decenni si sono allungate sulla coscienza e l'animo umano.

Minatori Rosso Malpelo: un film sui 'carusi' che fa scoprire i luoghi suggestivi dell'ennese

 *Pasquale Scimeca ha curato la regia di Minatori Rosso Malpelo, film girato nell'ennese e che si ispira alla famosa novella di Verga, Rosso Malpelo.*

26 ottobre 2006, d Silvestro Livolsi

Pasquale Scimeca ha curato la regia di Minatori Rosso Malpelo, film girato nell'ennese e che si ispira alla famosa novella di Verga, Rosso Malpelo.

Le riprese sono state realizzate in gran parte a Sperlinga, dove tra le caverne trogloditiche e il castello medioevale, il vissuto arcaico e la precarietà della famiglia di Malpelo hanno trovato adeguate possibilità di rappresentazione scenografica; sono poi continuate nella miniera di Floristella e a Piazza Armerina, ed hanno impegnato per la seconda parte della storia, gli attori professionisti e l'interprete principale del film, un ragazzo di Assoro, senza alcuna esperienza di attore, che è sembrato il più adatto a mostrare bene i tratti caratteristici di Malpelo, che 'si chiamava così perché aveva i capelli rossi; ed aveva i capelli rossi perché era un ragazzo malizioso e cattivo, che prometteva di riescire un fior di birbone'.

La miniera di Floristella (che è diventata un parco e un museo minerario), situata nei pressi di Valguarnera, in un paesaggio africano di terre aride e montagne, in lontananza, dalle sembianze d'animali, è molto simile alle cave catanesi di Monserrato, piene di gallerie - dove Malpelo lavorava come bestia e dove morì, come v'era morto suo padre - sopra le quali 'la sciara si stendeva malinconica e deserta fin dove giungeva la vista, e saliva e scendeva in picchi e burroni, nera e rugosa, senza un grillo che vi trillasse, o un uccello che vi volasse su. Non si udiva nulla, nemmeno i colpi dei picconi di coloro che vi lavoravano sotterra'.

Piazza Armerina, scelta per le sue peculiarità artistiche e architettoniche, peraltro fu, negli anni a cavallo tra otto e novecento, la città dove dimorarono un gran numero di ingegneri, amministratori e 'padroni dello zolfo', dall'osservazione dei quali trasse materia per diverse sue opere, lo scrittore piazzese Luigi Marrocco, ritraendoli nei loro diversi sentimenti e comportamenti etici.

Il film che è venuto fuori dal lavoro di Pasquale Scimeca e che sarà nelle sale la prossima primavera, è stato veramente un grande esperimento culturale e si spera divent' anche un ottimo investimento: prodotto, con i fondi del POR Sicilia 2000-2006, dall'Ente Parco Minerario di Floristella Grottacalda e dall'Assessorato Regionale ai Beni Culturali, ha come finalità quella di far conoscere i centri caratteristici e fascinosi della Sicilia interna. L'incanto che ha suscitato Sperlinga e la sua gente, in una scrittrice italo-americana in visita in Sicilia, Therese Maggio, lo si può cogliere in un suo libro, The Stone Boudoir, uscito l'anno scorso e molto letto e apprezzato in America, che sin dal titolo richiama le famose grotte del paesino ennese.

Ben vengano quindi film come quello di Pasquale Scimeca che, in una società della visione come è la nostra, dove le immagini 'arrivano' prima e in modo più incisivo rispetto alle pagine dei libri, possono pubblicizzare efficacemente luoghi sì remot' ma che possiedono ancora un'anima; che sono adesso lontani dai circuiti tradizionali del viaggio di massa, ma che possono esercitare attrazione e richiamo per un turismo diverso e animato da intelligente curiosità.

L'amico di famiglia, di Paolo Sorrentino

Geremia è un sordido usuraio che deve fare i conti con le sue vittime e con la sua vita

12 novembre 2006, di Laura Lapenna

Presentata al Festival di Cannes, arriva nelle sale la terza fatica cinematografica di Paolo Sorrentino, giovane regista napoletano, conosciuto dal pubblico per "Le conseguenze dell'amore" e attesa da molti come importante prova di consacrazione.
"L'amico di famiglia" mette a fuoco la vena ironica del regista che, in quasi due ore, diverte e inquieta lo spettatore, raccontando la piccola e crudele vita di Geremia "cuore d'oro" (Giacomo Rizzo) un anziano sarto, che vive in un appartamento fatiscente con l'anziana madre paralitica, ma che è in realtà un usuraio. Geremia si arricchisce prestando somme di denaro che servono per realizzare sogni mediocri come pranzi di nozze a base di frittura di pesce congelata, serate al Bingo o interventi chirurgici per sfuggire al tempo. Convinto di svolgere un'importante missione sociale si presenta al pubblico con un fiume di parole, motti e sorrisi sgangherati impregnati di doppiezza e di una morale piccola, cucita intorno ad un mondo poco brillante come lui. Lo sguardo del regista è tutto concentrato su di lui, vissuto con una ricchezza di gesti e frasi rituali, strambe abitudini e particolari, come la camminata singhiozzante di Rizzo, che simile a un topo corre tutto il giorno a soddisfare le mille incombenze dello strozzino, a volte grotteschi, a volte comici tanto da spingersi al nonsense. Lo spettatore ne coglie con efficacia lo spirito e ne ricava un ritratto spietato e tagliente di un'esistenza meschina che riempie quasi la totalità della pellicola, tanto che la trama appare solo un pretesto e ne risente in coerenza e ritmo.

Ritornano, inoltre, temi e immagini già vicini alla sensibilità di Sorrentino come l'ossessione dei protagonisti per il denaro, non un'entità astratta ma un feticcio, soggetto concreto, che si vede, si tocca e che ha un suono, quello metalico delle cassette di sicurezza, gioia e divertimento del protagonista. O come un'impossibile redenzione di queste esistenze difficili, sfumature del male dell'esistenza umana.

Comunque il film consacra Sorrentino come maestro di stile del cinema italiano che attraverso un'impeccabile fotografia (curata da Luca Bigazzi), una ricerca dei suoni e delle musiche e l'ambientazione tra l'architettura razionalista dell'Agro Pontino e le spiagge di Sabaudia, esalta la potenza espressiva delle sue storie. Regalando allo spettatore un film valido.

Fascisti su Marte

"Fascisti su Marte" nasce nel 2002 come striscia in onda su Raitre all'interno del programma"Il caso Scafroglia"...

15 novembre 2006, di Elisabetta Corsini

Anno 1939: una squadra di eroici camerati parte per il pianeta Marte con l'obiettivo di conquistarlo e colonizzarlo. Il gruppo dovrà fare i conti con un luogo ostile, privo di aria e acqua e con un nemico silenzioso ma sempre presente: sono i sassi disseminati per il pianeta e ribatezzati dal gruppo "mimimmi". La stanchezza e il desiderio di tornare sulla terra, a poco a poco prendono il sopravvento sui protagonisti; fatta eccezione per il capo, l'indomito gerarca fascista Barbagli (Corrado Guzzanti), talmente tenace e fedele al duce e ai suoi imperativi da non voler tornare indietro senza le prove certe della conquista del pianeta rosso e comunista. Avventure esilaranti e surreali, strane creature aliene, visioni mistiche...

"Fascisti su Marte" nasce nel 2002 come striscia in onda su Raitre all'interno del programma"Il caso Scafroglia". Una prima versione di 43 minuti viene prodotta nel 2003 e presentata al festival di Venezia, dove riscuote un discreto successo. Dopo tre anni di lavoro intenso e di montaggio maniacale, il film, girato in una cava alla periferia di Roma, è uscito nelle sale a ottobre di quest'anno.

Con il linguaggio da cinegiornale del ventennio, attraverso una satira forte e surreale, Guzzanti ambienta la sua storia in epoca fascista con lo scopo di dimostrare che la propaganda di oggi non è molto diversa da quella di allora; numerosi i parallelismi tra il duce e Silvio Berlusconi: la voce narrante è un monologo continuo e senza possibilità di interruzioni, con chiaro riferimento all'uso autoritario degli spazi televisivi da parte dell'ex presidente del consiglio; lo slogan "una scelta di campo" utilizzato nel film dalla propaganda fascista, è lo stesso usato da Forza Italia qualche anno fa; e così come il cavaliere si definì in campagna elettorale "un presidente operaio", anche il gerarca Barbagli si definisce capo e padrone ma, all'occorrenza, operaio e muratore.

Revisionismo e occultamento della verità fanno parte anche del presente, e il nostro sistema democratico è ancora piuttosto fragile.

Regia, soggetto e sceneggiatura: Corrado Guzzanti.
Cast: Corrado Guzzanti, Andrea Blarzino, Marco Marzocca, Lillo Petrolo, Andrea Purgatori, Andrea Salerno.

Shortbus, il nuovo film di John Cameron Mitchell. Il sesso come esplorazione di sè e degli altri

Parlare del sesso in maniera diretta e provocatoria, è sempre un'impresa rischiosa al cinema o in televisione. Il regista di Shortbus, film definito una sorta di Sex and the City in formato gigante, lo affronta alla stessa maniera...

2 dicembre 2006, di Liliana Rosano

Personaggi emblematici, quelli della difficile Nella New York post 11 settembre , animano l'ultimo film di John Cameron Mitchell, "Shortbus". Tic metropolitani, relazioni sociali e sentimentali uniti insieme da un unico collante: il sesso come strumento di aggregazione sociale ed esplorazione di sé.

Shortbus, letteralmente autobus corto, quello destinato ai disabili, è un tipico locale newyorchese fuori dalla legge e dalle convenzioni. Ideato e gestito dal travestito Justin Bond (che interpreta se stesso) riunisce i protagonisti di questa commedia non priva di umorismo e di indagini antropologiche. Sofia è una sessuologia che non ha mai avuto un orgasmo e in tanti anni di matrimonio ha sempre finto durante i rapporti con suo marito. James e Jamie, una coppia di ragazzi gay, stanno cercando di allargare il loro rapporto dal punto di vista sessuale. Severin è una ragazza sola e complessata che si prostituisce nel ruolo di femmina dominatrice.

Le peripezie sentimentali ed erotiche di questi personaggi convergono negli incontri che si tengono allo Shortbus, tra musica, letteratura, arte e sesso di gruppo, il linguaggio che unisce è quello del sesso, che diventa parte integrante della vita quotidiana. Il sesso protagonista anche nella fotografia, nelle scene sadomaso, etero e omo, ma senza mai sfociare nel porno o nel volgare.

Parlare del sesso in maniera diretta e provocatoria, è sempre un'impresa rischiosa al cinema o in televisione. Già gli autori di Sex and the City hanno infranto un tabù e hanno portato il sesso nel quotidiano in maniera intelligente e graffiante. Il regista di Shortbus, film definito una sorta di Sex and the City in formato gigante, lo affronta alla stessa maniera, senza volgarità né falsi moralismi, in maniera corale e collettiva. L'invito è quello di riconciliarsi con i piaceri del corpo e della mente, per attivare i movimenti del cuore, in una città come New York, dove tutto accade e può accadere, dove come dice uno dei protagonisti "l'11 settembre è l'unico avvenimento reale capitato a questa gente".

La mafia vista da Rossellini. Il "diritto di sognare" dei gelesi

"Diritto di sognare un'Italia senza mafia". Renzo Rossellini nel suo documentario, realizzato nell'anno della celebrazione del centenario della nascita del padre, mostra...

8 dicembre 2006, di Bianca Scicolone

"Diritto di sognare un'Italia senza mafia". Renzo Rossellini nel suo documentario, realizzato nell'anno della celebrazione del centenario della nascita del padre, mostra i sogni di una bambina che vive a Marchitello, un quartiere periferico della città di Gela. La bambina, che frequenta un centro sociale del rione, vuole fare l'attrice e sogna di partire, di andare via, ma la realtà la invita a rimanere a casa. Il padre è in disaccordo, ma lei con coscienza e responsabilità rimane contenta perché è fortunata: "La sua famiglia è unita".
Un regalo che Rossellini ha fatto ai bimbi di Marchitello protagonisti e registi del cortometraggio inserito alla fine del documentario che analizza la mafia in tutti i suoi aspetti. "Diritto di sognare" è infatti un documentario che parla della mafia, ma che si sofferma sulla realtà gelese.
Cos'è la mafia? La mafia è un fenomeno economico nazionale? La mafia è un fenomeno sociale? La mafia è un fenomeno politico? Come si può combattere la mafia? Tutte queste domande Renzo Rossellini le fa alle istituzioni nazionali, regionali e locali. Parla il sindaco di Gela Rosario Crocetta, parla Rita Borsellino, parlano Giancarlo Caselli e Giuseppe Lumia. Non mancano le dichiarazioni del procuratore antimafia Pietro Grasso, del presidente della Fai Tano Grasso e del sostituto procuratore di Caltanissetta Marino, e poi il vescovo Pennisi e il parroco di una chiesa gelese Petralia. Dichiarazioni anche del presidente dell'associazione

antiracket locale Caponnetti e di Salvatore La Rosa primo dirigente della polizia di stato di Gela insieme al commissario capo Giovanni Giudice e del presidente di una cooperativa locale vittima di estorsioni.

"Mi ero accorto – dice il regista – che nonostante i media parlassero spesso della mafia, in realtà non sapevo bene cosa fosse. Il documentario è un mosaico di risposte. Nel corso delle riprese non ho mai posto domande agli intervistati. I quesiti sono nel titolo che ho dato ad ogni capitolo del film. Il documentario – continua Rossellini - in sostanza nasce per capire e far capire il fenomeno mafioso". Martedì si è svolta la prima nazionale a Gela, alla presenza di tutti i protagonisti del film. Davanti l'ingresso del liceo classico i bambini, che hanno realizzato il cortometraggio, distribuivano un garofano bianco. Un garofano con un biglietinno attaccato: "Diritto di sognare".

Gli ultimi due capitoli "Gela un caso a parte" e "I giovani hanno il diritto di sognare" sono dedicati alla città alle sue contraddizioni a ciò che ne ha fatto e ne fa un caso nazionale. La produzione è di Mario Coppotelli, un imprenditore definito dal sindaco Crocetta "Coraggioso, una mosca bianca che ha avuto la fermezza di investire su un'opera formativa, didattica, magari poco commerciale, ma socialmente utile". "Ora che ho portato a termine "Diritto di sognare", voglio continuare con una serie di documentari su i "Buchi neri" italiani che finché permangono misteri fanno essere una democrazia imperfetta l'Italia. Non ho paura di dare fastidio - conclude il regista -. Dar fastidio per me è un dovere oltre che un piacere".

Un documentario che lascia il segno. Che analizza in molti aspetti il fenomeno mafioso, ma che non entra nelle case della gente comune. A parlare sono le istituzioni, gli enti. Rossellini non esamina il popolo, non registra come la mafia, la nuova mafia (quella che non spara, ma che veste in giacca e cravatta) è percepita dalla gente comune, spesso sopraffatta da logiche clientelari e mafiose, spesso non cosciente dei propri diritti e doveri e incosapevole a volte di essere vittima della stessa mafia. Una pecca che poteva rendere ancora più realistico il documentario. D'altronde il "diritto di sognare un Italia senza mafia" è soprattutto nostro, di noi comuni cittadini.

Jules e Jim

"Jules e Jim" tratta del legame che si viene a creare fra due persone apparentemente molto diverse, sostanzialmente identiche nel loro essere del tutto normali, quasi insostenibilmente comuni.

10 gennaio 2007, di Rafael Navio

Parlare di cinema capita a tutti. Sedersi in una sala cinematografica, comprare patatine e aranciata... poi guardare, possibilmente ammirare un opera che dovremmo ricordare per il resto dei nostri giorni. È la magia del cinema. Cineprese che come impegnate in un balletto supportato da una musica celestiale, si alternano nel filmare e ricordare ai posteri quelle scene che appartengono ad un'epoca, ad un determinato pensiero. Le immagini che poeticamente seppelliscono le parole.
Il cinema, l'arte del cinema. L'attore ed il regista.
Bah, a me non capita da parecchio.
Assisto a macchine precipitare da burroni interminabili, sparatorie di mitra che non esauriscono mai il caricatore. Un'assordante accozzaglia di rumori ed immagini.
Allora dov'è tutta quest'arte?
Altro non è che il film di natale, con stupide lotte di botteghino tra opere di celluloide che non scalfiscono nemmeno la sfera del comico, e si lanciano invece in un turbinoso quanto increscioso sodalizio con il demenziale e la volgarità. Questa è la sala cinematografica in questo periodo di festa.
Un luogo sacro contaminato.
Allora il bisogno di un classico, di un leggero tocco di regia pura; di una voce pacata, ma allo stesso tempo autoritaria, poi ancora gentile, candita

a guidare il triangolo più famoso della storia del cinema: *Jules e Jim* di François Truffaut.

Dolcemente e "paf", via il telecomando, le sequenze serrate e figlie l'una dell'altra, plasmate da un montaggio aggraziato, come se tutto fosse vita e non finzione.

Un'opera del cinema. Fortunatamente, grazie al vero cinema, è ancora Natale.

"Jules e Jim" tratta del legame che si viene a creare fra due persone apparentemente molto diverse, sostanzialmente identiche nel loro essere del tutto normali, quasi insostenibilmente comuni. La banale, tranquilla esistenza dei due uomini è sconvolta dall'apparizione di una donna, anzi della Donna, l'eterno femminino che rivoluziona la calma piatta.

Catherine è demoniaca, nel senso più greco del termine: un elemento perturbatore, reperto di un'epoca scomparsa, che oppone all'immobilità maschile, un'instancabile spinta alla metamorfosi. Il cambiamento inteso come malizia e scostamento dalla realtà.

Lei assomma in sé i caratteri che contraddistinguono i personaggi femminili di secondo piano: ha il candore logorroico di Thérèse, la grazia infantile di Sabine, la passione rigorosa di Gilberte, la voracità sessuale della silente avventrice al bar.

La donna che è dappertutto, ma anche in nessuna parte del mondo. L'ultimo sogno, l'ultimo desiderio dell'uomo abbandonato...

Assistita dal narratore (la voce fuori campo), crea, distrugge le idee e le personalità degli altri due protagonisti, rendendoli edonisticamente annullati dalla sua femminilità. Jules e Jim sono persi in lei, e in lei, paradossalmente, ritrovano il legame posto in crisi dal comune amore. Non importa essere felici o essere tristi, ma esserlo insieme. La forza dei due uomini sta nel loro essere "deboli", capaci di sciogliere ogni riserva di fronte all'instabilità di Catherine, unica e consapevole direttrice d'orchestra.

Il Grande Capo

Un film di Lars von Trier. Con Jens Albinus, Peter Gantzler, Fridrik Thor Fridriksson, Benedikt Erlingsson, Iben Hjejle, Henrik Prip, Mia Lyhne, Casper Christensen, Jean-Marc Barr, Louise Mieritz.

17 gennaio 2007, di Antonio Cavallaro

Il proprietario di una piccola azienda di informatica per poter gestire meglio i rapporti con i suoi dipendenti non ha mai rivelato la sua identità, ha sempre finto di essere solo il portavoce di un fantomatico "Grande Capo". Al momento di vendere la società e licenziare i dipendenti, ingaggia un attore disoccupato per interpretare il ruolo del "Grande Capo", ma il coinvolgimento di quest'ultimo è destinato a cambiare le cose.

L'ultimo lavoro di Lars von Trier veste i falsi panni della commedia, come lo stesso regista è pronto a definire il suo nuovo film fin dall'inizio, apparendo con la camera nel riflesso delle finestre degli uffici dove la trama del "Il Grande Capo" si dipanerà. Ma in realtà, tra le righe della sceneggiatura o nelle battute dell'attore protagonista, compendia buona parte del pensiero dell'autore sul cinema, sul suo modo di farlo e concepirlo, sullo "strumento" attore e sul rapporto col pubblico.

Più che commedia, "Il Grande Capo" è quindi una efficace satira provocatoria, che non risparmia niente e nessuno. A partire dalla sua realizzazione, fatta con un nuovissimo sistema messo a punto dallo stesso von Trier, "l'Automavision", grazie (o per colpa) al quale la cinepresa sceglie indipendentemente dal regista (ed in maniera casuale) il tipo d'inquadratura, mettendo dentro il film immagini tagliate, fuori campo, improbabili angolazioni di ripresa e quant'altro.

Ridimensionata per l'occasione l'ortodossia Dogma, in pausa rigenerativa dalle tese atmosfere della personale trilogia americana, von Trier da libero sfogo ad uno dei suoi stilemi preferiti, quella sadica ironia sempre presente nelle sue opere, anche in quelle più drammatiche e controverse; applicandola, da moralista qual è, al mondo del lavoro e degli affari che meglio di altri si presta per esemplificare il degrado etico dell'uomo e della società del presente.

Se per i detrattori dell'autore danese è sempre facile essere motivati, a causa delle scelte non convenzionali ed estreme che cocciutamente von Trier persegue, non si può però non riconoscere, nello smodato e smisurato ego dell'autore danese, principale combustibile della sua arte (a volte a torto, a volte a ragione), un morboso ma genuino contributo vitalistico dato al cinema: Lars von Trier è uno dei pochi registi rimasti a pensare cinema e farlo in forma contribuitiva; per quanto poi possa risultare irritante, o sia capace o meno di riuscirci è una argomentazione che prescinde dai gusti.

Bizzarrie come introdurre nel film elementi per un concorso a premi (all'interno de "Il Grande Capo" sono presenti oggetti alieni al contesto filmico ma uniti da un sotterraneo legame che permetterà a chi lo svelerà una ricompensa di quattromila euro), sono satiriche provocazioni di denuncia morale. E per un maniacale egocentrico come von Trier è impensabile non collocare al centro del suo provocatorio sistema l'autore stesso. C'è lui in cima alla classifica dei suoi bersagli.

A margine riferiamo di una querelle che ha riguardato il film e che risulta anche essere in qualche modo indicativa dello stato in cui verte la cinematografia in Italia. La commissione di censura ha valutato "Il Grande Capo" meritorio di un divieto ai minori di anni quattordici per una scena "esplicita e chiaramente rappresentativa di un rapporto sessuale poco coerente con l'intero contesto narrativo e di carattere molto spinto e gratuitamente volgare". La stessa commissione che almeno in prima istanza, aveva dato il via libera ad "Apocalipto" di Mel Gibson e che poi a seguito delle proteste sollevate ha riveduto le proprie valutazioni, applicando al film del regista-attore australiano, il divieto di visione per i minori di quattordici anni.

Andrea Occhipinti proprietario della Lucky Red, co-produttore e distributore in Italia del film di von Trier, ha così commentato l'episodio: "Mi chiedo se chi valuta i film non sia inadeguato a questo ruolo, dal momento che protegge i minori da opere come "Il Grande Capo"o Resnais (perché due uomini si baciano), e non da pellicole con scene gratuitamente violente o piene di vere volgarità". E ancora ha aggiunto: "Sembra che per questi signori i minori debbano essere protetti più dalla sessualità, in tutte le sue sfaccettature, che da immagini di efferata violenza. E non è un caso che vengano penalizzate più frequentemente le distribuzioni indipendenti, che da sempre propongono cinema d'autore".

Saturno contro di Ferzan Ozpetek

7 marzo 2007, di Elisabetta Corsini

Regia: Ferzan Ozpetek. Cast: Pierfrancesco Favino, Luca Argentero, Stefano Accorsi, Margherita Buy, Serra Yilmaz, Ennio Fantastichini, Ambra Angiolini.

Davide (Pierfrancesco Favino), scrittore di successo, convive da diversi anni con il suo compagno Lorenzo (Luca Argentero), che fa il pubblicitario. Intorno a loro ruota un gruppo di amici : Antonio (Stefano Accorsi), bancario, sposato con la psicologa Angelica (Margherita Buy), Neval (Serra Yilmaz), traduttrice, sposata con un poliziotto, Sergio (Ennio Fantastichini), ex compagno di Davide, che non lavora e vive di rendita, Roberta (Ambra Angiolini), donna insicura che cerca una via di fuga nelle droghe, Paolo, bisessuale, laureato in medicina e con la passione per la scrittura. La casa di Davide e Lorenzo, dove il gruppo si dà abitualmente appuntamento, rappresenta per tutti un punto di riferimento e una protezione dal mondo esterno.

Per quanto Ozpetek abbia dichiarato che il suo non è un film apertamente politico bensì un film che vuole suscitare emozioni, sta di fatto che "Saturno contro" tratta argomenti di scottante attualità. È di queste settimane la polemica sui Dico e sulla proposta di legge che prima ha suscitato molti malumori all'interno della stessa maggioranza di centrosinistra, e di cui dopo la crisi di governo non si parla più, o quantomeno pare non essere più una priorità.

Davide e Lorenzo sono una coppia gay, si amano e vivono insieme. Le amicizie per loro sono molto importanti: significative le parole di Lorenzo, che mentre osserva gli amici riuniti a cena a casa sua, dice: "Vorrei che tutto questo durasse per sempre... Anche se so che "per sempre" non esiste...". E proprio la sua scomparsa prematura dimostrerà che tutto prima o poi finisce. La sua morte improvvisa apre una ferita profonda all'interno del gruppo. Il dolore per la perdita di un compagno e di un amico, l'amicizia, la paura della solitudine, sono i temi centrali del film. C'è anche modo di riflettere sull'accanimento terapeutico, a cui si fa riferimento durante i giorni trascorsi da Lorenzo in coma in ospedale, e sulla mancanza di diritti dei conviventi in materia di assistenza medica e sulle modalità del funerale del proprio partner. La famiglia tradizionale, rappresentata dalla coppia Accorsi- Buy, è in difficoltà: il tradimento è causa di separazione, anche se poi la crisi sembra rientrare dopo la morte dell' amico comune. La disperazione più forte è ovviamente vissuta da Davide, compagno di Lorenzo: intorno a lui la presenza continua, a volte ingombrante, degli amici di sempre è una valida terapia. Una partita a ping pong, che coinvolge pian piano tutto il gruppo, è la metafora di una ritrovata, anche se ancora fragile, voglia di vivere e di stare insieme.

Il pianeta saturno è contro Roberta, interpretata da un' inedita Ambra Angiolini nei panni di una donna incasinata, appassionata di oroscopi e tossicodipendente. Ma non è l' unica ad avere problemi e soprattutto ad avere un costante bisogno degli altri: tutti i personaggi del film, fra i trenta e i quarant'anni, di estrazione borghese, considerano gli amici un' ancora di salvezza, una medicina contro la solitudine e il brutto della vita. Anche se il quadro d'insieme è forse un pò troppo patinato, il film è uno specchio abbastanza fedele della nostra società che si evolve verso nuove dinamiche di relazione e del concetto di famiglia che sta cambiando.

Ferzan Ozpetek aveva già parlato di amicizia, amore gay e rapporti fra gay ed etero ne "Le fate ignoranti", film di successo uscito nel 2002. Un dato curioso: Ozpetek crede davvero nell'astrologia, tanto da aver rimandato le riprese del film su consiglio di due amiche astrologhe perché, appunto, c'era saturno contro.

Still Life

Un film di Jia Zhang-Ke. Con Zhao Tao e Han Sangming.

2 aprile 2007, di Antonio Cavallaro

Il villaggio di Fengjie (provincia rurale cinese) come già tutta la zona circostante, sta per essere sommerso dall'acqua a causa della costruzione della diga delle tre gole. Qui giungono i due protagonisti, il minatore Han Sanming e l'infermiera Shen Hong, ciascuno alla ricerca di un passato che sembra averli dimenticati. Due tristi storie di solitudini che fanno da contrappunto a un intenso racconto sulla Cina contemporanea, sospesa fra una società legata a costumi e insegnamenti secolari e il giogo forzato della modernità.
Trionfatore a sorpresa dell'ultimo festival del cinema di Venezia, Still Life è il primo film di Jia Zhang-Ke a trovare una distribuzione cinematografica nel nostro paese, i precedenti Xiao Wu e l'ottimo UnKnown Pleasures hanno "goduto" solo del passaggio televisivo, grazie (come sempre) a Fuori Orario.
La natura morta a cui fa riferimento il titolo, è il territorio e la civiltà soccombente di questa Cina del ventunesimo secolo, la resa incondizionata a quel futuro che è già oggi. La vana ricerca dei due protagonisti di riallacciare i rapporti con i rispettivi coniugi rappresenta il tentativo, il desiderio, di ritrovare ciò che ormai non esiste più, i loro matrimoni al pari di una vecchia idea di Cina, crollano come crollano uno dopo l'altro i palazzi di Fengjie, che diviene luogo della memoria, sito della storia in distruzione.
La stessa figlia che Han Sanming cercherà vanamente di conoscere ha sedici anni, gli anni che separano l'odierna Cina dal tentativo di opposizione di piazza Tien An Men, come a voler sottolineare un

ulteriore legame con un passato, un'idea sociale, irrecuperabile, schiacciata dalle esigenze dettate da quel moderno conflitto che si combatte nei territori dello sviluppo economico.

Zhang-Ke filma quest'opera di "trapasso" con una sobrietà quasi gelida, necessaria per meglio definire il processo di alienazione a cui sono sottoposti i protagonisti, servendosi di dialoghi calibrati riempie Still Life di elementi quotidiani e quasi inessenziali, e volutamente mostra la mancanza di contestualità dei nuovi cimeli del progresso e della modernità.

Gli elementi surreali inseriti nel film suggeriscono l'idea del regista di voler stigmatizzare il desiderio d'onnipotenza della moderna Cina: il disco volante che attraversa il cielo pare voler sbeffeggiare questo nuovo "assalto al cielo" del Partito Comunista; mentre il decollo degli edifici prossimi alla demolizione sembra voler sottintendere la fuga degli elementi rappresentativi di un passato che non può più mantenere il suo ruolo.

Centochiodi di Ermanno Olmi

Un giovane professore dell'Università di Bologna (Raz Degan) decide di abbandonare carriera e vita agiata per trasferirsi sulle rive del Po. Intanto i vecchi manoscritti della Biblioteca universitaria vengono trovati inchiodati sul pavimento. Le forze dell'ordine cercano il professore

4 aprile 2007, di Elisabetta Corsini

Regia e sceneggiatura: Ermanno Olmi Fotografia: Fabio Olmi Cast: Raz Degan, Luna Bendandi, Amina Syed, Michele Zattara

Un giovane professore dell'Università di Bologna (Raz Degan) decide di abbandonare carriera e vita agiata per trasferirsi sulle rive del Po. Intanto i vecchi manoscritti della Biblioteca universitaria vengono trovati inchiodati sul pavimento. Le forze dell'ordine cercano il professore...
"Le religioni non hanno mai salvato il mondo" è la scritta che campeggia sulla locandina del film. Ermanno Olmi, cattolico, punta il dito contro la dottrina impartita dalla Chiesa attraverso i libri: fiumi di parole la cui interpretazione unilaterale spetta solo agli ecclesiastici, preoccupati di mantenere intatto il loro potere sulle masse, e lontano anni luce dalla semplicità e dall'amore che predicava Cristo. Lo fa senza bisogno di alzare i toni e senza provocazioni eclatanti stile Scorsese con "L' ultima tentazione di Cristo". Lo fa con la forza delle immagini: il protagonista inchioda letteralmente al pavimento i libri dei quali per tutta la vita si era nutrito, e nei quali evidentemente non ha trovato le risposte che cercava.
Libri inchiodati, come Cristo sulla croce, ed è questa la scena più suggestiva del film. La risposta è altrove, non sui libri, e il professore

lascia tutto, donne, carriera e macchina sportiva, per andare a vivere in un vecchio rudere. Saranno gli abitanti di un piccolo paese, Bagnolo S. Vito, ad aiutarlo, gente per a quale la solidarietà e l'amicizia sono valori fondamentali. Proprio nella frugalità e nel vivere semplice finalmente il protagonista si troverà a suo agio: per seguire le orme di Cristo, quindi, non solo non è necessario affidarsi ai libri né ai dogmi, ma bisogna allontanarsene il più possibile.

Il protagonista, dopo aver cambiato vita, dirà:" Se mi guardo indietro vedo solo pagine di carta... Ma tutti i libri del mondo non valgono un caffè con un amico". E l' aspetto della convivialità, dello stare insieme, del dividere il cibo e il vino emerge nelle scene in cui l'ex professore è a tavola con i suoi nuovi amici; a pensarci bene il primo miracolo attribuito a Gesù è proprio la trasformazione dell'acqua in vino durante una festa di matrimonio: forse Cristo era più allegro e dedito al divertimento, più umano, ma non per questo meno vicino ai bisognosi, di quanto non ci facciano credere, da secoli, gli uomini di Chiesa, propinandoci una dottrina fatta di sensi di colpa, peccati, sofferenza e sacrificio: al prete-bibliotecario, più affezionato ai suoi manoscritti che alle persone, che lo minaccia di dover rispondere a Dio dei suoi peccati, il professore risponde:" Forse è Dio che deve rispondere di tutti gli orrori del mondo, un Dio che non ha salvato neppure suo figlio dalla croce".

Centochiodi è il film-testamento per Olmi, regista settantaseienne, che, dice, tornerà al documentario: un ritorno alle origini, agli anni '50, quando girò una serie di documentari industriali. Per l' interpretazione di un moderno Gesù, Olmi sceglie Raz Degan, più conosciuto per la pubblicità di un amaro e per la sua bellezza che per le sue capacità come attore, eppure la prova di Degan risulta convincente: forse perché i grandi registi sanno valorizzare il talento che gli altri non vedono. Pensiamo ad Ambra Angiolini, ex stellina di Boncompagni, e a Luca Argentero, ex Grande Fratello, voluti da Ozpetek in "Saturno contro". Olmi lascia dunque la fiction con un film sulla fede e sulla genuinità dei sentimenti, che non si può trovare dentro i libri ma dentro se stessi.

Le vite degli altri

 *Un film di Florian Henckel von Donnersmarck. Con Ulrich Mühe, Sebastian Koch, Martina Gedeck, Ulrich Tukur, Thomas Thieme, Hans-Uwe Bauer, Volkmar Kleinert, Matthias Brenner.*

8 maggio 2007, di Antonio Cavallaro

1984, DDR, Berlino Est: uno zelante agente della Stasi spende la vita controllando i propri connazionali nell'eventualità di scoprire possibili minacce allo Stato socialista e addestrando al rigore giovani allievi della polizia di regime. La sua vita subirà uno scossone quando gli verrà chiesto di spiare un drammaturgo e la sua compagna, un'attrice su cui incombono le bramosie del Ministro della Cultura, che "vuole" si trovi qualcosa per delegittimare il drammaturgo.

Ottimo esordio del tedesco Henckel von Donnersmarck che alla sua prima regia realizza un'opera sapientemente bilanciata e di grande impatto emotivo, ricevendo numerosi riconoscimenti in patria, in Europa, vincendo anche l'oscar come miglior film straniero. Frutto di una accurata documentazione e indagine, il film è stato preparato con la consultazione degli archivi della Stasi e attraverso delle interviste fatte ad ex ufficiali, ma anche con l'elaborazione delle impressioni e sensazioni provate dallo stesso regista nella sua infanzia (i genitori sono originari dell'est, ma fuggiti ad ovest prima della costruzione del muro), che ha raccontato più volte del clima che, malgrado fosse un bambino, percepiva quando accompagna i genitori a trovare i parenti rimasti in DDR.

"Le vite degli altri" è un film cupo, a tratti thriller, per la capacità del regista di mantenere alta una tensione che scema solo nella seconda parte, quando i nodi della trama devono essere sciolti. Ambientato

nell'anno orwelliano per eccellenza, il totalitarismo della Germania democratica viene visto attraverso le crepe di quel muro che ne avvolge la capitale, piccole, nascoste, come i microfoni installati nella casa del drammaturgo/scrittore, e dai quali giungono all'orecchio dell'agente della Stasi le doloranti pulsioni di vite imprigionate in un'illusoria bolla di libertà; vite più o meno convinte della grande bugia che basti essere o fingersi, fedeli e accondiscendenti per potersi mantenere al sicuro.
Berlino è una città fantasma, non c'è nessuno per le strade, quei pochi che si avventurano hanno un passo veloce, solo i bambini si mostrano, ancora inconsapevoli del giogo che grava anche su di loro. I grandi si incontrano in feste dove bisogna fare attenzione con chi si parla, a chi può ascoltare, dove è preferibile far coprire le conversazioni da musica assordante.
Notevole è la prova degli attori principali, ma su tutti spicca quella di Ulrich Muhe (il capitano della Stasi Gerd Wiesler), ex cittadino e attore DDR, che dopo la caduta del muro, consultando gli archivi della polizia segreta, ha scoperto d'esser stato spiato da alcuni membri della compagnia teatrale in cui lavorava e persino dalla sua seconda moglie. Magistrale nel modo di rendere con la collaborazione del regista un uomo che si consuma nel logorio dei gesti quotidiani, in una monotona solitudine che una puttana di regime può alleviare solo per una mezz'ora ogni tanto, quasi disperato, ma di quella disperazione di cui hanno necessità gli eroi per essere tali. Molto belle le scene, i dialoghi e le interpretazioni degli attori nelle sequenze in cui Wiesler comincia a combattere quella disumanizzazione di cui è fatta la sua vita.
Il ritratto che von Donnersmarck dipinge può considerarsi esaustivo del clima che opprimeva la vita dei cittadini in DDR, al di là delle ambiguità che un filosofo come Slavoj Zizek sottolinea in un articolo apparso sulla rivista "Internazionale" qualche settimana fa; e comunque rimane ultima testimonianza di una filmografia, quella tedesca, da sempre attenta alla propria storia e alle istanze provenienti dalla società, caso accomunabile a livello continentale soltanto a quello di pochissimi altri paesi, e di cui certamente non fa parte l'Italia (tanto per rinfocolare una polemica che

non ci stancheremo mai di fare, perché ci sentiamo troppo orfani), dove un vitalismo positivo e propositivo al cinema non è solo latitante, ma soppresso e defunto, soverchiato dalla necessità di qualunquismo e di un appiattimento che non deve correre i rischi di creare scontenti e polemiche.

Visto da questo punto di vista, fa ridere saper che a Hollywood hanno già programmato di realizzare un remake de "Le vite degli altri", per farne ribelli riflessioni da mainstream al "Patriot Act".

La Caja, il sorprendente film vincitore di EuropaCinema 2007

 *Il difficile tema della morte trattato con leggerezza dal giovane regista Juan Carlos Falcòn Rivero.*

16 maggio 2007, di Antonio Carollo

Il film vincitore della "24^ Mostra del cinema europeo 'EuropaCinema'. "La Caja" di Juan Carlos Falcòn Rivero, protagonista Angela Molina, è un'opera prima di sorprendente maturità per la leggerezza con cui affronta il tema della morte superando gli scogli della rappresentazione di una veglia funebre, dai risvolti umoristici e paradossali.

In Italia non è usuale mettere al centro di una narrazione un cadavere, farne quasi un protagonista, vederselo davanti o sentirne la presenza dalla stanza accanto, farne oggetto di scherno, di vendette (tra virgolette), di ipocrite e sforzate espressioni di compunzione, di evidente insopportabile fastidio, se non proprio d'odio. Noi, gli italiani, non sappiamo scherzare sulla morte; dal profondo del nostro inconscio ne percepiamo la tragicità, il mistero, l'orrore; vi concentriamo tutto il cumulo delle paure ancestrali, degli incubi esistenziali. Gli spagnoli no.

La loro tradizione culturale, così pervasa di tragico, di comico, attratta dal versante fantastico e surreale dell'esistenza (vedi don Chisciotte), grido pianto riso, unita al tocco sottile dell'artista, gli consente di non escludere il funebre dagli strumenti di raffigurazione della 'comedy' che continuamente si svolge intorno a noi. È straordinario che, in "La Caja", una simile impervia operazione venga realizzata con levità da un giovane regista esordiente, Juan Carlos Falcòn Rivero.

La vicenda narrata. In un piccolo villaggio di pescatori delle Canarie muore un certo don Lucio, personaggio del luogo. La barella con cui gli infermieri dell'autoambulanza portano il defunto avvolto in un lenzuolo a casa della vedova non passa dalla porta troppo stretta. Si presume che anche la cassa da morto non potrà passarvi. I barellieri si guardano attorno: c'è Eloìsa, la vedova, una donna quarantenne dall'espressione del volto, più che triste, perplessa, per nulla angosciata; c'è la vicina di casa Isabel fattasi sull'uscio per la curiosità. Un altro posto dove depositare il morto? La vedova pensa, poi si rivolge a Isabel: "Potresti tenerlo in casa tua?". La donna si rifiuta d'istinto, alla fine acconsente. "Lo faccio con imbarazzo, ricordatelo". Il corpo viene scaricato su un letto.

Da questo momento iniziano le sequenze che hanno come fulcro la materialità del corpo senza vita e la rievocazione per frammenti dell'esistenza e della figura dello scomparso. La vedova lascia sul letto della vicina il corpo del marito e con aria svagata e indifferente va in giro per il villaggio: prima ad ordinare la cassa, poi per una capatina dal parrucchiere, infine in qualche negozio. Sembra che la morte del marito non la riguardi. Torna per qualche minuto in casa dell'amica per subito allontanarsene alla ricerca spasmodica, in casa sua, del gruzzolo di denaro che sicuramente il marito, qualcuno le dice, nascondeva da qualche parte.

Dalle frasi smozzicate, dagli incontri per strada, dai suoi contenuti stupori per certi particolari della vita del defunto, appresi per caso, emerge un rapporto coniugale quasi inesistente, basato su una assoluta incomunicabilità, sul disprezzo di lui, sull'assenza di un pur minimo interesse di lei per il marito, sull'ignoranza e indifferenza della donna su fatti e misfatti, condizione economica e sociale di lui. Si delinea l'esistenza di una donna isolata e assente, ignara della vita intorno a lei, estranea ad ogni tipo di rapporto col prossimo, priva di vitalità. Angela Molina, che nella vita reale è l'esatto contrario di Eloìsa, si immerge totalmente nei panni di questa particolarissima vedova; il volto segnato, una veste qualunque addosso, i movimenti lenti, il silenzio, gli occhi che accennano, forse per la prima volta, ad un qualche interesse verso oggetti di normale attrazione femminile, sono i tratti di una interpretazione di finissima e naturale aderenza ad un personaggio così sfuggente e, nel contempo, di significativa corposità.

Nel pieno di una situazione delicata, che dovrebbe coinvolgerla, Eloìsa si sfila dalla scena funerea per l'esigenza spontanea di prendere coscienza della realtà e di sé, in un primo tempo, con la febbrile ricerca del denaro del marito, poi, coll'accettare, con curioso abbandono, l'eccitazione d'amore che prova per un giovane che le sta attorno.

Ma il personaggio che finisce per campeggiare, senza mai comparire, se non da morto nel corso della veglia, è don Lucio, uomo odiato da tutto il villaggio per la sua brutalità, per lo sfrenato egoismo, per la spietatezza del suo agire. Anche Isabel, che malvolentieri ha accolto la sua salma in casa, è stata una sua vittima; il ragazzino Victor (Boja Gonzàlez) che si aggira per casa silenzioso, come smarrito, è il frutto della sua prepotenza sessuale, rievocata da lei con ripugnanza. Via via che si compone la scena della veglia lo spettatore raggelato, ma percorso da una vena di umorismo, assiste alle 'vendette' di alcune persone venute per svolgere il pietoso compito da far compagnia al morto.

Così l'anziana conoscente, che per l'antico rancore derivante dalla morte precoce del figlio causata da don Lucio, armata di robuste forbici, esegue una perfetta operazione chirurgica sul cadavere, per poi continuare con le sue litanie; la sorella di Isabel, una robusta donna che aveva dovuto sopportare per anni le brutali intemperanze sessuali del defunto, intervenuta in aiuto di Isabel per vestire e sistemare il morto, in assenza della vedova che si era volatilizzata, si arma d'un pestello e nella notte compie quell'atto che il morto da vivo aveva fatto dolorosamente tante volte a lei; la confessione shock alla sorella della stessa donna che durante un convegno sessuale aveva propinato del veleno all'odiato partner causandone la morte; l'atto di estremo disprezzo di un giovane che, sempre nella solitudine della notte, alza il coperchio della cassa e adempie al suo regolamentare bisogno.

Per arrivare, alla fine, alla materiale espulsione dall'abitazione della cassa per l'insopportabilità del puzzo che ne viene fuori. Intercalate, si svolgono le magistrali scene delle lamentatrici che, adempiuta la propria funzione, chiedono un compenso molto ridotto perché, data l'odiosità del personaggio morto, non si erano spese troppo in lamentazioni e litanie, come quantità e come volume di voce.

Da segnalare la sobria interpretazione di Elvira Minguez, nelle vesti di Isabel, perennemente infastidita dalla presenza imprevista di quel corpo e della relativa cassa, ma nel medesimo tempo rassegnata a compiere le adempienze che di norma sarebbero toccate alla vedova stranamente assente. Le sequenze finali sono dedicate ad Eloìsa e al suo innamorato, che, nel grigio cimiterino in riva al mare, sulla tomba del marito-non marito, si scambiano un appassionato bacio, per poi scorrazzare sulla spiaggia ebbri d'amore e di libertà. La vicenda, ispirata al romanzo "Nos dejaron el muerto" di Victor Ramirez, appare chiaramente la metafora della morte dell'odiato dittatore Franco. Alla fine il pubblico del Politeama ha decretato il successo del film con applausi scroscianti.

Una 'standing ovation' è stata tributata ad Angela Molina, protagonista del film, ma anche indimenticabile interprete di opere come "Quell'oscuro oggetto del desiderio" di Luis Bunuel, "Carne tremula" di Pedro Almodovar, "Ogro" di Gillo Pontecorvo, "La mitad del cielo" di Manuel Gutiérrez Aragon, "La sconosciuta" di Giuseppe Tornatore. Alla stessa attrice, in forma splendente, è andato il "Fellini 8 e mezzo Platinum Award per l'eccellenza artistica 2007.

Breakfast on Pluto, di Neil Jordan

"Breakfast on Pluto", un film di Neil Jordan. Con Cillian Murphy, Liam Neeson, Ruth Negga, Laurence Kinlan, Stephen Rea, Brendan Gleeson, Gavin Friday, Eva Birthistle.

9 giugno 2007, di Victor Kusak

Immaginate un Forrest Gump che, invece di essere un rassicurante Tom Hanks è un travestito. Immaginate di trasporre la vicenda picaresca dello "sprovveduto" (la parola-accusa ricorre più volte nel corso del film) nell'Irlanda delle bombe, del conflitto tra protestanti e cattolici. Il tutto condito con eleganza, gusto ironico e strionesco ma anche tenerezza e ironia dissacrante. Una carica e un gusto dissacrante che rimandano a tempi migliori (The rock horror picture show) anche grazie a una colonna sonora strepitosa. Tutto questo è "Breakfast on Pluto", film del 2005 di Neil Jordan - che abbiamo visto in questi giorni, grazie a una delle alchimie imprevedibili della distribuzione italiana di film.

Grazie alla fiaba, Jordan ci conduce - attraverso coloriture superglam e glitter - a rivisitare gli anni Settanta irlandesi e inglesi, dalla parte dei sempre-perdenti e dei sempre-esclusi. Grazie alla leggerezza, questo film ci dice molto più di quegli anni di altri - più grevi e didascalici, parziali e monchi - produzioni filmiche o libresche. I bassifondi alla Dickens si uniscono al gesto stralunato e all'ottimismo di Candide.

"Irlanda e travestitismo facevano da scheletro alla Moglie del soldato. Irlanda e travestitismo tornano in Breakfast on Pluto, riuscitissimo film tratto dallo splendido romanzo di Patrick McCabe (Fandango), che con Robert McLiam Wilson è il più bravo scrittore irlandese. Il travestito di ieri era Jaye Davidson: debuttante con padre originario del Ghana e madre inglese, poi scomparso dal cinema, che non lo ha più saputo usare, per darsi alla moda. Il travestito di oggi è Cillian Murphy: una bella carriera di attore (psicopatico in Batman Begins e in Red Eyes, apocalittico in 28 giorni dopo, ferocemente antibritannico nel Vento che accarezza l'erba di Ken Loach), già macchiata da qualche flop d'autore, come Sunshine di Danny Boyle".

Un film che "si tiene", come si dice. Il doppio la fa da padrone, e non poteva essere altrimenti. Così la scena iniziale e quella finale ha per protagonisti due pettirossi petulanti e parlottanti, che aprono e chiudono la fiaba. Patrick/Gattina incontra due volte la madre, e ogni volta incontra il suo doppio ragazzino Patrick, il figlio "normale" della madre. Doppia anche la scena dell'esplosione (due attentati) con la doppia perdita per Patrick/Gattina dell'amico d'infanzia e del militare in libera uscita con cui balla. Le due esplosioni ritmano e danno la svolta per due volte alla vita di Patrick/Gattina. Doppio, ambivalente, è il personaggio del mago Bertie (interpretato dal bravissimo Stephen Rea, già nel Nome del soldato) così come il poliziotto che pesta Patrick/Gattina ma poi lo salva trovandogli un posto sicuro...

Bravissimi gli attori e le attrici. Liam Neeson interpreta il ruolo di padre Bernard, un don Abbondio che si riscatta quando accetta la paternità difficile del figlio/figlia: il processo di redenzione, ancora una volta tra ironia dissacrazione tragedia e umorismo prevede l'agnizione - con l'incendio doloso della chiesa (da parte dei bravi cattolici irlandesi).

Cillian Murphy, l'interprete principale nel ruolo di Patrick/Kitten è semplicemente strepitoso/a (è stato candidato al Golden Globe 2006), androgino e plasticato (per calarsi meglio in questo complesso ruolo gender-bender, Murphy ha frequentato vari nightclub londinesi travestito come il suo personaggio).

"Voleremo verso le stelle, viaggeremo verso Marte e faremo colazione su Plutone". È il refrain della canzone che dà il titolo al film (Pluto è il pianeta, non il cagnolino disneyano).

L'ora di religione

Un ritratto intimista di un uomo che ha fatto del non credere e dell'idealismo i cardini della propria vita

25 agosto 2007, di Cesare Piccitto

Regia: Marco Bellocchio
Cast: Sergio Castellitto, Jacqueline Lustig, Chiara Conti, Gigio Alberti, Piera degli Esposti.
Genere: drammatico
Nazione: Italia
Anno: 2002
Durata: 1h e 42'

Il film narra la storia di un artista ateo, Ernesto (Sergio Castelletto), entrato in crisi non appena saputa la notizia della possibile canonizzazione della madre morta anni prima. Da questo momento principale, poiché il resto è secondario ma non meno importante, si snoda la trama. Tale ateismo lo ha portato a non aver battezzato il figlio e a non fargli frequentare l'ora di religione a scuola.
Un uomo di tale personalità inevitabilmente sprofonda e attraversa una crisi mistica, incontrando personaggi alquanto strani. Il motivo della presunta santità (su cui nessuno realmente crede) sono la conduzione retta e praticante dell'esistenza terrena, l'essere morta uccisa da uno dei figli, da sempre malato psichico, mentre cercava di farlo smettere di bestemmiare e un presunto miracolato. "Uno contro tutti" potrebbe riassumersi il film, l'artista ateo coerente da una parte che considerava la madre stupida (non avendo provveduto a curare adeguatamente il fratello) non meritevole di santità, e il resto dei parenti che ipocritamente vuole a qualsiasi costo, anche di mentire, la santa in

famiglia per riavere l'onorabilità perduta a causa dell'orrendo delitto, e cercare di rimediare con celebrità e proventi a enormi fallimenti personali.

Determinante sarà la dichiarazione dell'assassino che dovrà sostenere che la vittima poco prima di spirare lo abbia perdonato. Tale ammissione oltre a essere la scena centrale del film sarà anche la più drammatica e intensa. Premesso che il psicolabile non parla dal tempo del matricidio, e impresa ancor più ardua pretenderne una simile dichiarazione. Alla fine cederà per la pressione dei familiari, escluso Ernesto, che pretendono non una confessione vera ma utile. Immediatamente dopo bestemmie urlate a squarcia gola quasi fossero una forma di liberazione dal rimorso, di aver ucciso l'unica persona che lo aveva amato veramente, che si portava dentro inespresso.

Il regista coglie perfettamente il disagio di un ateo circondato da parenti e istituzioni veramente o falsamente cattoliche, che osservano con sguardo schifato e superiore chi non la pensa come loro. Bellocchio ricrea, stati d'animo, con scene rallentate quasi irreali e sottofondi di cori religiosi, atmosfere decisamente Felliniane. C'è, secondo me, anche una chiara critica alla società moderna, che mercifica qualsiasi cosa purchè fonte di guadagni anche se falsa e abilmente pubblicizzata; ricostruzione del martirio, biografie, gigantografia, sito internet ecc. Il regista rimane fedele a se stesso, non piegandosi a regole di mercato, continua a fare il tipo di cinema in cui ha sempre creduto. Pur non essendo più il regista del primo film "I pugni in tasca" (1965) rimane il cineasta della rivolta, proseguendo nella battaglia contro le "istituzioni" (famiglia, chiesa, scuola...).

La Ragazza del Lago

Un film di Andrea Molaioli. Con Toni Servillo, Fabrizio Gifuni, Valeria Golino, Alessia Piovan, Heidi Caldart, Omero Antonutti, Nello Mascia, Denis Fasolo, Fausto Maria Sciarappa, Giulia Michelini e Anna Bonaiuto.

22 settembre 2007, di Antonio Cavallaro

Primo lungometraggio del regista Andrea Molaioli, prodotto dalla Indigo film e sceneggiato da Petraglia che adatta il romanzo della scrittrice Karin Fossum "Lo sguardo di uno sconosciuto", mutuando le atmosfere norvegesi e i suoi fiordi con la provincia friulana e i laghi della Carnia.
Il ritrovamento del cadavere di una giovane donna sulla sponda di un lago da inizio all'indagine di un burbero commissario (interpretato dal bravissimo Toni Servillo) d'origine meridionale, trapiantato in questo profondo nord forse (forse, perché il racconto filmico non fornisce molti dettagli al riguardo lasciando spazio solo alle supposizioni) per restare accanto alla moglie ricoverata in un istituto per curare la progressiva degenerazione del sistema nervoso. Le indagini condotte dal commissario sulla morte della ragazza sveleranno le motivazioni dell'assassinio ma anche le ragioni di una morte, portando l'introverso protagonista su un sentiero che lo condurrà ad accettare il confronto con quello che sta accadendo nella sua vita privata.
La ragazza del Lago trae solo lo spunto dai film di genere "giallo", per offrire intensi rimandi letterari. Oltre ai riferimenti del libro della Fossum le atmosfere, i luoghi, la stessa figura del commissario sono quasi durrenmattiani, la lievità arbitraria della vita nel confronto/scontro anche con gli accadimenti più nefasti. La trasposizione complessiva del film cela con proposito il mistero di ogni singolo protagonista, ogni ruolo è avvolto da un gioco di luce ed ombre che si nasconde nei segreti

pronunciati a mezza voce, nelle passioni appena intuite che attanagliano ogni interprete.

La struttura-famiglia sostituisce la rappresentazione della società ed è il modello con cui si raffronta ciascuno dei personaggi principali: il commissario con la figlia e la moglie che non riesce a ricordarlo, la ragazza morta col padre, la sorella e il fidanzato, la coppia separata che paga nella vita la tragedia del figlioletto, il matto del paese nel duro rapporto con il padre. Pur seguendo la vicenda dal punto di vista del commissario, il duo Molaioli/Petraglia offre allo spettatore uno spaccato su tutte queste vite, in alcuni casi in un modo appena pronunciato ma sempre profondo, ed è questo il valore preponderante di questa opera prima.

Senza forzature, senza sbalzi di tono, senza digressioni, Molaioli calibra il film con la sensibilità della semplicità assoluta, in un lavoro registico di continua sottrazione sapientemente congiunto all'utilizzo di uno schema speculare (ma inverso) di cui fa oggetto il protagonista nel rapporto con tutti gli altri interpreti ed in particolare con la vittima, che il regista, a dimostrazione di un buon talento, risolverà nella bellissima scena finale che conclude il film.

Il buio nell'anima

Erika Bain è una giornalista radiofonica della Grande Mela, curatrice di una trasmissione, "Girovagare", in cui racconta la sua città da diverse sfaccettature

11 ottobre 2007, di Laura Timpanaro

Erika Bain è una giornalista radiofonica della Grande Mela, curatrice di una trasmissione, "Girovagare", in cui racconta la sua città da diverse sfaccettature. Ed è proprio in un parco della sua amata New York, mentre passeggia col futuro marito, che subisce un'aggressione da parte di due balordi. Il suo uomo muore, lei entra in coma e ci resta per tre settimane. Al risveglio dal coma, si trova a dover fare i conti con il trauma dell'aggressione subita. Avviene, allora, la metamorfosi: da donna semplice e tranquilla a giustiziera. Erika comincerà a difendersi a colpi di pistola, inizierà a seminar morti quasi senza accorgersene, come se un'estranea si fosse impossessata del suo corpo. Durante questa metamorfosi, che appare irreversibile, la vicenda di Erika si intreccia con quella di un retto poliziotto di colore.

La violenza che genera violenza, la sottile linea di confine tra bene e male, la giustizia, la legalità, la barbarie del mondo contemporaneo sono gli ingredienti ben amalgamati di questa vicenda di dolore, di disperazione, di vendetta. I livelli di lettura sono diversi: l'intrecciarsi della vicenda della protagonista con la trasmissione radiofonica da lei condotta; la violenza che subisce, non molto dissimile dagli episodi di cronaca; l'intrecciarsi della storia della protagonista con quella del poliziotto di colore.

Sullo sfondo una New York tetra e malinconica, una città che sta scomparendo. La New York di Eloisa e di Edgar Allan Poe, New York, una città le cui vie spuntano come cromosomi sul DNA, la città più sicura al mondo.

Titolo: Il buio nell'anima (The brave one)
regia: Neil Jordan
anno: 2007
durata: 119 minuti

I Viceré di Faenza

"Quando c'erano i Viceré, i nostri erano Viceré; adesso che abbiamo il Parlamento, lo zio è deputato", è una frase chiave del romanzo, che pur non essendo ripresa nel film, dà comunque il segno della storia.

16 novembre 2007, di Diana Di Francesca

Odio e potere sono i perni intorno a cui ruota il film I Viceré di Roberto Faenza, trasposizione filmica della saga scritta da Federico De Roberto e che, mezzo secolo prima di Tomasi di Lampedusa nel Gattopardo, tracciava, attraverso la storia familiare degli Uzeda, discendenti dei Viceré di Spagna, un quadro realistico e spiazzante degli intrighi e dei compromessi intorno a cui si compone il vasto affresco dell'Unità d'Italia. "Quando c'erano i Viceré, i nostri erano Viceré; adesso che abbiamo il Parlamento, lo zio è deputato", è una frase chiave del romanzo, che pur non essendo ripresa nel film, dà comunque il segno della storia. Una storia feroce che vede il volto del potere e della sopraffazione manifestarsi, prima ancora che nella dimensione sociale, innanzitutto all'interno della cerchia familiare, dove nessun affetto e nessuna pietà riescono a contrastare l'avidità e il cinismo, il valore supremo del "bene del casato", costi quel che costi. Così il padre padrone, il principe Giacomo interpretato con maestria da un Lando Buzzanca tornato ai fasti dei suoi esordi (aveva iniziato da intenso interprete di Pirandello e poi come attore di Germi, Pietrangeli, Lattuada prima di passare alla commedia soft-erotica) procede con indifferenza in un percorso che lascerà una scia di sangue: allontana da casa i figli, trama ai danni del fratello per ampliare il patrimonio, distrugge la vita della devota moglie attratto da nuove nozze, costringe la figlia innamorata del cugino Giovannino a un matrimonio assurdo causando il suicidio del giovane e il suicidio morale della ragazza. Solo alla fine del film apprendiamo che il principe stesso è stato una vittima dell'educazione materna, che lo ha addestrato all'odio, convincendolo che "è l'odio a muovere il mondo, non l'amore".

E', questo del potere esercitato all'interno della famiglia, un motivo ricorrente in De Roberto; nell'atto unico Il Rosario esso è sviluppato attraverso la figura della madre, la spietata baronessa carceriera e aguzzina delle sue figlie. Ma qui il dramma avveniva nel privato; il microcosmo della famiglia Uzeda è invece immerso nel vasto quadro della storia nel periodo dal 1848 al 1882 (ma nel film il racconto della voce narrante prosegue firo al 1918), un periodo quindi di grandi mutamenti e trasformazioni che tuttavia alla fine non sembrano mutare la sostanza delle cose. Gli ideali risorgimentali e le tensioni etiche finiscono con l'offuscarsi, e si apre la strada ai compromessi , alle abili alchimie , al presentarsi sulla scena di vecchi soggetti politici (nobiltà) o di nuovi e agguerriti rappresentanti del ceto borghese, che, con il loro egoismo e la loro assenza di morale bloccano la storia in "un monotono ripetersi di eventi" dove cambiano solo gli individui che tengono le fila delle cose ma non le cose stesse.

La storia privata e quella corale si fondono nel film senza disturbarsi a vicenda e il regista trova un ammirevole equilibrio nell'accordare personaggi e quadri d'insieme, dando di ognuno una efficace caratterizzazione psicologica , che solo qualche volta rischia l'insidia della macchietta. Particolarmente riuscita la complessa figura di Consalvo, con la sua contraddittorietà tormentata.

Come sempre quando un film riprende un romanzo, iniziano le polemiche su quanto quel romanzo sia stato tradito. Ma a parte l'ovvia considerazione che il linguaggio filmico e quello letterario non possono coincidere, un film ispirato a un romanzo è comunque un'opera nuova, una contaminazione; Roberto Faenza ha semplificato ma non banalizzato, ha cercato non di attualizzare forzando, ma di proporre una tematica che per certi versi risulta ancora attuale.

Certo, "la destra e la sinistra sono uguali" aveva un altro significato detto in quegli anni, prima quindi dei grandi movimenti operai e di altri fenomeni sociali, -anche se non può negarsi che tuttora la diversità dell'idea teorica non sempre si rileva nella pratica dei fatti. Certo, il "Garibaldi che prega" nel comizio di Consalvo che con amaro umorismo mette d'accordo tutto e tutti (in De Roberto è descritto mentre coltiva rose) è un po' "outré", ma il discorso di fondo e la validità dell'opera rimangono.

Per questo risulta poco comprensibile l'accoglienza fredda e talvolta distruttiva riservata al film da tanta critica, anche quella che talora si "accontenta" rispetto ad opere meno significative; il film è stato escluso dalla Festa del Film di Roma, decisione che ha alimentato in taluno il sospetto che ancora una volta sui Vicerè abbia pesato l'accusa di anticlericalismo; certo le scene della descrizione della vita nel monastero e delle pratiche religiose legate alla superstizione nel film sono pesanti da digerire ma sono comunque bilanciate, a negare il pregiudizio, da personaggi dove la fede è vista nella sua innocenza e autenticità, come ad esempio don Carmelo.

È comunque riduttivo vedere il film solo "a una dimensione". I Vicerè oltre al registro realistico/fiction/mélo (che non è necessariamente un demerito) ne contiene uno più metaforico ed euristico; basti pensare all'atmosfera cupa e malata che il film riesce a creare con l'uso delle inquadrature e delle luci; basti pensare alle molte scene in cui i bambini, spettatori innocenti dello squallore e della sopraffazione, spiano non visti-esercitando l'unica loro forma di potere e di controllo-attraverso il gioco di porte appena socchiuse, il buco della serratura, la feritoia di un pavimento sconnesso. Viene in mente la frase ingenerosa di Tomasi di Lampedusa nei confronti di De Roberto, autore a cui egli deve moltissimo essendoglisi ispirato al limite del plagio per ambientazioni e situazioni, (ma mutando completamente il punto di vista: nostalgico e indulgente è Il Gattopardo quanto severo e giudicante I Vicerè):"De Roberto guarda la storia dal buco della serratura"-frase a cui Faenza ha cambiato segno facendone un punto di forza. Costumi, ambientazione, fotografia sono accurati e visivamente avvincenti, tutti straordinariamente bravi gli attori.

Intenso e drammatico, duro e crudele, il film cattura l'attenzione parlando alle emozioni con le vicende personali dei protagonisti, e alla ragione suscitando riflessioni con gli episodi legati alla storia. E lascia dentro un'inquietudine amara ma non rassegnata di fronte alla rappresentazione di una visione del mondo che è ancora quella enunciata dall'Adelchi manzoniano:

"Una feroce forza il mondo possiede e fa nomarsi dritto.../loco a gentile, ad innocente opra non v'è/non resta che far torto o patirlo".

L'amore ai tempi del colera: gli opposti si incontrano

"È la vita a non aver confini, non la morte", dice il protagonista di questo stupendo film tratto da un altrettanto stupendo romanzo.

30 dicembre 2007, di Alfio Pelleriti

Realismo magico. Con tale ossimoro si definisce la produzione letteraria di Gabriel Garcia Marquez, perché nei suoi scritti razionalità e sentimento, vita e morte si intersecano e diventano inestricabili a volte, facce della stessa medaglia. Questo assunto della filosofia marqueziana non è stato tradito dal film tratto dall'omonimo romanzo, seppure il regista Mike Newell sia inglese, quindi lontano dal "sentire" dello scrittore colombiano. Come in "Cent'anni di solitudine", vita e morte s'inseguono: in un ambiente dove i colori della natura sono un inno alla vita, dove morire è facile ("il colera ti prende quando meno te lo aspetti"); a Cartagena i contrasti convivono: passionalità e spiritualità, bontà e arroganza, ingenuità e cinismo.
"L'amore ai tempi del colera" è un film sull'amore che diventa saggio filosofico sull'uomo e sulla sua teleologia. L'amore, come il colera, può annullarti, farti soffrire e morire; l'amore, se per ventura lo incontri, ti lacera, ti ottunde e ti può rendere folle. Esso non lascia la presa e il pensiero dell'altra anima domina la tua mente per mesi, per anni. Questo capita a Florentino Ariza (Bardem Javier) quando incontra lo sguardo di Fermina Doza (Giovanna Mezzogiorno) di cui si innamora perdutamente e a cui fa pervenire lettere in cui esprime il suo tracimante sentimento. Lei ricambia con la stessa intensità l'amore del giovane telegrafista ed entrambi provano sensazioni, insieme, dolorose e sublimi, sentite solo dai cuori gentili.

Ma i due giovani non vivono in una dimensione metastorica, essi sono nella storia; si trovano inseriti in un contesto sociale e culturale con cui devono fare i conti. Così dovranno rinunciare ad amarsi e poco importa se entrambi lo desiderino immensamente. Doneranno ad altri il loro corpo, tante volte, senza amore, al buio, gli occhi chiusi, concedendosi all'istinto e alla passione, provando gioia effimera e amara.

I due innamorati si incontreranno dopo cinquantuno anni nove mesi e quattro giorni, nel giorno in cui si officia il funerale del marito di lei (ancora amore e morte insieme), quando il tempo tiranno e impietoso ha già lasciato i suoi indelebili segni sui loro corpi. Le loro anime, tuttavia, pulsano ancora e, a dispetto degli anni e della loro canizie, si incontrano e si amano.

A bordo di un battello da cui sono stati allontanati tutti i passeggeri, immersi in una sfolgorante natura, dondolati dalle placide acque del fiume, lontani da chi li giudica abietti e volgari, finalmente si amano. Nessuno si avvicinerà a loro perché hanno issato sul pennone più alto il drappo che segnala il colera a bordo. Moriranno amandosi e l'eterno gioco di vita e morte si ripete, ma da questo incontro sarà la vita a trionfare: "è la vita a non aver confini, non la morte!", dice il protagonista di questo stupendo film tratto da un altrettanto stupendo romanzo.

Non è un Paese per Vecchi

Un film di Joel ed Ethan Coen. Con Javier Bardem, Tommy Lee Jones, Woody Harrelson, Kelly MacDonald, e Josh Brolin.

29 febbraio 2008, di Antonio Cavallaro

Texas 1980, Llewelyn Moss trova nel deserto il teatro di un massacro, ma oltre a cani e uomini morti c'è anche un carico di droga ed una valigia con due milioni di dollari: naturalmente il problema è che fare dei soldi? La decisione di Llewelyn darà inizio a qualcosa che non si può fermare... incarnatasi in un killer feroce e misterioso che lascia dietro di se una scia di sangue, qualcosa che anche lo sceriffo locale sa di non poter arrestare.
Dopo due film più che modesti, i fratelli Coen tornano con un'opera prepotente e magnifica, forse la punta di diamante di una carriera che li ha sempre visti raggiungere, almeno nelle prove migliori, livelli altissimi. Ispirandosi all'omonimo romanzo di Cormac McCarthy, senza tradire le atmosfere d'origine, i fratelli Coen rielaborano la storia adattandola al loro originalissimo stile, conferendole una straordinaria forza cinematografica.
Un cinema, un film elementale e rarefatto, a parte l'iniziale voce off che introduce alla storia, tutto quello che accade in "Non è un paese per Vecchi" avviene nel quadro ripreso dalla mdp. Viene sottratta anche la musica, a fare da colonna sonora sono i silenzi che si impongono fra l'angoscia, assordanti come gli spari delle armi da fuoco o come quelli ad aria compressa provenienti dal particolare fucile del killer. I pochi oggetti filmici, attraverso una regia che la tensione narrativa rende vertiginosa, conquistano la scena e per una volta convincono i Coen a rinunciare persino a quei giochi di ripresa che sono diventati un loro marchio di fabbrica. Anzi il rigore volutamente impostosi, come la scelta di

procedere attraverso progressive omissioni, contribuisce a mettere misura e omogeneità nell'inesorabilità ed esagerazione della storia.

Nelle due ore di "Non è un Paese per Vecchi" la violenza impera, è la forza centrifuga che attraversa la storia e coinvolge i protagonisti, mai gratuita è funzionale al lavoro dei Coen, che contrappongono alla follia la figura del tutto umana dello sceriffo. E dalla precisa volontà di non voler rincorrere nessun equilibrio tra questi due elementi, scaturisce l'impronta pessimistica ma altamente morale del film. Il nuovo spirito dei tempi, quel qualcosa che sta arrivando e non si può fermare si abbatte su un paese e su un modo d'essere umani destinati a perdere, l'analisi finale dello sceriffo è ferocemente lucida e conscia di una sconfitta che è storica e senza possibilità di rivincita.

Per i vecchi, epigoni di modelli ormai inesistenti, il presente prossimo e futuro del paese è inaccessibile, a differenza dei giovani che fuggono da qualsiasi comprensione e ciecamente offrono il loro supporto in cambio di facili guadagni. La rimozione, la non-giustificazione, il caos domina e per assurdo diviene arbitro della società, la plausibilità di lasciar vivere o morire è affidata alla sorte di una moneta.

Notevole è la prova di tutto il cast, ma non si capisce perché il personaggio interpretato da Javier Bardem non possa essere considerato il legittimo protagonista. Inaccessibile e misterioso, il personaggio del killer è una figura trascendertale che racchiude in se qualcosa del motociclista mercenario di "Arizona Junior" e il maniaco omicida di "Burton Fink". Splendida la fotografia di Roger Deakins e il lavoro di montaggio effettuato dagli stessi Coen sotto lo pseudonimo di Roderick Jaynes.

Tutta la vita davanti

"Tutta la vita davanti" di Paolo Virzì è un film malinconico, realistico, cinico, amaro, beffardo ma decisamente da vedere.

8 aprile 2008, di Donatella Guarino

"Tutta la vita davanti" è un film malinconico, realistico, cinico, amaro, beffardo ma decisamente da vedere.
Con una ricchezza stilistica e sapienti toni surreali Virzì fotografa l'Italia di oggi, i meccanismi (complessi) della società nella quale viviamo.
La speranza ha poco a che vedere con la storia raccontata, a dispetto del titolo... La preparazione scolastica non basta, le lauree servono a poco. Bisogna andare all'estero se si vuole trovare lavoro. Qui in Italia...
Cos'hanno da spartire Heidegger e Hannah Arendt con un call center e con il Grande Fratello?
La storia accade a Roma, nei nostri giorni. Marta (Isabella Ragonese), studentessa palermitana si laurea brillantemente in filosofia teoretica con 110 e lode, bacio accademico e (ovvia in questi casi) pubblicazione della tesi. Finisce gli studi ma inizia un calvario. Entra nel tunnel dei colloqui di lavoro. Baby sitter, della figlia di Sonia (Micaela Ramazzotti), single disperata e svampita, precaria nel call center della Multiple e nella vita. E attraverso lei Marta trova lavoro lì, come telefonista.
Diventa brava, la più brava. Anche con cinismo e spesso senza scrupoli. Ma questa è la regola della sopravvivenza. Le ragazze telefoniste. I ragazzi venditori. I sogni di tutti ingabbiati, le loro speranze disattese, la loro vita ridotta a niente. La motivazione al lavoro spesso li schiaccia.
I vari personaggi e le loro fragilità (il venditore invasato interpretato da Elio Germano, il capo che è Massimo Ghini, la direttrice che è Sabrina Ferilli, Giorgio, il sindacalista interpretato da Valerio Mastandrea),

insieme a tutta quanta la storia, sono legati tra loro anche dalla voce narrante (Laura Morante), poetica, che contribuisce a rendere i personaggi, a volte, un po' più umani, capaci di riflettere.

Virzì con un colpo di genio ha plasmato una storia non facile, e sapientemente diretto un ottimo cast.

Scheda del film Regia Paolo Virzì Sceneggiatura Francesco Bruni Fotografia Nicola Pecorini Musica Gabriella Conti, Marco Straccioni Isabella Ragonese Sabrina Ferilli Elio Germano Massimo Ghini Valerio Mastandrea Micaela Ramazzotti.

Eraserhead (La mente che cancella, 1977) regia di David Lynch

5 settembre 2008, di Dario Adamo

Chi ama le belle storie, gli aggraziati paesaggi, i bei costumi o chi semplicemente apprezza su tutto la narratività classica con tanto di colpo di scena sui tradimenti coniugali, i sentimentalismi o le trame ben confezionate, stia lontano da questo film, anarchico in stile e ambientazione.
Claustrofobico e opprimente, si tratta del primo lungometraggio del maestro del cinema visionario David Linch. La trama serve solo da sfondo a quello che veramente colpisce e annichilisce senza riserve, sarebbe a dire quelle immagini e quei suoni che inscindibilmente insieme contribuiscono a creare le atmosfere ricercate dall'autore, dominate dalla sensazione di incubo e surrealtà.
Henry (Jack Nance)è uno stralunato tipografo dalla capigliatura elettrizzata, che vive in un buio e alquanto squallido appartamento scricchiolante. Mary è quella che, se si trattasse din una storia tradizionale, definiremmo la sua compagna la quale, in maniera del tutto inconcepibile, dà alla luce uno strano mostriciattolo dalla testa conigliforme e un busto ricoperto da bende. Tale essere non fa altro che piagnucolare e stridere a tal punto da far scappare di casa l'epilettica madre e lasciando solo il povero Henry che tenta di prendersi cura del "piccolo". Questa presenza scatena nel protagonista una serie di incubi uno dentro l'altro, che rendono l'esistenza(?) di Henry un vero dramma da psicosi.
Il film, per il quale il suo autore ha impiegato circa quattro anni e ha speso poche migliaia di dollari, è , come si è detto, un contenitore di immagini e suoni deliranti più che una storia narrata. In forma embrionale troviamo temi ed elementi stilistici che contamineranno le

opere seguenti di questo eclettico regista: la componente surrealista, l'instabilità mentale, le ambientazioni dove predomina il tetro sono qui presenti in chiave ancor più sperimentale e autopioneristica. Il tempo e l'esperienza daranno risultati commercialmente più appetibili e sofisticati, capaci di un raggio d'azione più ampio.

Sconcertante dunque, ma vivamente consigliato a certi amanti di un certo underground cinematografico.

L'autismo di papà

 *"Il papà di Giovanna" di Pupi Avati (2008)*

27 settembre 2008, di Victor Kusak

"Il papà di Giovanna" di Pupi Avati (2008). Tutti gli attori danno il meglio di sé: Silvio Orlando (Michele Casali), Francesca Neri (Delia Casali), Alba Rohrwacher (Giovanna Casali), Ezio Greggio (Sergio Ghia), Serena Grandi (Lella Ghia). Siamo a Bologna nel 1938. Avati dice che la casa è la ricostruzione perfetta di quella da lui vissuta nella sua infanzia. Le riprese dell'ospedale dove è rinchiusa Giovanna sono state fatte nell'Ospedale psichiatrico di Maggiano (Lucca), quello in cui visse ed esercitò Tobino e che fu al centro di molti suoi romanzi. Montaggio di Amadeo Salfa.

Si tratta di un film culturalmente fascista. In cui il fascismo viene giustificato, la resistenza antifascista viene derisa e sminuzzata. In cui il valore del privato viene posto al centro rispetto alla tragedia politica collettiva dell'epoca. Insomma, il prodotto tipico del berlusconismo piccolo borghese e revisionista di questo misero oggi. Cosa diversa aveva fatto in "Un borghese piccolo piccolo" Mario Monicelli: ma allora eravamo nel 1977, e "i tempi" erano decisamente diversi. Anche lì avevamo davanti un piccolo borghese, stretto alla miseria del proprio lavoro e della propria famiglia. Ma la capacità di critica del film rispetto alla realtà era decisamente altra. Rispetto a questo autistico film.

Le musiche di Ritz Ortolani non risollevano le sorti di questa pellicola, ma contribuiscono - con scelte di musiche "d'epoca" banali - a dare il carattere leccameloso al film.

Miracolo a Sant'Anna di Spike Lee

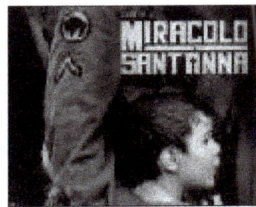
Nel film i fatti di Sant'Anna sono una parte esigua, però le brevi sequenze dell'eccidio hanno l'agghiacciante ritmo della tragedia e dell'orrore.

15 ottobre 2008, di Antonio Carollo

Ho visto con ritardo "Miracolo a Sant'Anna". Ad attenuare la mia curiosità hanno forse contribuito le contestazioni, le polemiche, le raffiche di interviste, l'eccessiva esposizione mediatica. Nel film i fatti di Sant'Anna sono una parte esigua, però le brevi sequenze dell'eccidio hanno l'agghiacciante ritmo della tragedia e dell'orrore. L'autore del libro e della sceneggiatura, James McBride, (per quest'ultima insieme a Francesco Bruni) e il regista, Spike Lee, appaiono lontani da uno specifico interesse per le repressioni dei tedeschi e per i fatti delle Resistenza in Versilia. Essi sono poco più che lo sfondo della storia. L'attenzione di Lee è centrata sulla inedita condizione dei neri nell'esercito americano, sull'esperimento di una divisione, la Buffalo Soldiers, formata da afroamericani comandati da ufficiali bianchi, sulle reazioni ed interazioni di sapore razziale nel microcosmo di una unità militare in un contesto (1944) in cui l'apartheid tra bianchi e neri era la regola. Siamo, insomma, nel solco dell'altro film di Lee, "Malcom X", in cui la denuncia antirazzista assume i colori dell'esplosiva personalità di quel leader nero assassinato. Riesce Lee a tradurre in solida narrazione cinematografica una tesi così impegnativa? Di solito si dice che l'impegno è nemico dell'arte. Non sempre è vero. La genialità di un autore può superare molti ostacoli. Il film ha un inizio sfolgorante. Le scene dell'uccisione di un cliente al banco di un venditore di francobolli e le prime indagini in cui si inserisce un giovane cronista hanno la sicurezza, il realismo e il ritmo del miglior cinema americano. Il flash back che segue al clamore mediatico del ritrovamento nella stanza dell'assassino della testa di una statua trafugata a Firenze durante l'ultima guerra, del valore di diversi milioni di dollari, mantiene la stessa intensità stilistica e resa emotiva. L'avanzare dei soldati neri nella boscaglia vicino al fiume Serchio, la loro vulnerabilità, la consapevolezza del pericolo estremo, la paura e il panico stampati nel volto e nelle parole deliranti di qualcuno dei commilitoni, e poi lo scontro, le deflagrazioni, la crudezza delle immagini di corpi martoriati e mutilati, sono cinema della migliore fattura, anche se gli antecedenti non mancano, a partire da "Salvate il soldato Ryan" di Steven Spielberg. Poi il film comincia a perdere in brillantezza, credibilità, rigore. Si allenta il filo narrativo. Il flash back della scena del barista razzista è pesantemente di maniera . Il melodramma del bambino e del gigante buono (Benigni docet), imposto palesemente dal botteghino, fa cadere il film in una patetica e mielosa inverosimiglianza, anche se l'interpretazione del personaggio Sam Train da parte di Omar Benson Miller è senz'altro eccellente. Matteo Sciabordi, il piccolo interprete di Angelo, se la cava abbastanza, considerando la valenza favolistica e magica della sua parte, che certamente non gli facilita il compito. La lunghe sequenze dei quattro soldati di colore intrappolati nel paesino delle Alpi Apuane, al di là delle linee nemiche, non riescono a rendere il senso, la limpidezza, la misura, la profondità, il passo delle cose che veramente accadono: se ne ricava una vaga sensazione di artificiosità. La tesi antirazzista affiora solo nei densi scambi verbali tra i quattro soldati protagonisti e nei diverbi con l'ufficiale bianco, senza sostanziarsi in un racconto o in una rappresentazione. Aggiungiamo l'improbabile e inconsistente figura della sposa vogliosa che, tra l'altro, si denuda alla vista di uno dei soldati, come se fosse in un elegante appartamento della Fifth Avenue della New York di oggi, il posticcio riaggancio della storia di guerra alla cronaca dell'omicidio commesso dall'unico sopravvissuto, compresa la pretesa magia dell'incontro di quest'ultimo con Angelo, tornato in vita. Forse gli sceneggiatori hanno goduto di troppa libertà nel trasferire (con abbondanza) materiali dal libro al film. La mano di Lee si nota, oltre che sulle parti eccellenti del film già segnalate, nella sicura scelta delle ambientazioni nelle riprese dell'antico borgo, delle campagne e dei paesaggi montani, nella direzione degli attori da cui trae il meglio delle loro risorse, nel realismo delle scene di guerra. È magistrale il colpo d'occhio, dalla cima di una montagna, sulla colonna dei tedeschi in marcia verso Sant'Anna. Gli attori sono sempre all'altezza delle situazioni. Oltre a Omar Benson Miller si distingue Pierfrancesco Savino nella parte di un capo partigiano, tormentato e inquieto. Un film con luci e ombre, una sceneggiatura straripante, qualche banalità convenzionale in più, lunghi tratti di grande cinema.

Changeling

17 dicembre 2008, di Emanuele Gentile

Clint Eastwood dirige una strepitosa Angelina Jolie nel suo ultimo capolavoro cinematografico.

La storia è vera e questo basta per attrarre completamente l'attenzione dello spettatore dopo pochi minuti dall'inizio della pellicola.

La Jolie è Christine Collins, giovane madre single e lavoratrice che, tornando una sera da lavoro, non trova più suo figlio Walter, di 9 anni.

Inizia così un incredibile storia ambientata nella Los Angeles degli anni 20, governata da un comando di polizia tra i più corrotti degli Stati Uniti, in un' America depressa, in cui la pressione dell'opinione pubblica spinge le forze dell'ordine a risolvere il caso 'ad ogni costo'.

Dopo 5 mesi dalla scomparsa, la polizia annuncia di aver ritrovato Walter, ma in realtà, quel bambino non è il figlio della Collins.

John Malkovich interpreta i panni del pastore presbiteriano che smuove le coscienze credendo nella verità urlata dalla Jolie, ma la polizia non vuole uno scandalo e, quando lei racconta la sua versione alla stampa viene rinchiusa in un ospedale psichiatrico.

Negli anni successivi la confessione di un ragazzino aprirà le porte alla scoperta di un terribile caso di cronaca nera che l'ex giornalista e sceneggiatore del film Michael Straczynski scoprì per caso due anni fa quando un collega del Los Angeles Time lo informò che stava per distruggere tutto il proprio archivio cartaceo.

Dare un occhiata a quel materiale portò alla luce un caso ormai sepolto.

Orrore, poliziesco, film denuncia, tutto questo è "Changeling", dalla realtà crudele dei manicomi alla corruzione della polizia fino a un insostenibile verità e ad una riflessione sulla pena di morte.

Eastwood ha dichiarato: "The changeling non è una storia allegra, ma è una storia in cui fai il tifo per qualcuno ... si desidera che Christine Collins possa rifarsi una vita. Almeno così ho immaginato succeda alla fine del film."

La ricostruzione dell'epoca è splendida, il pudore con cui Eastwood racconta la realtà di una storia toccante è ammirevole, 100 per cento vera, comprese molte battute dei personaggi.

Dopo "Mystic river" e "Million dollar baby" ecco un altro capolavoro firmato Eastwood, da oscar.

Valzer con Bashir

Tutto incomincia con un sogno, quello di Baaz, amico di Ari; anche lui aveva partecipato a quella guerra.

18 febbraio 2009, di Anna Colia

Valzer con Bashir. Regia di Ari Folman. Con Ari Folman, Lickey Leon, Ori Sivan, Yehezkel Lazaroy, Ronny Dayag.

Uscito nelle sale italiane il 9 gennaio scorso, 'Valzer con Bashir' si presenta agli occhi degli spettatori come un insieme di ricordi: quelli ricostruiti da Ari Folman, regista del film, militare diciannovenne in quel settembre 1982 a Beirut.
Tutto incomincia con un sogno, quello di Baaz, amico di Ari; anche lui aveva partecipato a quella guerra e ora non riusciva più a liberarsi di quei 26 cani che aveva ucciso, perché, abbaiando troppo, davano l'allarme ai villaggi palestinesi presi d'assalto dall'esercito israeliano. Ari, invece, aveva rimosso quasi tutto.
Incredulo di quanto poco ricordasse di quel periodo, decide così di raggiungere alcuni commilitoni, per farsi raccontare ciò che anche lui aveva vissuto. Anche questi, all'epoca poco più che diciannovenni, avevano ricordi sbiaditi, fatti di singoli episodi e di immagini traumaticamente personali: dal dolore dei cavalli agonizzanti in seguito a un bombardamento, alla danza di un soldato israeliano che, delirante, spara al cielo sotto una pioggia di piombo nemico tra i manifesti dell'appena morto presidente Bashir (da qui il titolo del film: Bashir è Gemayel, presidente del Libano, assassinato alla vigilia del massacro di Sabra e Chatila).

Un film d'animazione, in cui, partendo dalle caricature essenziali di Yoni Goodman, si arriva, in chiusura, alle immagini di repertorio, che raccontano, questa volta senza più buchi neri e con tutto il suo raccapricciante realismo, il massacro dei profughi palestinesi del campo di Sabra e Chatila del 1982.

Tra gli spunti: il valore terapeutico della memoria e i drammi personali di chi ha vissuto la guerra da giovane militare quasi inconsapevole delle proprie azioni. In Valzer con Bashir, c'è tutto: lo strazio dei morti e il dolore dei vivi; ma, soprattutto, c'è un soldato israeliano che, dopo aver ripercorso quei momenti cimenticati per il trauma, ricostruisce la "propria" storia e può, così, puntare il dito contro i propri superiori (nella fattispecie contro Ariel Sharon, allora ministro della difesa, che nel film viene mostrato indifferente al massacro) e contro le milizie falangiste al comando di quella missione-carneficina.

Ma, dopo tutto, colpevoli o non colpevoli, un numero impressionante di civili (700 secondo stime ufficiali, 3.500 secondo il giornalista israeliano Kapeliouk) non c'è più; resta, invece, l'orrore per quell'eccidio, che, come tanti altri, e non meno di altri, dev'esser ricordato per servire da monito.

The Wrestler

Un film di Darren Aronofsky. Con Mickey Rourke, Marisa Tomei e Evan Rachel Wood.

25 marzo 2009, Inviato di Antonio Cavallaro

Venti anni dopo essere stato un campione di wrestler, a Randy "Ram" Robinson è rimasto solo il suo mito, la sua ingombrante leggenda che si trascina in giro quando non si esibisce nelle palestre dei licei per pochi soldi, o in altre patetiche occasioni in cui riesce a spremere ancora qualcosa dall'eco che suscita nei fan il vecchio campione degli anni 80. Solo, Randy vive in una roulotte, dimentico di quella figlia che ha abbandonato anni fa e con la sola amicizia di una spogliarellista che lo tratta però alla stregua degli altri clienti.
Quando dopo l'ennesimo imbarazzante incontro, Randy è costretto - a causa di un infarto - ad abbandonare la lotta, proverà a portare la sua "carne maciullata" dentro la vita normale e allora Randy tenterà di riallacciare i rapporti con la figlia, troverà un lavoro per tirare avanti, cercherà l'affetto della stripper Pam/Cassidy. Nel tentativo di diventare quell'uomo che non è mai stato, il lottatore immagina il boato del suo vecchio pubblico che lo sostiene e lo ama ancora, ma fuori dal ring è relegato solo al ruolo di perdente e allora, The Ram, incurante della sua stessa vita deciderà di tornare a combattere.
Vincitore del Leone d'Oro all'ultimo festival di Venezia e della Coppa Volpi per la migliore interpretazione maschile, "The Wrestler" è il miglior film di Darren Aronofsky. Abbandonati gli eccessi e i barocchismi visivi delle prove precedenti, il regista opta per uno schema narrativo più semplice ma dagli effetti molto coinvolgenti. Lo sguardo della macchina da presa che segue l'errare del campione provato dalla vita, annulla fin dalla prima scena in cui si osserva Randy al di fuori del ring

l'estraniazione dello spettatore. Randy Robinson è l'archetipo del fallimento, del perdente, che Aronofsky rende – attraverso la finzione cinematografica – nella maniera più reale possibile: un personaggio incredibile ma privo di eccessi e a cui il registro filmico non concede nulla; uno dei più "veri", fra i protagonisti proposti negli ultimi anni dal cinema americano.

La cifra stilistica adottata dal regista è uguale per tutti i personaggi coinvolti nella storia, dai ruoli più importanti a qualunque dei comprimari minori (basti pensare alla scena in cui Randy si ritrova con altri vecchi lottatori in una sala per firmare autografi), nondimeno accade per i diversi luoghi narrativi affrontati dalla storia. E più di altri, emerge la resa spietata e quasi brutale per la sua crudezza, del mondo del wrestling. Aronofsky stravolge la normale prospettiva attraverso la quale si osserva questo finto sport fatto di messe inscena, paillettes e calzamaglie aderenti, mostrandone la drammatica realtà fatta di abusi, droghe e corpi storpiati.

A rendere "The Wrestler" un film solido e concreto, è l'assenza di patetismi e facili sentimentalismi ad effetto a cui la storia poteva facilmente prostituirsi; ma soprattutto è la grande prova di Rourke, che ci mette l'anima e si vede benissimo. Il personaggio di Randy Robinson gli restituisce su celluloide gli onori e gli oneri di una vita eccessiva, spinta sempre al massimo. E Rourke non si tira certo indietro in questa interpretazione. Oltre a prestare la sua ormai incredibile faccia e il suo smisurato talento, mette a dura prova durante la lavorazione il suo corpo e la sua salute, finendo tre volte in ospedale. Il suo Randy "The Ram" Robinson" meritava l'oscar più del Harvey Milk di Sean Penn. Ottima la prova di Marisa Tomei, nel personaggio di una spogliarellista non molto diversa come affinità dal protagonista e forse per questo così spaventata e al contempo attratta da lui.

Ottima anche la colonna sonora, tutta anni 80 (la Sweet Child O'Mine dei Guns 'N Roses che parte alla fine dell'ultimo dialogo fra Rourke e la Tomei dà i brividi), a cui si accompagna la ballata pluripremiata e scritta appositamente per il film di Springsteen.

Gran Torino

Un film di Clint Eastwood. Con Clint Eastwood, Bee Vang e Ahney Her.

25 marzo 2009, di Antonio Cavallaro

Walt Kowalski è un burbero e razzista ex soldato della guerra di Corea ed ex operaio della Ford, che dopo la morte della moglie si ritrova tutto solo a vivere in un quartiere abitato ormai da asiatici, costretto a respingere anche le interessate attenzioni dei figli che vogliono metterlo a riposo in un qualche istituto. Quello che rimane a Walt è l'amore per il suo cane e per la sua preziosissima auto, una Ford Gran Torino del '72.

Quando il vicino di casa, un ragazzo di etnia Among poco più che adolescente, spinto dalle pressioni di una gang proverà a rubargli l'auto, Walt per poco non rischierà di ucciderlo, finendo poi però per salvare lo stesso ragazzo dalla ritorsione della gang causata dal fallimento in quella prova d'iniziazione. Questo episodio scatenerà una serie di eventi che avranno degli esiti sorprendenti per la vita e la persona che era diventata Walt Kowalski.

Ancora una volta Eastwood realizza un film in cui dimostra tutta la sua imprevedibilità. Il crepuscolare Kowalski è un uomo che si rapporta col mondo che lo circonda attraverso l'odio, conosciuto e allevato dai tempi di una guerra ormai lontana; l'amicizia che si svilupperà col giovane e "diverso" vicino ha la duplice valenza di essere affettiva e civica. Riprendendo quindi un tema già trattato in altri film, Eastwood indica ancora una volta la strada della riconciliazione, che per un paese come l'America deve essere sia etnica ma anche culturale, nella necessità di poter riflettere sul proprio passato e potere di conseguenza guardare al futuro. Ma il valore imprevedibile di questo film esula dai temi della narrazione e riguarda per intero il suo autore.

"Gran Torino" ultimo lavoro cinematografico di Eastwood, è soprattutto l'ultimo film che interpreterà come attore, come più volte dichiarato. Ed è proprio questo aspetto, questa volontà, annunciata e poi ribadita dal settantenne Eastwood a fare di "Gran Torino" un film diverso dagli altri, a conferirgli un valore determinato. A causa di ciò e per tutti gli elementi che si sviluppano e riempiono questo film, il pregio di "Gran Torino" risiede nel suo valore estrinseco.

"Gran Torino" investe e rivolta in pieno il mito di Eastwood, il reduce di Corea tormentato dal sangue versato è davvero una summa di tutti i suoi personaggi più importanti, e quello che intraprende e porta a compimento l'attore-regista con questo film è quasi una processo catartico concernente la sua carriera e il ruolo che l'immaginario collettivo gli ha conferito. La trasfigurazione dal mito del vecchio ispettore Callaghan è cominciata diversi anni fa e trova la sua completa realizzazione in questa opera, rappresentata dal modo in cui si sviluppa e si evolve il personaggio di Kowalski, che affronta lo scontro finale non con uno scudo di ferro sotto il giubbotto né armato fino ai denti ma, provato da una vita di rimorsi e orrori indimenticabili, affronta i teppisti votato al sacrificio, davvero in pace con se stesso. Il vero valore non è nel sacrificio di Kowalski, ma è nel percorso che determina questo sacrificio.

Senza quest'aspetto il film avrebbe la debole consistenza dell'apologo, sarebbe un film di "formazione" portato avanti spesso con eccesso didascalico. Attraverso le numerose autocitazioni presenti nel film, Eastwood ammicca allo spettatore ma al tempo stesso dimostra di aver saputo imbrigliare il suo mito e padroneggiarlo, ne è così capace e sicuro da concedersi persino l'estrema vanità di una scena di pianto.

Nella rincorsa iniziata già da tempo verso un processo di palingenesi dall'Eastwood reazionario e violento, è indubbio l'importante ruolo svolto dagli sceneggiatori dei suoi lavori precedenti, in quest'ottica una delle prove migliori viene data proprio da Nick Schenk, al suo esordio cinematografico, che scrive una sceneggiatura volutamente e sapientemente (nel suo intento eversivo) modulata tra archetipi e stereotipi. "Gran Torino" mascherando elegantemente le tentazioni di autoesaltazione, celebra e porta a completa realizzazione il percorso di una grande carriera. Magnifico Eastwood!

Angeli e demoni regia di Ron Howard con Tom Hanks

27 maggio 2009, di Elisa Lerda

Il 13 maggio scorso è uscito nelle sale italiane il tanto atteso "Angeli e demoni" secondo film tratto dai libri di Dan Brown e tanto criticato dal Vaticano per i contenuti contro la chiesa. Già dopo l'uscita del film tratto dall'omonimo libro "Il codice Da Vinci", la chiesa si era sentita "offesa" in quanto in questo film viene riportato che Gesù era sposato con Maria Maddalena e avevano avuto una figlia, Sara, cosa che per la religione cristiana non è possibile. Così anche nel secondo episodio vengono di nuovo accesi i riflettori sul Vaticano, ma in questo caso su una lotta iniziata molto tempo fa tra la Chiesa e la scienza.

Sin dall'antichità Chiesa e scienza erano in lotta per il loro modo di vedere le cose, a partire dalla creazione dell'universo. Il film si apre sul mondo della scienza: alla centrale della Cern a Ginevra, dove un gruppo di scienziati sta provando a realizzare in laboratorio, un esperimento molto importante che avrebbe fatto avanzare di un grande passo la scienza. A esperimento riuscito, viene rubato il cilindro, dove era contenuta l'antimateria prodotta da questo esperimento e viene ucciso uno degli scienziati che si scopre essere un prete. Contemporaneamente a questo evento, nel Vaticano muore il papa e vi è la riunione del conclave per l'elezione del nuovo capo della Chiesa. A complicare l'elezione è la rapina di quattro cardinali favoriti per l'elezione del pontefice e la minaccia di ucciderli da parte di un'antica setta discriminata dalla chiesa: gli Illuminati.

Robert Langdon, lo studioso di simboli già presente nel "Codice Da Vinci", nel quale era riuscito a risolvere un enigma basato su codici, e interpretato da un ottimo e sempre più in forma Tom Hanks, viene contattato dalle guardie del Vaticano per cercare di risolvere il caso dei quattro cardinali rapiti, e si imbatte così in una nuova avventura attraverso simboli che si trovano tra le varie chiese di Roma.

Tra la tomba di Raffaello e le varie sculture del Bernini presenti nelle chiese della città di Roma, Robert Langdon riuscirà a salvare uno del quattro cardinali e a risolvere il mistero degli illuminati.

Film che ha avuto un grande successo che ha riempito le sale cinematografiche italiane in questo week-end, "Angeli e demoni" non intende criticare la Chiesa, ci racconta solo una parte di storia che non ci viene insegnata proprio da questa. Come dice appunto uno dei cardinali del film "la religione è imperfetta perché l'uomo è imperfetto" ciò sta a sottolineare che anche se la Chiesa, o meglio i sacerdoti in passato hanno condannato alcuni sacerdoti appartenenti alla setta degli Illuminati, perché essi appoggiavano la scienza, questo non vuol dire che è la religione che ha detto loro di ucciderli, ma ciò è avvenuto perché l'uomo è imperfetto. Nel film vediamo un membro della chiesa che fa parte della setta degli Illuminati e che è disposto ad uccidere per diventare il santo papa per poter far "vincere" gli Illuminati, ma nonostante tutto quello che fa nel film, il conclave non lo elegge papa. Questa scena fa vedere che la Chiesa fa delle scelte giuste, nonostante alcuni dei suoi componenti non si sono comportati secondo le regole del Cristianesimo.

Nella parte finale del film possiamo vedere una scena molto importante che può significare la situazione che c'è ora tra la chiesa e la scienza, ovvero il consigliere del papa regala a Langdon uno scritto di Galileo Galilei che gli manca per finire il suo libro e che non ha mai avuto l'occasione di leggerlo, poiché il Vaticano non gli ha mai dato il permesso di accedere agli archivi protetti. Questo gesto potrebbe significare un patto tra la Chiesa e la scienza: il dono di un libro di uno scienziato criticato dalla Chiesa stessa, a uno studioso come Langdon, nonostante egli abbia avuto dei problemi con il Vaticano e che non sia credente, sta a indicare che in fondo la Chiesa e la scienza sono per un certo senso, unite e non sono più in lotta come un tempo.

L'Onda

In tempo di crisi, con il tasso di disoccupazione in continua crescita, il pericolo di una "sterzata fascista" è sempre incombente, piccoli gruppi con ideologie quantomeno discutibili ottengono sempre un maggior consenso popolare

9 settembre 2009, di Fabrizio Cirnigliaro

L'Onda è un film tedesco del 2008. Tratto da un romanzo, a sua volta inspirato ad una storia vera accaduta in California nel 1967, il film è ambientato in una cittadina della Germania, racconta la storia del professor Rainer Wenger e degli alunni di un corso che lui tiene presso un liceo tedesco.

L'insegnante avrebbe voluto occuparsi del seminario sull'anarchia, tuttavia si dedica anima e corpo al corso affidatogli, l'argomento trattato è l'Autocrazia. Coinvolge gli studenti in un esperimento didattico, convincendoli a seguire durante le sue lezioni delle regole che giorno dopo giorno diventano sempre più rigide. Se qualche studente decide di abbandonare subito il corso, perché spaventato dalla pericolosità di tale gioco, altri si affrettano a riempire gli ultimi posti disponibili. Il tutto si svolge in una settimana. Il professore convince i ragazzi ad indossare tutti quanti gli stessi capi di abbigliamento, la loro uniforme sarà Jeans e camicia bianca. Al gruppo verrà presto affidato un nome, l'Onda, seguiranno immediatamente la creazione di un logo e del saluto "ufficiale".

Coloro che sono più introversi riescono finalmente ad emergere, si sentono meno emarginati, non sono più "invisibili". Presto però il professor perderà il controllo della situazione, il progetto gli sfugge di mano. Fuori dalla scuola i ragazzi inizieranno a compiere degli atti di vandalismo, filmandosi col telefonini e firmandosi con il simbolo de L'onda in un ostentato viral marketing. Arriveranno anche a scontrarsi con gli anarchici. Nella scuola degli studenti iniziano a denunciare la pericolosità de L'onda, scoppiano le prime risse, ma nessuno ha voglia di abbandonare il progetto, neanche il professore, compromettendo così il rapporto con la sua compagna e collega. Quando decide di sciogliere il gruppo, uno degli studenti, Tim, non riesce ad accettare la decisione ed estrae una pistola.

Due dei film europei più belli degli ultimi anni sono entrambi ambientati in delle scuola, La Classe di e L'Onda Anche se il primo è più famoso, grazie alla Palma d'oro ottenuta a Cannes, L'Onda è una di quelle pellicole la cui visione non può lasciare indifferenti. Non solo per il finale, che ricorda un po' il video (censurato) dei Pearl Jam, Jeremy. L'intento del professore è quello di dimostrare che anche nella Germania dei nostri giorni è possibile instaurare una "regime autocratico", alla base della dittatura ci sono sempre Povertà, Disoccupazione e ingiustizia sociale. Per lui i suoi alunni sono "i falliti della globalizzazione", sempre alla ricerca di un gruppo di cui essere membro, la continua ricerca del senso di appartenenza. I ragazzi dell'Onda iniziano ad avere il controllo su tutto. Sono loro a decidere chi può o meno assistere agli incontri sportivi, chi deve prendere parte alle recite scolastiche etc... Sarà proprio Tim, uno dei più introversi della scuola, il classico sfigato, il "coglioncello", a cambiare radicalmente dopo l'ingresso nel gruppo, crede profondamente in questo progetto,non si sente più isolato , ha finalmente un interesse e soprattutto un pensiero comune con i suoi compagni, e darà libero sfogo alla sua rabbia, divenendo man mano incontrollabile.

La pellicola non è il classico film sui teenager, quelli descritti da Dennis Gansel non sono i bulli che solitamente vengono mostrati dai vari TG, ma neanche i patetici Nazisti dell'Illinois. Non è l'uniforme a fare paura, la scelta della camicia bianca non è casuale, ne tantomeno il ridicolo saluto de l'Onda, ma è la facilità con cui i ragazzi convergono ad un pensiero unico. Inquieta la totale assenza dei genitori di quasi tutti i ragazzi coinvolti nel progetto. Nessuno si accorge di nulla, gli adulti sembrano totalmente assenti, anche all'interno della scuola.

Non serve andare troppo lontano per trovare dei collegamenti alla società di oggi. In tempo di crisi, con il tasso di disoccupazione in continua crescita, il pericolo di una "sterzata fascista" è sempre incombente, piccoli gruppi con ideologie quantomeno discutibili ottengono sempre un maggior consenso popolare, in Germania cosi come in Italia, nel XX secolo cosi come oggi. Quello in atto è un allarmante decadimento culturale, un imbarbarimento generale le cui conseguenze saranno pagate a breve. Non basta dire che il peggio è passato, che si intravede già l'uscita del tunnel. C'è sempre un onda pronta a travolgerci.

Baaria e il caratteraccio dei siciliani

In Baaria ci sono dei momenti memorabili, commoventi, a volte Tornatore riesce ad entrare nell'anima vera della Sicilia e dei siciliani. Lo fa mettendo in scena la sua Corte dei Miracoli

30 settembre 2009 , Inviato da Fabrizio Cirnigliaro

Dopo la pausa de *La sconosciuta* Tornatore ritorna in Sicilia per raccontare la sua Bagheria attraverso la storia di 3 generazioni della famiglia Torrenuova.
Il film inizia durante il periodo fascista, Peppino (Francesco Scianna) è un bambino che sorride vedendo le azioni dei "sovversivi" nei confronti dei potenti, delle autorità, sia che esse avvengano nel teatro o nelle vie del paese. Quando non va a scuola Peppino aiuta Minicu (Enrico Lo Verso), pastore che per non andare in guerra si spezzerà una gamba. La guerra la vedranno comunque Peppino e i suoi concittadini, Bagheria infatti subirà dei bombardamenti.
Con la cacciata dei fascisti e lo sbarco degli americani, la città verrà stravolta e con essa anche Peppino, che si avvicinerà all'ideologia comunista, iscrivendosi al partito. Da li a poco 2 fatti segneranno per sempre la vita del ragazzo, la strage di Portella della Ginestra e l'incontro con Mannina (Margareth Madè), una giovane e bella compaesana. I genitori di Mannina desideravano un "miglior partito" per la figlia, per coronare il loro amore i ragazzi saranno costretti alla classica "fuitina", anche se le difficoltà economiche li costringeranno a non fuggire da nessuna parte, ma di rinchiudersi in casa della ragazza. Nel frattempo Peppino decide di dedicarsi a tempo pieno al partito comunista,

prendendo parte ai primi scioperi, alle lotte sociali. Presto arriveranno le delusioni politiche.

Dato che non riesce a trovare un lavoro sarà costretto a trasferirsi in Francia, lontano da Bagheria e dalla famiglia. Il figlio di Peppino dovrà affrontare lo stesso percorso del padre e di tanti altri siciliani, emigrerà per cercare la sua strada. Peppino per il ragazzo è un punto di riferimento, a lui che si rivolge ogni volta che non comprende un termine o il comportamento delle persone che gli stanno vicino. Ma ad una domanda il padre non riuscirà a rispondere "Perché la gente dice che i Siciliani hanno un brutto carattere?" Peppino darà 2 risposte, ma entrambe non sembrano soddisfare ne il figlio ne tantomeno lo spettatore.

Un'altra cosa Tornatore non riesce a spiegare. Perché bisogna credere che "La politica è bella"? Questa è la frase che il padre di Peppino gli sussurra sul punto di morte. In Sicilia la Mafia hanno provato a combatterla prima i comunisti e poi i giudici. Entrambi hanno pagato con la vita il desiderio di lottare e sconfiggere questo terribile male. La politica sembra aver dimenticato il sacrificio di queste persone, anzi la decisione del sindaco del comune di Ponteranica (Bergamo) sembrano dimostrare il contrario.*

Fra i tanti camei e interpreti del film, oltre ai due giovani personaggi principali, spiccano su tutte l'interpretazione di un irriconoscibile Luigi Lo Cascio e di Salvatore Ficarra, che quando non sta dietro la macchina da presa riesce a recitare bene e a divertire.

In Baaria ci sono dei momenti memorabili, commoventi, a volte Tornatore riesce ad entrare nell'anima vera della Sicilia e dei siciliani. Il regista utilizza un linguaggio ed i personaggi a lui familiari per realizzare una pellicola "personale", intima, in cui comunque ogni siciliano potrà, almeno in parte, rispecchiarsi. Lo fa mettendo in scena la sua Corte dei Miracoli, caratterizzata dalla piazza principale con l'immancabile pazzo del paese, il cinema, la chiesa e soprattutto i bambini e le loro corse. C'è la vecchia che nonostante non veda sa individuare il simbolo della DC dove mettere la croce per il proprio voto, e c'è anche l'assessore all'urbanistica cieco che però "vede" e prende le "bustarelle" per le concessioni edilizie.

Nonostante la lunghezza della pellicola, 150 minuti, il ritmo di Baaria è incalzante, l'unico limite della sceneggiatura è quello di offrire troppi spunti senza però soffermarsi abbastanza sulle vicende, una sovrabbondanza di fatti e di storie che spesso non vengono approfondite come meriterebbero. La strage di Portella della Ginestra viene solo accennata durante la pellicola, lo stesso discorso per un immagine che richiama l'ormai troppe volte citato sfogo di Pasolini a difesa dei poliziotti. Anche il pensiero del più grande intellettuale italiano all'ennesimo richiamo diventa un cliché. Quando si trattano certi argomenti non si può dare niente per scontato, ancor di più in un momento in cui spesso viene fatto del revisionismo storico. Bisogna prendere atto che molti spettatori non conoscono la storia della Sicilia o dei fatti raccontati nella pellicola

La regia è eccellente, come al solito, ma nel complesso Tornatore, nonostante lo sforzo produttivo della Medusa, dimostra di avere un caratteraccio, citando le parole che Peppino dice al figlio, "Abbiamo un cattivo carattere forse perché vorremmo abbracciare il mondo, ma abbiamo le braccia troppo corte".

*Nel comune di Ponteranica (Bergamo)il sindaco leghista ha fatto rimuovere una targa che dedicava la Biblioteca comunale alla memoria di Peppino Impastato

Good Morning Aman. Regia di Claudio Noce. Con Valerio Mastrandrea, Said Sabrie e Anita Caprioli

18 novembre 2009, di Dario Adamo

Teodoro non esce mai la sera, da tre anni (un po' come la Giulia di Giuseppe Piccioni). Aman invece sta tutto il giorno in giro, tra un mezzo lavoro presso un autosalone dove si occupa di tenere pulite le vetture in vendita e le chiacchiere per strada con Said che invece ha deciso di lasciare Roma e partire alla volta di Londra. Per strada Aman ha anche incontrato una ragazza che però gli sfugge sempre, presa anche lei da mezzi lavori e falsi impegni. Come le due facce di una stessa medaglia Teodoro e Aman sono entrambe persone al margine della stessa società: un ex pugile che da quella società si è disintegrato e un immigrato somalo perfettamente integrato ma in cerca della propria identità.

Good Morning Aman è il primo lungometraggio del giovane regista Claudio Noce, apprezzato autore di corti e documentari, che esordisce al cinema con un film difficile, una storia sull'integrazione delle seconda generazione di immigrati residenti in Italia, ma anche un'intensa riflessione sull'identità problematica di chi dalla società si è (o è stato) estromesso e l'ha finita rinchiudendosi dentro una gabbia di solitudine e sonniferi a contemplare un quadro comprato da un televenditore. Da un lato le difficoltà di chi si è giocato tutto e sull'orlo del baratro trova le ultime monete per fare un'altra puntata, presumibilmente l'ultima. Dall'altro la smania acerba di volere rischiare subito senza troppi calcoli, affidando al caso e agli incontri le proprie possibilità nella speranza che vada tutto bene.

Un incedere narrativo un po' lento sostenuto da un approccio visivo frenetico ma formalmente curato (la camera a spalla segue e avvolge i protagonisti della vicenda marcandoli da vicino per quasi tutta la durata del film) rappresenta la cifra stilistica di Claudio Noce che alterna momenti diegeticamente coerenti a flashback mentali e flussi di pensiero del giovane Aman. Un emaciato e cupo Mastrandrea nel ruolo del pugile dal passato grigio e tormentato risponde bene alla chiamata del regista che pur concedendogli qualche battuta delle sue lo veste di nuovi abiti, ben diversi da quelli sgargianti che normalmente il pubblico è abituato a vedergli addosso.

Un'altra impresa produttiva all'italiana, tanta fatica per realizzare un progetto che ha visto Valerio Mastrandrea impegnato anche come co-produttore dell'ultimo minuto e i soliti dubbi che accompagnano l'opera prima di un autore esordiente (molto valido), con la speranza che lo sforzo venga ripagato dall'interesse del pubblico. Il film, distribuito in trenta copie in tutta Italia da Cinecittà Luce sarà al cinema da venerdì 13 novembre.

Invictus

 *Purtroppo il fenomeno del razzismo non è scomparso insieme all'Apartheid. Si è solo spostato, complice la globalizzazione, e troppo spesso capita che lo sport dia dei cattivi esempi.*

3 marzo 2010, di Fabrizio Cirnigliaro

Invictus è un film del 2009 diretto da Clint Eastwood, ispirato al libro di John Carlin, "Conosci il tuo nemico".
Nelson Mandela (Morgan Freeman) nel 1994 è stato eletto presidente della repubblica del Sud Africa. Sono passati solo 4 anni dalla sua scarcerazione, con il paese sull'orlo di una guerra civile ed eleggere per la prima volta un presidente di colore non basta a risolvere tutti i problemi. I bianchi temono una vendetta, nonostante detengano ancora il controllo economico del paese, della polizia e dell'esercito, ed è proprio quello che vuole evitare Madiba (così viene chiamato Mandela dai suoi collaboratori), il quale vuole invece accelerare il processo di pacificazione nazionale, sorprendendo la minoranza bianca con la compassione, desideroso di costruire al più presto una Nazione Arcobaleno.
"Il Sud Africa è una terra con una straordinaria varietà di gruppi etnici, con diverse culture, fedi religiose e lingue. L'apartheid, sistema politico fondato su un'ideologia razzista, ha retto per quarant'anni la vita del paese all'ombra di una minoranza bianca. "
Mandela vede nel rugby, e soprattutto nei mondiali che si disputeranno nel 1995 in Sud Africa, un'occasione per favorire la riconciliazione. Convoca quindi nel palazzo presidenziale Pienaar (Matt Damon), capitano degli Springboks (la nazionale verdeoro), convincendolo che per il bene del paese bisogna superare le personali aspettative, bisogna vincere i mondiali.

Gli Springboks sono amati dagli afrikaner, ma allo stesso tempo odiati dalla popolazione nera del paese, che ad ogni incontro tifa sempre per la squadra avversaria, in quanto quella maglia verde oro rappresenta ancora l'Apertheid, è il simbolo del regime segregazionista, dello stato boero. Mandela ha utilizzato il rugby per raggiungere uno scopo politico e per far ciò ha dovuto prendere delle decisioni impopolari. Oltretutto, a causa dell' embargo internazionale, la nazionale di rugby sudafricana non aveva disputato per quasi trent'anni tornei internazionali. Le chance di una loro vittoria finale erano davvero pochissime. Invictus è un omaggio ad un uomo, ad uno sport, ad una nazione. Il film è sostanzialmente diviso in 2 parti. La prima è la parte più politica, la seconda quella sportiva. Per un regista americano non era certamente un compito facile realizzare una pellicola incentrata in parte su un mondiale di rugby, anche se come ha detto lo stesso regista " Invictus non è un film di sport più di quanto Million Dollar Baby fosse un film di pugilato."
Clint Eastwood, che ha già girato nove film nel nuovo millennio, non ha lasciato niente al caso, tutto è stato curato nei minimi particolari, dalla danza Haka con cui gli All Blacks lanciano la sfida agli avversari prima dell'incontro, al fisico visivamente ingrossato e muscoloso di Matt Damon. L'interpretazione di Morgan Freeman poi è superba.
Che lo sport possa essere un ottimo vettore per raggiungere degli scopi politici non è certamente una scoperta di Mandela, basti pensare alla Germania, che si è davvero unificata solo dopo la vittoria ai mondiali di Italia 90, non con il crollo del muro. Alcuni gesti e alcuni avvenimenti sono simbolici. Il difficile viene dopo, ancora peggio se hai tutto il mondo che ti guarda. Spesso si sente dire che la famiglia del mulino bianco non esiste, che si tratta solo di una trovata pubblicitaria. In Invictus non c'è del falso buonismo, eppure il film potrebbe sembrare uno spot dei Ringo boys. Purtroppo il fenomeno del razzismo non è scomparso insieme all'Apertheid. Si è solo spostato, complice la globalizzazione, e troppo spesso capita che lo sport dia dei cattivi esempi. L'Italia sarà una delle poche nazionali europee che parteciperà ai prossimi mondiali di calcio del Sud Africa a non avere nella propria rosa un giocatore di colore.

Balotelli merita quella maglia, e in ogni caso sarebbe un gesto importante, che forse farebbe riflettere coloro che la domenica negli stadi cantano che "non ci sono italiani di colore" Non serve essere Mandela per capire certe cose, basterebbe guardare al di là del proprio naso.

Mandela diceva spesso "Bisogna conoscere il proprio nemico, prima di prevalere su esso". A vincere non sono stati solo gli Springboks sul campo, ma tutto l'Ellis Park (Adesso si chiama Coca-Cola Park), tutto il Sud Africa, finalmente unito, sotto un'unica bandiera, indistintamente dal colore della pelle, dalle disparità socioeconomiche. Un popolo per la prima volta compatto, solido. Forte come la mischia di una squadra di rugby, in cui il più forte sorregge il più debole, perché si resta in piedi o si crolla tutti insieme. Non a caso si dice che mentre il calcio è uno sport da gentiluomini giocato da teppisti, il rugby è un gioco da teppisti giocato da gentiluomini.

Draquila - L'Italia che trema. Un film di Sabina Guzzanti

Tanti i nodi che vengono al pettine, tanti i temi che meriterebbero da soli un intero reportage. Dall'estro creativo di Silvio Berlusconi nello sfruttare una tragedia a scopi politici per consolidare la sua sedicente immagine di uomo del fare e dispensatore di miracoli.

7 maggio 2010, di Dario Adamo

Il sindaco di L'Aquila Massimo Cialente si aggira inerme per la sua città, che ormai non è altro che un'unica grande carcassa fatta di mattoni spezzati, muri scalcinati e qualche luce ancora accesa qua e là. Una piccola camera a mano riprende questo sopralluogo, fino all'arrivo dei vigili urbani di turno che si chiedono chi stia girando per quello che ormai potrebbe essere utilizzato come set naturale per le riprese di un western contemporaneo. L'Aquila come El Paso, un posto dove la legge è diventata una questione tra bianchi sceriffi incattiviti e banditi mascherati male in cerca d'oro. Nel ruolo delle vittime la popolazione che vorrebbe solo vivere tranquilla, ritrovare la pace perduta.
Poteva essere un ottimo film di genere Draquila – L'Italia che trema, ma invece la sua autrice, la combattiva Sabina Guzzanti ha preferito utilizzare uno stile documentaristico, emotivamente intenso e curato nella selezione dei contenuti, tutti scottanti, grazie ai quali ripercorre la tragedia del terremoto che ha colpito l'Abruzzo lo scorso 6 aprile 2009, rilevandone i loschi retroscena e scovandone i risvolti più drammatici. Tanti i nodi che vengono al pettine, tanti i temi che meriterebbero da soli un intero reportage. Dall'estro creativo di Silvio Berlusconi nello sfruttare una tragedia a scopi politici per consolidare la sua sedicente immagine di

uomo del fare e dispensatore di miracoli fino all'attenta analisi di alcuni strani passaggi legislativi che hanno dato vita alla simbiosi tra emergenza e grande evento, da cui poi scaturirà il superpotere di una Protezione Civile con le mani in pasta ovunque, dai viaggi del Papa all'organizzazione delle olimpiadi di nuoto.

Ci sono poi le reazioni nude e crude dei terremotati, alcuni dei quali tenuti per mesi in tenda in uno stato di strana segregazione finto-protettiva, dove per ogni cosa era necessario il permesso, mentre altri, sbattuti a centinaia di chilometri dal loro paese e costretti a vivere in ospitali alberghi, dimenticavano lentamente cosa significhi incontrarsi al bar della piazza o passare e domeniche in casa con i propri parenti. Certo, non mancano nemmeno le testimonianze di coloro che sostengono l'operato del governo, le interviste a tutta quella gente che si ritiene davvero miracolata e che ora vive in una (costosissima) casa con tutti i comfort che però dovranno lasciare così come l'hanno trovata appena sarà finito tutto (Quando? Cosa succederà dopo?).

Non può non venire in mente l'istrionico Michael Moore, amico personale della regista, ma a conti fatti con Draquila si ha l'impressione che l'autore arretri difronte a un orrore che parla da sé: il dramma umano della gente che ha perso i propri cari, lo sdegno delle intercettazioni di quelli che la notte del 6 aprile "ridevano" e lo sconforto per una politica italiana tornacontista o assente. Tutto ciò permette alla Guzzanti di stare dietro, o quantomeno di lato, lasciando che il progetto su cui ha lavorato per molto tempo (nove mesi in tutto e settecento ore di materiale girato) venga fuori da solo, sostenuto dalle voci e dalle grida dei protagonisti della vicenda.

Presentato in occasione di un'anteprima speciale a Bologna lo scorso martedì 4 maggio dopo la consueta prima proiezione a Roma, Draquila – L'Italia che trema è stato inserito come evento speciale al Festival di Cannes e sarà in programmazione nelle sale italiane a partire da venerdì 7 maggio. Al pubblico di casa il giudizio sull'horror(e) dei nostri tempi.

Democrazia confinata

 *Il documentario di Danilo Licciardello e Ornella Bellucci ci ricorda alcune cose. Che la storia della fabbrica (sulla Fiat si rimanda qui alle poche cose esistenti di Marco Revelli) è una storia di lotte, in cui gli operai hanno spesso subito e poche volte ottenuto miglioramenti.*

12 agosto 2010, di Victor Kusak

Grazie a "Democrazia sconfinata", documentario di Danilo Licciardello e Ornella Bellucci abbiamo scoperto che Nola non è solo il luogo che ha dato i natali a Giordano Bruno, e in cui ogni anno avvengono le relative celebrazioni con tanto di scolaresche (che disputano anche un piccolo "campionato filosofico"), ma è anche territorio in cui vengono mandati al confino gli operai e i sindacalisti di base di Pomigliano d'Arco, ritenuti scomodi dalla Fiat.

Ci sono stati anni in Italia in cui sembrava che gli operai non avessero più diritto d'esistenza. I ceti arricchitisi negli anni Ottanta e le loro espressioni politiche avevano decretato la morte dell'operaio. Invece le fabbriche hanno continuato a lavorare, gli operai a produrre e a subire in condizioni sempre peggiori: tra Statuto dei lavoratori diventato carta straccia, e Sindacati CGIL-CISL-UIL sempre più portati a politiche di compromesso e di retroguardia.

La crisi attuale (ennesima) ha fatto ricordare, con le "crisi" degli stabilimenti Fiat di Termini Imerese, Pomigliano d'Arco e Mirafiori, che gli operai ci sono, che la fabbrica esiste. Che lo si voglia o no. E che esiste una cosa chiamata repressione padronale, guerra di classe che la borghesia ha da sempre messo in atto nei confronti delle persone che vanno ridotti a oggetto, "capitale umano" al più, o meglio "costo del lavoro".

Il documentario di Danilo Licciardello e Ornella Bellucci ci ricorda alcune cose. Che la storia della fabbrica (sulla Fiat si rimanda qui alle poche cose esistenti di Marco Revelli) è una storia di lotte, in cui gli operai hanno spesso subito e poche volte ottenuto miglioramenti. Che la fabbrica italiana per eccellenza, la Fiat, è stata un sistema anche di repressione: con le Officine Stella Rossa nate per gambizzare il sindacato di base e chi si opponeva. Il documentario "Democrazia sconfinata", che dovrebbe essere visto in tutte le scuole italiane e in tutti i circoli giovanili dei partiti di sinistra, fa un passo ulteriore perché ci parla di Nola, ma anche della Palazzina LAF dell'Ilva di Taranto. Il documentario dedicato "alle lavoratrici e ai lavoratori confinati dell'industria italiana" parla del mutamento del sistema produttivo di questi anni, di come l'eliminazione dei "cartellini" in fabbrica abbia aumentato la "produttività" ma anche abbia portato a nuove sofferenze e malattie per chi lavora.

Si blatera delle "condizioni inumane" di lavoro nei Paesi asiatici. E sembra di assistere a funzioni ipocrite di propaganda religiosa, fatte apposta per non guardare a cosa sta succedendo qui e adesso; e magari sperando che qui le cose diventino ancora più selvagge e anarchiche (e dunque i padroni abbiano più spazio per fare quel che vogliono). Mi sembra che le buone intenzioni riformiste, che hanno concesso ai padroni tutto (co-co-co, contratti a consulenza, ecc. ecc.) siano ampiamente naufragate di fronte all'avidità e alla protervia di questa casta di potere.

È stato morto un ragazzo

Regia di Filippo Vendemmiati. (Italia, 2010, documentario) dal nostro inviato a Venezia.

10 settembre 2010, di Orazio Leotta

Il 25 Novembre 2007, un tifoso della Lazio, Gabriele Sandri, veniva ucciso in un'area di servizio da una pallottola sparata da un poliziotto, in vena di tiro a bersaglio. Un amico di Sandri, sconvolto, si rivolse agli agenti riuscendo a proferire un'unica frase: "È stato morto un ragazzo ! ".
Da qui il titolo del docu-film di Vendemmiati, su un'altra morte assurda per mano sempre di poliziotti, quella del diciottenne Federico Aldrovandi, di ritorno da un concerto a Bologna, deceduto il 25 Settembre del 2005.
Omicidio colposo, a seguito di un pestaggio, questa la sentenza di primo grado, e tre anni e sei mesi inflitti ai quattro poliziotti assassini (sentenza del 6 Luglio 2009, ben quattro anni dopo). Ma non è stato semplice giungere alla verità.
Il caso era stato chiuso in fretta ed archiviato come una scontata e semplice morte per overdose, ma da un lato il coraggio della famiglia del ragazzo, dall'altro molte situazioni oggettive poco chiare (depistaggi, contraddizioni, analisi che smentivano le testimonianze, il corpo del ragazzo sfigurato con evidenti segni di pestaggio) hanno portato, fra tante difficoltà a far emergere una scomoda verità per tutto l'apparato delle forze ...dell'ordine.
Il regista si è prefisso l'obiettivo di partire da lontano ed attraverso la visioni di filmati dell'epoca (grazie al gentile contributo proveniente dalle teche Rai), la letture dei quotidiani di quei giorni, le testimonianze di chi lo conosceva bene ed un'analisi condotta, postuma, sugli aspetti caratteriali di un ragazzo come tanti, hanno portato alla realizzazione di

questo che più che un film è un documentario, un racconto di vita, che può assurgere a simbolo della ricerca della giustizia e della libertà e di lotta contro i poteri forti e vagamente massonici.

Una storia per molti versi simile ad altre che sarebbero emerse successivamente, a partire dalla vicenda Cucchi, mirabilmente portata sullo schermo da Vendemmiati, che aveva personalmente conosciuto Federico (entrambi legati dalla passione per la squadra di calcio della Spal) e che ha decisamente puntato sui dettagli (il pathos nell'attesa della lettura della sentenza, l'excursus condotto nella breve vita del ragazzo dall'infanzia agli ultimi minuti di vita, la voce flebile dei poliziotti, mai inclini all'ammissione, tanto meno ala richiesta di perdono, il soffermarsi sui tanti passi circostanziati della sentenza), non infierendo sui poliziotti in quanto tali, in quanto uomini, persone, ma puntando l'indice sull'approssimazione della preparazione degli stessi, la mancanza di mezzi, le loro paure, ansie (...remember omicidio Carlo Giuliani ?...) , forse non per tutti il giusto mestiere, ma un ripiego, sintomo anche questo di una crisi politica e sociale molto preoccupante.

Il film, che uscirà in DVD con un libro per la Corvino Meda Editori, è stato realizzato con la consulenza diretta degli avvocati di parte civile e dei familiari e con l'appoggio dell'Associazione Articolo 21; fra l'altro, il contributo di Vendemmiati, giornalista della redazione Rai dell'Emilia Romagna, pone seri interrogativi sulla libertà di stampa.

Se la legge bavaglio fosse stata in vigore cinque anni fa, non si sarebbe mai scoperta la verità sulla morte di Federico e quella di altri casi simili.

Generazione 1000 euro

Generazione mille euro è un film del 2009 diretto da Massimo Venier

20 ottobre 2010, di Fabrizio Cirnigliaro

Matteo (Alessandro Tiberi) ha 30 anni, lavora con contratto a termine nel reparto marketing di una multinazionale. La sua vera passione però è la matematica, si definisce un "cultore della materia" Divide l'appartamento con Francesco (Francesco Mandelli), proiezionista in un cinema d'essai "malato" di play station, e Benedetta (Valentina Lodovini), supplente precaria con il sogno di poter insegnare greco ai ragazzi brufolosi. Matteo deve sempre rincorrere tutto Il contratto di lavoro, l'affitto da pagare, i turni all'ospedale della fidanzata, le lezioni che tiene all'Università per l'amico professore (Paolo Villaggio). La sua è una vita con "scadenze" in un multitasking continuo, passando da un impegno ad un altro. Sarà proprio grazie alle sue qualità da oratore che verrà scelto dall'azienda per presentare un nuovo progetto a dei potenziali clienti . Un lavoro che non gli piace affatto, ma che non vuole comunque perdere, non vedendo alternative
Generazione mille euro, realizzato con il contributo del Ministero per i Beni e le Attività Culturali, è liberamente inspirato al libro omonimo, scritto da Antonio Incorvaia e Alessandro Rimassa e pubblicato dalla Rizzoli. Il cinema italiano aveva già in passato affrontato il tema del precariato con Virzi (Tutta la vita davanti) e Ponti (Santa Maradona)
La pellicola diretta da Venier riesce a mostrare un quadro generale piuttosto vasto sul precariato giovanile nel nuovo millennio. Un'opera però rovinata dalla scelta "commerciale" di realizzare un film di successo sfruttando la strada più facile: la commedia sentimentale. Un cast perfetto solo sulla carta, ad eccezione della solare Valentina Lodovini,

che si immedesima perfettamente nella parte dell'insegnante. Nessuno dei protagonisti ha un impiego alienante, un "McJobs". Nel film non ci sono i commessi dei centri commerciali, gli impiegati dei call center, gli studenti promoter.
Molte battute indovinate e gag divertenti non bastano per rappresentare una realtà forse troppo complessa per essere ridotta ad una commedia sentimentale Questa generazione merita di più, i volti da copertina degli attori più che la generazione mille euro ricordano la Generazione A di Kurt Vonnegut.

"Ora, voi giovinastri volete un nome nuovo per la vostra generazione? O forse no, volete solo trovarvi un lavoro, giusto? Beh, i media ci fanno un grandissimo favore a chiamarvi Generazione X, vero o no? Giusto a due lettere dalla fine dell'alfabeto. E dunque io ora vi battezzo Generazione A e vi dichiaro all'inizio di una serie di trionfi e fallimenti spettacolari, allo stesso modo di Adamo ed Eva tanti anni fa" (Kurt Vonnegut)

Questa è l'unica epoca della storia in cui c'è gente che torna in Molise!
Questa è l'unica epoca in cui i figli stanno peggio dei padri, e la nostra risposta qual è? Mangiare sushi?
La nostalgia è il primo segnale della crisi: c'è gente che ha così paura del futuro da scoppiare a piangere quando vede un Big Jim
La formula è questa: noi pensiamo alle bugie, e tu pensi a farle sembrare vere!

Il gioiellino

Regia di Andrea Molaioli. Con Toni Servillo, Remo Girone, Sarah Felberbaum, Lino Guanciale, Fausto Maria Sciarappa.

8 marzo 2011, di Dario Adamo

Crac Parmalat. Qualche tempo fa queste due semplici parole riempivano i titoli dei maggiori quotidiani e dei principali telegiornali del paese, anticipando i vari approfondimenti su una delle truffe nostrane più tragicamente note. Oggi quelle due parole si trasformano, cambiando forse un po' la forma, ma non la turpe sostanza di quella storia che al cinema giunge ora con il nome de "Il gioiellino".

Sebbene infatti sia solo ispirato ai fatti realmente accaduti al colosso di Callisto Tanzi & co., il nuovo film di Andrea Molaioli (giovane regista noto ai più per il suo sorprendente esordio con "La Ragazza del lago") è di fatto la messa in scena cinematografica del susseguirsi delle vicende che portarono al definitivo "crac" la Parmalat s.p.a.

Amanzio Rastelli (Remo Girone) è infatti il fondatore e presidente di una grande azienda agro-alimentare, la Leda, che trova nel latte il suo core-business più redditizio. Affiancato da arguti collaboratori, come il fedele amministratore ragionier Ernesto Botta (Toni Servillo) e la giovane e raggiante nipote Laura Aliprandi (Sarah Felberbaum), Rastelli inizia la sua scalata verso un successo economico tanto imponente e internazionale, quanto difficile da gestire e contenere senza dover incorrere in compromessi ai confini con la legalità. Da qui l'inizio di un gioco sempre più sporco che porterà al collasso l'improba società e di conseguenza i numerosi ignari investitori italiani.

In primo piano la cronaca ri-arrangiata e sapientemente adattata alle esigenze del grande schermo di un fatto che è stato il preambolo di una crisi economica di cui tutt'oggi avvertiamo pesantemente le conseguenze. Sullo sfondo una provincia che si fa specchio di un intero paese, con i suoi costumi squallidi, gli accordi sottobanco, il benessere di facciata e il do ut des come regola cardine e principio dominante. L'immagine di come siamo stati (presi in giro), e di come ancora non ci siamo stancati di essere trattati (pedine di un gioco di cui non controlliamo nessuna mossa).

Nel ricostruire questo quadro, eguale ripartizione di meriti: bravo Molaioli assieme ai due sceneggiatori (Ludovica Rampoldi e Gabriele Romagnoli) che hanno predisposto un terreno solido all'interno del quale far muovere dei personaggi del tutto verosimili e coerenti; bravo il solito Luca Bigazzi nel confezionare una fotografia coerente tanto con la messa in scena, quanto con il "tono" globale del film; bravi gli attori (una certezza ormai Servillo, calzante l'interpretazione di Tanzi/Girone) nel non scadere nel parodistico o nel grottesco, ma restando il più possibile coerenti con quella realtà a cui si è deciso di far riferimento. Un encomio speciale e dovuto, infine, a Indigo Film: se è possibile oggi parlare di qualità per il cinema italiano (tra gli autori supportati da Indigo oltre a Molaioli, l'ormai accreditato Sorrentino e un altro giovane talentuoso come Pietro Marcello), ciò è dovuto anche e soprattutto al lavoro svolto dalla casa di produzione dei vigili Francesca Cima e Nicola Giuliano.

Terraferma

Regia di Emanuele Crialese. (Ita/Fra, 2011, drammatico, 88 min) Con Giuseppe Fiorello, Filippo Pucillo, Donatella Finocchiaro, Timnit T., Mimmo Cuticchio).

5 settembre 2011, di Orazio Leotta

"Terraferma" di Emanuele Crialese, presentato in concorso alla 68° edizione della Mostra Internazionale del Cinema di Venezia, costituisce un bell' esempio di cinema del presente. Un film sull'immigrazione, sul fenomeno dei cosiddetti clandestini e sui viaggi di questo tipo che hanno fatto balzare all'onore delle cronache l'isola di Lampedusa, non sotto l'aspetto turistico, ma per quello dei tanti migranti che vi giungono e che sono, appunto, in cerca di una terraferma.
Ma sull'isola (di cui nel film non si fa mai espressamente il nome, perché come tiene a precisare il regista, sono storie che possono capitare in qualunque posto d'Italia e del mondo), anche Giuletta (la Finocchiaro), giovane donna rimasta vedova per la morte prematura del marito vittima del mare, è in cerca della sua terraferma, in quanto vorrebbe lasciare l'isola per assicurare un futuro migliore al figlio Filippo.
L'incontro tra Giulietta e Sara (Timnit T.), condotta in salvo dal barcone comandato da Ernesto (Mimmo Cuticchio), cambia le vite di entrambe le donne. Giulietta prima aiuta a partorire Sara, poi s'impegna a farla giungere a Torino dove vive suo marito, immigrato cinque anni prima; Sara, di contro, con la sua presenza distrae Giulietta dal suo intento di lasciare l'isola.
Gli altri personaggi del film sono Ernesto appunto, pescatore che vorrebbe fermare il tempo; lotta per difendere dei valori arcaici, ma sani, intrisi di moralità, di etica. È paziente e vuole insegnare al nipote Filippo l'arte della pesca e di come si gestisce una barca, in quanto lo vede

distratto, più attento a valori effimeri, a volte necessari ma pericolosi e pertanto agisce per senso di protezione verso il nipote.

Nino (Fiorello), zio del ragazzo, ha abbandonato la pesca ritenendo più redditizio occuparsi dei turisti affittando barche, ombrelloni e sdraio. Molto attento a difendere il buon nome dell'isola e minimizzando sul fenomeno dei clandestini. Il giovane Filippo (Pucillo) recita praticamente se stesso, lampedusano che ha vissuto in prima persona molti sbarchi.

Crialese ci rappresenta sia il momento dell'accoglimento che quello del respingimento, perché in ognuno di noi coesistono entrambi gli istinti. I pescatori tendono a salvare le vite di questi uomini, le forze dell'ordine a rispedirli a casa, ma in fondo noi tutti siamo un po' pescatori un po' poliziotti, come Giulietta, che lotta tra l'accoglimento e l'ostilità.

Pertanto Crialese non giudica, non prende posizione, ponendo volutamente degli interrogativi allo spettatore. Resta però l'equivoco legislativo di fondo: può una legge prevedere che se tu salvi le vite dei migranti in mare sarai processato per favoreggiamento dell'immigrazione clandestina?

Un cenno a parte lo merita poi Timnit T., colei che interpreta Sara. Fortemente voluta dal regista perché realmente protagonista di uno sbarco, in cui persero la vita 73 persone e lei fu l'unica donna a salvarsi dei 4 superstiti. Avere visto su un giornale il suo volto raggiante come se si accingesse a una nuova vita, come se fosse giunta in paradiso, lo convinse a volerla nel cast.

La stessa, ha partecipato assieme a Crialese alla sceneggiatura del film aggiungendo o cancellando parti di storia basandosi sulle sua personale esperienza. Al tempo stesso il film rappresenta una metafora circa la perdita della bussola un po' da parte di tutti relativamente a questo problema, dove i valori morali vanno a farsi benedire, unita a una risposta fortemente inadeguata da parte dello Stato e in parte anche dei mezzi d'informazione.

Il Sentiero

Un film di Jasmila Zbanic. Con Zrinka Cvitesic, Leon Lucev, Ermin Bravo, Mirjana Karanovic, Marija Kohn. (Bosnia-Herzegovina, Austria, Germania, Croazia 2010)

31 gennaio 2012, di Piero Buscemi

Non ci si purifica dalla guerra. Mai completamente. Quelle macchie di atrocità senza inibizioni rimangono indelebili nel tempo. Nei pensieri, nei ricordi, negli incubi. Anche nei sorrisi.

Si prova a riscendere "per strada" per rivendicare un'altra opportunità di vita, provando a lasciarsi alle spalle anni di orrore, di perdite, di pianti. Di impotenza. Si, perché la guerra spesso la si subisce. Incide le anime seminando scrupoli da sotterrare.

Non ci si è riusciti dopo i conflitti storici della prima e della seconda guerra mondiale. Una letteratura variegata documenta un disagio e un debito morale, che l'umanità non saprà mai saldare del tutto.

Ne sono coscienti i due protagonisti principali del film di Jasmila Zbanic. Eredi di un'altra guerra assurda, provano con il loro amore a riconoscersi in quest'altra "opportunità di vita".

Lei, Luna, hostess di una compagnia aerea, vive il ritorno ad una normalità, descritta sapientemente dalla regista nelle immagini delle sale dell'aeroporto di Sarajevo, gremito e vociante di gente di contrapposte etnie religiose, che hanno creduto di poter giustificare un conflitto.

Luna (Zrinka Cvitesic) torna a casa, alla fine di ogni suo volo, spesso realizzato più con la mente, che dentro una carlinga. Torna per provare a ricostruire un'esistenza che sa di sogni di maternità, di dedizione amorosa verso il suo uomo Amar (Leon Lucev). Che sa di una voglia di nostalgia per la sua infanzia, per la nonna (Marija Kohn) e sulle sue gambe infermi che continuano a darle rifugio sicuro contro gli orrori del mondo.

Ma non ci si purifica dalla guerra, come già detto. Ancor di più se è una guerra religiosa, come quella che si è combattuta nella ex-Jugoslavia. Forse una guerra mai del tutto finita nelle coscienze dei sopravvissuti. In un momento di debolezza dei due protagonisti (Amar viene sospeso dal lavoro per uso di alcolici e Luna ricorre all'inseminazione artificiale non riuscendo a rimanere incinta), la reazione ambigua dell'uomo sarà quella di affidarsi ad un integralismo religioso, entrando in contatto con una comunità musulmana, i cui dogmi esasperati rimettono in discussione la libertà di un rapporto non così forte da riuscire ad opporsi a questa perdita di lucidità.

Lo sguardo al femminile verso il fanatismo religioso, attraverso gli occhi di Luna, musulmana anch'ella, che prova a riconquistare il suo uomo e la sua vita, combattendo contro la crisi di coscienza di Amar che finirà per rinnegare il suo recente passato, rifiutando i rapporti sessuali pre-matrimoniali, considerandoli un'offesa contro il suo dio, è l'analisi trascinante del film.

Il pregio della giovane regista (al suo secondo lungometraggio, il primo Grbavica le fece vincere l'Orso d'oro a Berlino nel 2006), è quello di descriverci le contraddizioni di un sentimento eccessivo verso la religione, pretesto millenario di conflitti sanguinosi in qualsiasi angolo del mondo. E lo fa sfiorando appena i motivi e le conseguenze del recente conflitto.

Due momenti, tra i tanti, particolarmente convincenti e riflessivi del film: la scena in cui Luna torna a visitare la dimora della sua infanzia, dove incontra una bambina, la cui famiglia ha acquistato la casa, e che al crollo nel pianto della protagonista davanti al ricordo, le chiede "Perché te ne sei andata?" - una domanda scolpita nel primo piano degli occhi sognanti di Luna, seguita da un nostalgico silenzio.

Il secondo momento lo troviamo nell'ultima scena del film, che preferiamo non rivelare in anticipo, ma il cui messaggio poetico e di speranza, ci pone al cospetto di un'opera cinematografica di altissimo livello.

Diaz: il coraggio della ricerca della verità

Un film di Daniele Vicari (Italia 2012), con Claudio Santamaria, Jennifer Ulrich, Elio Germano, Davide Iacopini, Ralph Amoussou

24 aprile 2012, di Angela Allegria

Ripercorrere i fatti avvenuti dentro la scuola Diaz di Genova, guardandoli più volte dai vari punti di vista, indagare le ragioni di una tale assurda violenza, rivivere una pagina della storia italiana non solamente per ricordare, ma anche per raccontarne i protagonisti (interpretati da Elio Germano, Jennifer Ulrich, Fabrizio Rongione, Renato Scarpa, Ralph Amoussou Claudio Santamaria), le loro storie, il loro essere gente comune, e soprattutto per dire come, a distanza di undici anni, sia andata a finire. Questo è ciò che Daniele Vicari ha dimostrato portando sul grande schermo una pagina dolorosa, angosciosa, una vergogna per l'Italia e per gli uomini di potere.

Una coproduzione italo-franco-rumena, un docufilm intriso di scene crude, violente, dove la cattiveria, l'esasperazione, la crudeltà, le provocazioni, sono rappresentate senza il filtro romanzato di una fiction. Da una bottiglia, da un "equivoco", da uno sbaglio, da una pattuglia della polizia che, perdendo la retta via, si trova attaccata. Da lì inizia tutto, da lì chi comanda perde la testa e, facendo leva su misure di emergenza, straordinarie e in quanto tali capaci, se gestite male, di far succedere una carneficina.

Ciò che è accaduto ai 93 ragazzi ospitati alla Diaz e poi nella caserma di Bolzaneto pensavamo di conoscerlo, lo abbiamo appreso a più fasi: menzogne e mezze verità, falsità e tentativi di porre una giustificazione a ciò che non sarebbe mai dovuto accadere. Vicari fa un'analisi delle sentenze che sono intervenute sul fatto, delle testimonianze dei protagonisti, di ciò che è realmente accaduto, mostrando la violenza, il sangue, le manganellate, gli scempi, la mancanza di dignità, gli abusi di potere, le torture che si sono commesse nei giorni del G8 di Genova.

Quel luglio del 2001 che è diventato un incubo con il quale fare i conti ogni giorno, ogni ora, ogni istante. Vittime e carnefici vedono le loro vite incrociarsi per lunghi, lunghissimi attimi. Un film abbastanza equilibrato, con i buoni ed i cattivi da entrambe le parti, realista ma anche simbolico, come il tunnel all'interno del quale entra l'autobus scortato dalla polizia che accompagna gli stranieri alla frontiera: un tunnel di cui non si vede la fine, ma che scorre come un fiume sotterraneo, coperto, portando con sé i traumi perpetui dei ragazzi, le verità nascoste, le responsabilità non individuate, il tutto in una assurda violenza umana che rende l'uomo più crudele di una bestia. A chi spettava evitare i fatti che sono accaduti? Forse a coloro che hanno autorizzato l'incursione alla Diaz? A coloro che manovravano dall'alto, per non fare "brutta figura" con i presidenti delle altre nazioni "civilizzate"? Agli uomini che avrebbero dovuto rappresentare lo Stato, uno stato di diritti, spesso uno stato estremamente garantista, ma che, grazie alle misure sull'emergenza, può perdere la testa come una qualunque donnetta? Ai giudici che hanno condannato solo una piccola parte dei colpevoli? Al legislatore che non ha previsto come reato le torture, illudendosi forse di essere in un Paese rispettoso dei diritti umani?

Chi dovrà pagare i traumi di questi ragazzi? Chi ci può assicurare che uomini dello Stato non commettano ancora cose del genere visto che parte di loro sono ancora in servizio? Perché ancora oggi, a distanza di undici anni, si cerca in ogni modi di celare la verità sui fatti di Genova e Diaz, seppur è il film del momento, viene proiettato solo in alcune sale? Gli interrogativi sono tanti, ma necessari e voluti dal regista per spingere il pubblico a non dimenticare, a riflettere, a pretendere che sia detta la Verità.

A ben vedere è ciò che si vuole fare, basti guardare il sito del film (www.diazilfim.it), all'interno del quale, in alto c'è una sezione: "E tu, raccontaci la tua Genova". Clikkandoci sopra il link rimanda ad un articolo del sito del Fatto Quotidiano: "La macelleria messicana diventa un film". Hanno detto tutto.

To Rome with love

Un film di Woody Allen. Con Woody Allen, Alec Baldwin, Roberto Benigni, Penelope Cruz, Judy Davis. (Usa, Italia, Spagna 2012)

23 maggio 2012, di Antonio Carollo

"To Rome with love" di Woody Allen. Più d'un critico parla di cartolina illustrata di Roma. In effetti non regge il paragone con "Midnight in Paris". Non ci sono le atmosfere, i personaggi e le inquadrature incantate della Belle Epoque.

C'è un tocco di psicanalisi, come spesso nei film di Allen, nell'episodio di un architetto di mezza età che dà dei consigli ad un giovanissimo collega alle prese con la propria mogliettina e con una sua amica frustrata ma sessualmente tentatrice; qui affiora una garbata ironia sulla efficacia del verbo psicanalitico (se il giovane avesse seguito i consigli del suggeritore architetto si sarebbe trovato nei guai con una partner narcisista, inconsistente e ignorantina; per fortuna ci pensa il caso ad allontanare la ragazza dalla vita del giovane).

C'è uno sfumato omaggio a Fellini nell'episodio della sposina provinciale che si perde per le strade di Roma e si ritrova a tu per tu con un attore che sta girando delle scene in piazza e che cerca di approfittare della sua ingenuità e del suo stato di trasognamento. Compare una magnifica escort, Penelope Cruz, ammiccamento divertito verso le esilaranti vicende erotiche imperversanti nella nostra cronaca politica.

Benigni impersona la meteora di una improvvisa fama senza merito che investe per pochi giorni un grigio impiegato e si dissolve subito dopo nel nulla: sottile ironia sulla vacuità di personaggi indebitamente portati alle stelle dalla irrazionale superficialità dei mass-media. Lo stesso Allen interpreta la figura di un regista d'opera, pensionato non rassegnato, che il talento naturale di un tenore dilettante lo riproietta, con tratti di surreale comicità, nel mondo della lirica.

Reality

(Italia, Francia 2012) diretto da Matteo Garrone. Con Aniello Arena, Loredana Simioli, Nando Paone, Graziella Marina, Nello Iorio.

25 settembre 2012, di Armando Lostaglio

È un autore nitido ed essenziale il regista napoletano già trionfatore a Cannes quattro anni fa con "Gomorra": Matteo Garrone sa fare cinema e il pubblico lo premia. Racconta dalla sua Napoli, come una metafora delle contraddizioni del nostro tempo, prima ancora che del nostro Paese. E così ritorna in sala (dopo il nuovo Gran Premio della Giuria a Cannes 2012) con il suo intenso Reality, per raccontare, in chiave ancorché empirica, quella scena edulcorata che la televisione vanta di conoscere o finge di emulare, millantandone l'invenzione.

Quei reality-show che accompagnano ore e ore di trasmissione, che inculcano l'idea agli sprovveduti spettatori che il mondo si conquista con l'apparire, l'importante è esserci in quel tubo catodico. Un tunnel, un delirio di cui le sacerdotesse (da noi la papessa si chiama Maria De Filippi) ne celebrano il rituale, impartendo sermoni, saccheggiando ed umiliando (a suon di milioni) una umanità di poveracci resi ancor più miseri. E così Garrone affonda il proprio sguardo in una Italia nella quale "molte persone pensano che la tele-realtà possa cambiare il loro destino". Ed aggiunge: "Abbiamo voluto presentare la televisione come una sorta di Eldorado o di paradiso in terra". La vicenda di Reality è tratta da una storia realmente accaduta: "Cercavo un tema che fosse all'altezza di Gomorra, che avesse la stessa forza, ma non ci riuscivo. Poi sono venuto a conoscenza di quest'episodio accaduto a Napoli e ho pensato di trasformarlo in racconto cinematografico".

Ancora la sua città, Napoli, che resta per Garrone il luogo dei contrasti a tinte forti, che si riflette rei volti dei personaggi del film. È infatti la vicenda di un pescivendolo che sogna di partecipare al Grande Fratello televisivo. Ed è proprio in quel set che il regista ambienta parte del film. Quello che è un normale desiderio per dare una svolta alla propria vita, diventa presto un'ossessione per Luciano, il protagonista. È ben interpretato da Aniello Arena, attore scoperto da Garrone negli spettacoli teatrali all'interno del carcere di "Volterra", dove l'uomo si trova recluso da 18 anni. Ma l'attore non aveva ottenuto il permesso per accompagnare il film a Cannes. Quella è la sua realtà, è la sua vita per ora, mentre "il film fronteggia la sottile frontiera tra realtà e sogno – come sostiene Garrone - cercando un'ambientazione fiabesca, giocando con la luce e con la musica". E con quei toni vagamente felliniani che si rivelano sempre gradevoli.

La grande bellezza

Un film di Paolo Sorrentino (Italia, Francia 2013) con Toni Servillo, Carlo Verdone, Sabrina Ferilli, Carlo Buccirosso, Iaia Forte, Pamela Villoresi, Galatea Ranzi, Roberto Herlitzka, Isabella Ferrari, Serena Grandi, Lillo Petrolo

13 giugno 2013, di Armando Lostaglio

"Viaggiare è molto utile, fa lavorare l'immaginazione, il resto è solo delusione e pene. Il nostro viaggio è interamente immaginario, è la sua forza". È questa l'epigrafe da cui muove il film di Paolo Sorrentino "La grande bellezza", presentato (unico italiano) in concorso a Cannes. Da questo verso di Celine tratto da "Viaggio al termine della notte", il regista napoletano cerca un sogno perduto nei notturni di una Roma che non ha eguali al mondo. Di una città eternamente incomparabile. Ed è lì che le sequenze si adattano ad una sceneggiatura che non racconta altro se non la ricerca di un ostinato viveur che si ripete: "Cercavo la grande bellezza e non l'ho trovata".

Lui è Jep Gambardella (Toni Servillo, ormai l'alter ego di Sorrentino), uno scrittore che ha pubblicato un solo libro, "L'apparato umano". E cammina, si perde e si ritrova nella sua spassionata consapevole decadenza, in una delle sue tante riflessioni sulla vita, sul declino, sul disordine pur al cospetto di una città ritratta come meglio non si potrebbe (la fotografia magistrale è di Luca Bigazzi). L'esistenza è fatta di sprazzi di verità e d'incanto, da cogliere magari nel corso di una passeggiata notturna, o alle prime luci dell'alba sul Lungotevere. E sembra che per Gambardella tutto il resto non esista, ed "appare" piacevole farsi cullare dalla rinuncia. Appare, appunto. L'apparenza in una società insaziabile, eccitata e depressa, che espande una allegria senza felicità. E lui, Jep, è quasi un Virgilio del contrasto e del disincanto, mentre ci accompagna in un ossimoro esistenziale quanto reale: un piccolo caduco inferno in una città più bella che mai.

Sorrentino è spietato verso questo mondo di drink e di coca, di feste infelici, di una borghesia che già Fellini aveva messo a nudo con il suo giornalista (Mastroianni) de 'La dolce vita", nel 1960, fra il dopoguerra ed il boom economico. Ed anche lì Roma è la protagonista, come lo saranno i salotti de "La terrazza" di Ettore Scola venti anni dopo. Curiosamente entrambi i film furono premiati a Cannes (il primo con la Palma d'oro). Ma Sorrentino si muove come su una zattera nel vuoto di quest'epoca, una decadenza filmata a rallenti e con uno stile tutto suo, fra veloci piani sequenza interrotti da "carrelli all'indietro", zoomate prolungate e quiete visioni, che talvolta (volutamente?) conferiscono una certa noia al film; come l'eccessiva robonate festa iniziale per il compleanno di Jep Gambardella, nel quale gigioneggia un bravo Verdone.

E sarà brava pure Sabrina Ferilli, che ascolta il più romano dei cantanti, Venditti (c'è pure lui in un cammeo). Una Roma che non può non essere attorniata da suore svolazzanti e alti prelati. Jep vorrebbe saperne di più dal cardinale (un bravo Herlitzka) sulla vita, su Dio, cerca risposte alle sue domande spirituali, ma non ci saranno mai in questo crepuscolo di valori cui Sorrentino da sfogo con il cinismo di Jep. Ma come si mantiene lo scrittore di un solo libro, che abdica a scrivere per un rotocalco? E come paga la sua casa con vista sul Colosseo? E perché solo quando appare inizialmente parla come un dandy apparentemente effeminato? Saranno piccoli "nei" di un film che rimane esemplare pur nella sua ridondanza. Ma sarà questa la volontà dell'autore nel coinvolgere lo spettatore verso la coscienza di una Bellezza che non meritiamo?

Vi ar bast! di Lukas Moodysson, meraviglioso percorso di libertà

15 ottobre 2013, di Davide Rossi

In una edizione veneziana 2013 decisamente inferiore a quella precedente ("La quinta stagione", "La bicicletta verde", "Bellas maripopas", solo per ricordare tre opere tra una decina davvero eccellenti), brilla per riuscita intelligenza cinematografica "Vi ar bast!", ovvero "Siamo le migliori!" del grande regista svedese Lukas Moodysson, che, ispirato dalle novelle grafiche della moglie Coco, realizza il suo film più vivace, più colorato, più vitale. È certamente quest'opera, presentata in Orizzonti, la migliore di quest'anno.
Ancora una volta è un film di ragazze, per ragazze, sulle ragazze, come "Fucking Amal Il coraggio di amare" (1998), storia d'amore tra due compagne di scuola superiore, Insieme - Tillsammans (2000), storia di una comune svedese degli anni '70 vista con gli occhi dei ragazzi che la abitano, Lilja 4-ever (2002), storia di agghiacciante violenza subita da una ragazzina della minoranza russa in Estonia, rapita e obbligata allo sfruttamento sessuale in Svezia.
Con "Vi ar bast!" siamo a Stoccolma nel 1982. Due ragazzine dodicenni si autodeterminano come anarco - punk e decidono di mettere insieme una band hard - rock, salvo che loro non hanno mai preso in mano uno strumento. Le loro famiglie, di chiara ispirazione libertaria, lasciano alle ragazze la più assoluta libertà di costruire la loro vita attraverso le esperienze che possano aiutarle a diventare mature e consapevoli, una realtà genitoriale assolutamente estranea al mondo familistico mediterraneo. Le due amiche cercano una chitarrista e la trovano in una compagna di scuola con un paio di anni di più, bella e sensibile, ma

evitata da tutti per il suo rigido sentimento religioso. La coinvolgono, o meglio, le stravolgono la vita, al punto che, infilatole il crocifisso sotto il maglione, tagliati i suoi biondi e sinuosi capelli con un'acconciatura da metallara, iniziano a portarla a perlustrare un mondo a lei sconosciuto, che diventa, anzi è a tutti gli effetti, spazio di libertà, soprattutto rispetto alle ansie e alla rigidità materna.

È anche il tempo dei primi amori e le ragazze decidono di incontrare il gruppo di coetanei della periferia cittadina che suona la loro stessa musica. È un incontro tra mondi diversi, dentro i casermoni sepolti nelle gelide nevi degli inverni svedesi, con i primi baci scoprono anche una realtà sociale differente, un mondo che grazie al grande impegno dell'avanzatissimo sistema sociale scandinavo attenua le disparità e costruisce uguaglianza nel comune diritto di cittadinanza.

Saranno le ragazze, più spigliate, più informate, a spiegare sorridendo ai ragazzi che cantano per il capodanno 1983 "Fanculo Reagan, Fanculo Breznev!", come da un mesetto il sovietico non ci sia più. Non ci sono computer, facebook, cellulari, eppure con la loro strepitosa energia, chiudendosi in camera per ore con il filo del telefono fisso chiuso a mezzo della porta, con la loro voglia di vivere, di crescere, di pensare, di essere libere, le tre ragazze dimostrano una straordinaria possibilità di diventare grandi dentro un percorso di libertà, restituitoci magistralmente da Moodysson con la sensibilità che gli è propria, con la cura di ogni fotogramma, con il contrappunto di una colonna sonora incalzante e appropriata, tutta giocata dentro le musiche non solo svedesi di quei primi anni '80.

Il mondo sarebbe cambiato ed è cambiato, ma Moodysson ci ammonisce, solo nella libertà e attraverso la libertà vi può essere un cammino di crescita, di autentica educazione.

La vita di Adele

Un film di Abdellatif Kechiche, vincitore a Cannes 2013

12 novembre 2013, di Davide Rossi

"La vita di Adele" di Abdellatif Kechiche non è un capolavoro, ma è un film di forte impatto comunicativo, di sincera bellezza, di grande poesia, vincitore a Cannes nel 2013, sebbene non abbia ad esempio la forza e la coralità di "La Graine et le mulet" del 2007, noto in Italia come "Cous Cous".
Ci troviamo nel nord della Francia, sul limitare del confine con il Belgio, in un piccolo paesino in tutto e per tutto conformista, triste e freddo, come quella regione d'Europa tanti ne regala da ambo i lati del confine. Adele si innamora con passione potente e incontenibile di Emma, vincendo i giudizi, o meglio i pregiudizi, del mondo che la circonda.
La loro storia è travolgente, totale, sincera, anche se non reggerà l'urto del tempo. Le scene di festosa carnalità sono semplici, vere, sincere, molto più brevi di quel che la stampa ha raccontato, forse troppo brevi, perché quando l'amore si esprime libero, la passione rende l'incontro tra i corpi decisamente più intenso e lungo. In ogni caso sono immagini toccanti e non urtanti, come troppi benpensanti hanno scritto e detto, assolutamente necessarie al film e ragionevoli dentro il progetto narrativo.
Alla luce di ciò la censura che lo vieta ai minori è assurda. Il film è una potete, prepotente storia d'amore. Vietarla, quando si pensa che si mettevano in fila gli scolaretti delle materne per buttarli in pasto alla violenza gratuita e falsa della passione di Gibson, non è semplicemente

irragionevole, è decisamente idiota. Negare l'amore, quando ogni immagine che ci regala la televisione trasuda di un sesso subdolo e meno vero e profondo di quello di Adele ed Emma, è la conferma del prevalere nella nostra società di una triste ipocrisia omologante.

Léa Seydoux nella parte di Emma è bravissima, ma è chiaro che il regista si è esageratamente innamorato, certo con ragione, di Adèle Exarchopoulos, protagonista assoluta, totale, forse troppo inquadrata, sempre sullo schermo per tutte e tre le ore del film, ma di una bellezza tanto semplice e adolescenziale, quanto di debordante, trascinante euforica vitalità, sempre e comunque, sia rida, pianga, sorrida, goda,

La storia di questo film è l'indagine permanente di ogni sua emozione, scandagliata fotogramma dopo fotogramma, tuttavia non siamo noi a penetrare in lei, ma lei a penetrare nello spettatore, con il suo corpo e con la sua anima. Il regista è certamente riuscito nel suo intento, farci perdere in lei, con lei, dentro di lei, dentro i suoi sogni e i suoi desideri.

The Rolling Stones Sweet Summer Sun 2013 è film

10 dicembre 2013, di Vincenzo Basile

A Hide park, l'estate scorsa. 44 anni dopo quel volo di farfalle liberate sul palco all'inizio del concerto, che avrebbero dovuto sublimare la scomparsa di Brian Jones, avvenuta appena due giorni prima. Sullo stesso prato, diventato oggi l'immensa O 2 Arena di Londra, la più famosa e longeva Rock'n Roll band del mondo ha replicato il concerto inaugurale di quella che fu la sua Golden Age (1969-1974). Quella con Mick Taylor per intenderci, l'enfant prodige del Brit-Blues che a soli 17 anni prese il posto di Eric Clapton nella mitica Bluesbreakers Band di John Mayall. Per poi diventare, l'anno successivo, la lead guitar degli Stones.
Fortunati astanti solo i 100.000 consentiti dalla capienza della location ma chi non era tra loro si potrà rifare con il film che ne è stato tratto. L' occasione per vederlo In Italia, l'anteprima di ieri in un centinaio di sale, in HD.
Come a Londra, un pubblico composto, intergenerazionale, dagli 8 agli 80 anni. Per i giovanissimi un Classico da non perdere, anche se della band hanno probabilmente solo sentito parlare ; per gli altri un'immersione nell'eterna tormentata e turbinante giovinezza che le Pietre imperiture incarnano. Nelle loro vite private come sui palchi, ovunque, da sempre. Per l'anniversario dei loro primi 50 anni di carriera e di vita al massimo, tutti immancabilmente arzilli, sulla settantina e oltre e strenuamente rolling, come quand'erano poco più che teen ager. E non sono certo le droghe, come i maligni da sempre sospettano, a fargli da propellente. Non fosse altro perché avvezzi alla qualità delle polveri di un tempo hanno smesso ormai da molti anni le vecchie consuetudini, se non

per sopravvenuta virtù, per sopraggiunta raffinatezza...palatale. Ma il mistero sulla vitalità di Jagger rimane, anzi più gli anni passano, più si infittisce. Di come possa continuare a zompettare instancabile, ininterrottamente per più di due ore, cantando (e ricordandoseli) decine di pezzi e giocare a provocare continuamente il suo pubblico. Gestendo contemporaneamente da solo un'intera orchestra più due gruppi corali. Sarà forse la sua *Simpaty for the Devil* calorosamente ricambiata dal suo Destinatario ? Ingenua come ipotesi certo ma non si sa cos'altro pensare a proposito di questo inspiegabile fenomeno. Umano prima che musicale.

La scaletta si rivela subito incendiaria e veri fuochi d'artificio contribuiscono alla miscela esplosiva che dall'inizio, *Start me up (what else?)*, travolge le ladies e i gentleman, alcuni con children al seguito ma tutti in entusiastica standing devotion. Eppure, vien da chiedersi, le canzoni son sempre le stesse. Anzi no. Quando, dopo il flash iniziale dovuto al primo riff di Richards l'ascolto si fa più attento, ci si accorge che non è esattamente così. C'è del nuovo ma... cosa ? È semplice poi in fondo : è bastato rinfrescare gli arrangiamenti, aggiornandoli senza privarli della grinta originale. Come ? Rinnovando i raccordi tra le strofe o i dettagli di alcuni ritornelli con sonorità contemporanee per restituire ai pezzi la loro intramontabile presa e la irresistibile carica rock che rende quasi impossibile ascoltarli senza in qualche modo dimenarsi, se non proprio ballare. Tutto questo riemerge prepotente a possedere l'anima, la pancia e il cuore dell'ascoltatore. Ti eri ripromesso di non farti fregare da quei quattro furbastri, pensavi non potessero più farcela a coinvolgerti nel loro vecchio gioco, ormai sgasato dal successo ininterrotto, improponibile viste le conseguenze dell'ormai pluridecennale acquisita ricchezza, dall'impotenza creativa incapace di sfornare un vero hit, una nuova *Brown Sugar*, che so. Ed è solo allora che li riconosci. E ti arrendi. Sono sempre loro. E ti gustano da morire, non puoi proprio farci niente. E lo show va avanti, ricco di ospiti e comprimari all'altezza dell'evento.

A cominciare da Lisa Fisher, la black panter debordante dal ruolo di corista nel quale è consegnata, appesantita nella forma fisica, e ci viene in mente Etta James, ma evolutasi nella sostanza di una voce che oggi può competere con quella della sua illustre mentore,Tina Turner. Superandola perfino, grazie agli apici tonali di cui è consapevole e capace e lo dimostra uscendo subito dalla mischia dei musicisti di contorno per sfilare e duettare con il super front man Mick, sulla lunga pista che attraversa la folla, in una torrida *Gimme Shelter*. *Chuck Leavell* a seguire, con il suo piano elettrico strapazzato alla Jerry Lee Lewis che incanala la tensione e precede l'entrata on stage di Mick Taylor. Il suo intervento, attesissimo, è catalizzante.

Un suo assolo rischierebbe di oscurare la prestazione dei colleghi chitarristi, così invece, la lunga scala blues che gli viene concessa dai Glimmer Twins finisce per diventare non solo un omaggio al Blues ma un gioiello musicale di pregiatissima fattura. Ma più delle note sono gli sguardi a raccontare l'esito di una vicenda che comportò la sua esclusione dalla band. Ufficialmente perché all'epoca non gli vennero riconosciuti i crediti di alcune sue partecipazioni ma più verosimilmente per la sua distanza sia dal Glamour tutto parties e jet set frequentato da Jagger, sia dalle notti brave amate da Keith. Essenzialmente perché la sua maestria e il suo talento cominciavano a ridimensionare il carisma di Richards, grande inventore dei riff travolgenti che ne hanno fatto la fortuna certo ma piuttosto mediocre come strumentista, rispetto a quello che ci si può aspettare da una super star del suo rango.

Cosa sarebbero stati gli Stones con Taylor al posto di Ron Wood non è dato sapere. Il senno del poi nel Rock è quanto mai futile e velleitario. Ma si può ascoltare ciò che diventano quando lui è sul palco. E gli sguardi tra i due diventano eloquenti. Keith si pone strategicamente in disparte indietreggiando e lasciando la scena all'altro che sembra domandargli, guardandolo dritto degli occhi, se ne valeva la pena. La risposta arriva riascoltando *Sway o If you really want to be my friend* e più di tutte *Can you hear me knockyng* in cui emulando, con la consueta eleganza, il virtuosismo di Santana, la chitarra di Taylor fraseggia con Bobby Keys al sax in un indimenticabile, caliente connubio melodico che si vorrebbe non finisse mai.

Ma tutto scorre, inarrestabile, grazie al sostegno fornito dal batterista. Il più incompreso della storia del R.'n R. Una delle colonne della critica musicale nostrana ha liquidato la performance londinese di Charlie Watts scrivendo che "si è limitato a non strafare". E qui cascano gli asini, nostrani e foresti. Watts è, e lo dimostra in ogni esecuzione, un grandissimo musicista che ha scelto come strumento la batteria e ne ha elevato la funzione sviluppandone qualitativamente l'espressività. Ciò che sorprende è l'eccellente, impeccabile capacità di accompagnamento unita a quella sua toccante musicalità, del tutto inedita per quel ruolo orchestrale. Tutti sanno che, prima dell'arruolamento negli Stones, si forma alla corte di Alexis Korner, il jazzista bianco più in auge in Inghilterra tra la fine dei '50 e buona parte dei '60. Eppure quanti considerano e quotano la misura con cui ha saputo arricchire il drumming rockettaro con quella ricchezza di sfumature e accenti jazz appena percettibili, il rigore e l'essenzialità con cui è stato capace di dinamizzarlo lungo tutta la sua militanza negli Stones, quei ritardi sul rullante, eretici per un batterista preciso *comme il faut*, che ha avuto il coraggio e la ragione di imporre a stilemi della sua originalissima e inconfondibile pulsazione.

È vero, non si conosce un solo suo assolo e, nell'epopea di quel genere musicale, gli assolo di batteria sono stati e rimangono un must, il biglietto da visita per l'identità di ogni drummer. Ma è anche vero che non ci sono due rullate identiche nella sua produzione o una sola scelta percussiva discutibile tra le possibili, pur nell'essenzialità, quindi anche nei limiti, dello strumento usato. Quali mirabolanti acrobazie tecniche su quante superaccessoriate batterie "monstre" con decine di tamburi e altrettanti piatti e bicchieri possono offuscare l'incanto delle sonorità prodotte dalla Gretsch "Round Badge" fine anni '50, di soli quattro elementi, da sempre suo cavallo di battaglia ? Sono varie le componenti che fanno della Band la leggenda che è oggi. Pur con i molti alti e bassi creativi e le defezioni eccellenti. Gli Stones hanno smesso di esserlo sul serio nel '94, con la dipartita del bassista originario, Bill Wiman, oggi settantasettenne leader della propria band, i Rhythm Kings. La base ritmica essendo la natura portante della loro autenticità ma soprattutto del loro groove ;nel senso più stretto del termine. *It's only Rock'n Roll* certo and we like it , questo è sicuro, ma quale evento musicale, individuale o collettivo, ha avuto un'epopea paragonabile alla loro?

Patria, di Felice Farina alla Mostra del cinema di Venezia

"Patria" fa tesoro del libro di Deaglio, annettendo risvolti umani mediante quadretti di dolorosa e talvolta ironica microstoria.

10 settembre 2014, di Armando Lostaglio

La rassegna veneziana Giornate degli Autori offre come di consueto opere di riflessione sulla contemporaneità, di carattere socio-politico e di varia umanità. Il film presentato da Felice Farina PATRIA prende spunto dal libro di Enrico Deaglio "Patria 1979 - 2010" un ponderoso volume di 900 pagine, (edito da Il Saggiatore) nel quale si analizzano con puntiglio le vicende dolorose degli ultimi 30 anni di storia italiana, dalla politica agli intrecci con la malavita organizzata, dalle stragi agli occultamenti del sistema deviato in questa nostra patria. Nel confortante panorama offerto dal cinema italiano alla 71. Mostra di Venezia, spiccano anche altri titoli di riflessione sugli inquietanti decenni alle spalle, come hanno fatto Sabina Guzzanti (con "La trattativa") e Franco Maresco (con "Belluscone").

E così, mentre le immagini scorrono, nell'intervallarsi del racconto umano dei tre protagonisti del film di Farina, ci chiediamo: ma davvero è successo tutto questo? Noi c'eravamo, lettori o spettatori di una cronaca che la televisione e i giornali ci raccontavano. Si comincia con l'assassinio di Aldo Moro nella prigione del popolo, nell'anno che ha cambiato tutto, il 1979, ma i germi si evidenziano ben prima. E poi, l'ascesa della mafia, il rapporto stretto tra crimine e potere, le stragi e l'immane patrimonio occulto che li hanno accompagnati. I capitani dell'industria tra sogni e corruzione, la fine ingloriosa della Prima Repubblica, l'ascesa della televisione e del suo padrone, il Nord conquistato dalla Lega, il nuovo potere del Vaticano, la crisi di oggi. Il film di Farina appare quantomeno godibile, riflessivo e carico di ricordi "nostri", non soltanto di quella generazione che in maniera diversa li ha vissuti, ma utili a capire (specie per le nuove generazioni) dove e come siamo arrivati alla deriva, consapevoli da dove la barca Italia è partita.

"Patria" fa tesoro del libro di Deaglio, annettendo risvolti umani mediante quadretti di dolorosa e talvolta ironica microstoria. È sicuramente l'incertezza del futuro lavorativo di centinaia di dipendenti di aziende, sull'orlo di una crisi perdurante, a fare spesso da filo conduttore. Il film prende spunto da uno sciopero spontaneo di un dipendente (di destra ed afflitto dalla mania del calcio, giocato dagli altri) che veste i panni di un credibile Francesco Pannofino. Perde il lavoro con una trentina di colleghi in una azienda del Nord, non vuole arrendersi e sale sulla torre più alta della fabbrica, nella indifferenza e scetticismo dei suoi colleghi alle prese con trattative e confronti. Attende che sua eccellenza la "Televisione" gli faccia il regalo di rendere nota la vicenda dell'ennesima chiusura aziendale e della angosciante perdita di lavoro.

La vicenda si ricompone mediante la presenza del sindacalista Giorgio (un sempre bravo Roberto Citran) che salirà anche lui sulla torre ma per persuaderlo a scendere: si scambiano accuse e talvolta comprensioni e affetto. Ad essi si aggiunge anche Luca, ipovedente un po' autistico ma ben informato (come da telequiz) sulle vicende del nostro paese, non solo di "Belluscone", ma da dove è partito il tutto. Il finale del film ci offre la piacevole sorpresa che la vicenda dei tre protagonisti sulla torre della fabbrica è sostenuta dalla realtà: infatti, la fabbrica anziché chiusa, viene rilevata da una gestione comune degli operai, per iniziativa del sindacalista e quindi potrà mantenere i livelli occupazionali.

Torneranno i prati

Un film di Ermanno Olmi (Italia, 2014) con Claudio Santamaria, Alessandro Sperduti, Francesco Formichetti, Andrea Di Maria.

5 dicembre 2014, di Piero Buscemi

Questo non è un film del quale nascondere il finale per non deludere il pubblico. Non è un film del quale accennare una sinossi, lasciando alla visione la suspense e il classico colpo si scena che dogmi cinematografici impongono. E noi dalla frase finale, pronunciata da uno dei protagonisti, iniziamo per assurdo a costruirci una recensione. Perché quella frase racchiude l'essenza della stupidità dell'uomo e dell'unica legge che ci accomuna tutti: l'umanità non impara dai propri errori.
E allora quella sentenza finale del film, quella che in una sorta di figura retorica, ci annuncia la fine di questa altra cosa umana alla quale, proprio perché umana, Falcone riconobbe una fine parlando di mafia. Questa frase che, dopo giorni interminabili di bombardamenti, suicidi e sogni seppelliti sotto le macerie, ci avverte del pericolo inevitabile di un tempo che copre i ricordi e cancella il passato. Proprio quando la neve lascerà lo spazio a quei prati rifioriti, lasciandosi dietro le sofferenze patite dai soldati impauriti e rassegnati alla morte, proprio allora le nuove generazioni costruiranno l'alibi della negazione di un'evidenza storica della quale vergognarsi.
Questo è un film che parla di guerra. Che racconta la guerra. Che solo casualmente utilizza la grande guerra, per rispetto di un centenario che celebrarlo appare ancora più crudele di quanto abbia rappresentato nei ricordi di chi riuscì a tornare a casa. Che continueremo a scrivere in minuscolo perché di "grande" ci fu solo la follia patriottica innalzata nel

sangue di chi non comprese il senso e l'inutilità degli orrori che stava vivendo. Come in tutte le guerre.

Ermanno Olmi ha questa "grande" capacità umana di raccontarci l'orrore, senza mostrarci se non qualche macchia di linfa umana ovattata da un bianco e nero metalizzato dei monti innevati che dominano la scena, a cornice di una trincea che diventa vita, solidarietà. Paura.

E ci nasconde quel nemico da giustifica, che vorrebbe truccarsi da "guerra giusta". Ce ne fa sentire la presenza, intervallando momenti di silenzio e agghiaccianti esplosioni. Un nemico che striscia sottoterra, che illumina la scena con i bengala. Così vicino, da sentirlo respirare, come riflette un altro protagonista del film. Un nemico che Olmi ci mostra solo con immagini reali rubate ai cronisti di guerra dell'epoca. Quasi a volerci mostrare che, mai come in casi di atrocità, la realtà supera la più semplice immaginazione.

Roger Waters The Wall

Un film di Roger Waters, Sean Evans (USA 2015).

1 ottobre 2015, di Piero Buscemi

Siamo riusciti veramente ad abbattere i muri della nostra vita? È una domanda che continueremo a porci per sempre. Indirettamente, attraverso un gioco alla Monopoli, è una domanda che un fan dei Pink Floyd pone a Roger Waters e Nick Mason durante la coda del film. Come a pescare tra gli "imprevisti" e le "probabilità", la chiusura del cerchio, che a molti è sembrata più un'apertura, si realizza con i due componenti del gruppo, con un'immensa voglia di ripercorrere i vecchi tempi e di saperne ancora apprezzare le nostalgie tra un sorriso ed anche un umano disagio, a rispondere ad una serie di domande rivolte da svariati fan di tutto il mondo, attraverso internet.

È stato come ripercorrere una vita di emozioni, che molti hanno potuto godersi dal vivo durante i concerti che Waters ha portato in giro per il mondo nell'arco di oltre tre anni. Ammettiamolo, l'adrenalina scatenata dal veleggiare musicale che le urla disperate e mai rassegnate di Pink, il personaggio di questa opera autobiografica, ha invaso e, probabilmente invaderà dopo la visione del film, l'anima di milioni di persone che nel pianto di quel bambino settantenne davanti al ricordo del padre morto durante la Seconda Guerra, si sono riconosciuti.

Il film di Waters non deve essere confrontato con l'opera realizzata da Alan Parker nel 1982. Si rischierebbe l'errore di cercare lo sguardo vuoto di Bob Geldof, che interpretò Pink, su ogni mattone di quel muro che, brick by brick, si innalza davanti al pubblico, chiudendo il personaggio dentro le proprio paure, lasciando fuori un mondo che si illude di non provarne. Nel film di Parker, l'alter ego Geldof sostituì le titubanze e le remore di un giovane Waters, ideatore del progetto, ma "messo da parte" dall'esperienza artistica di Parker. Nel nuovo film, Waters prende in mano la sua vita; le allucinazioni di un'esperienza, che non ha vissuto a causa della guerra, e che non potrà mai vivere se non immaginandosela; le nostalgie di una tragedia che, inevitabilmente, ha segnato la sua vita; la voglia di comunicare, attraverso le immagini e la musica, un destino comune e tragico che non trova conforto in nessun folle motivo che possa giustificare una guerra.

Waters si espone direttamente, offrendo le sue lacrime al pubblico, metafora di un bisogno incontrollabile di aprirsi ad un mondo che ha provato, con le sue canzoni, a rendere migliore. Partendo da se stesso, andando oltre al semplice sfiorare la sensibilità di quei milioni di ascoltatori, riuniti in un'unica voglia di urlare la propria contrarietà alle ingiustizie e al dolore che la follia del potere non ha ancora messo a tacere. E lo fa allargando gli orizzonti della propria esperienza umana nel suo messaggio cosmopolita che, occorre uno sfacciato coraggio o una meschina vigliaccheria, per non essere compreso.

I simboli di quel potere che passa tra una falce e martello, una svastica, una mezza luna con stella, un simbolo di una famosa marca di automobile, una stella a sei punte o un marchio di una nota multinazionale del petrolio. Tutti a liquefarsi in un'unica striscia di sangue, che colora tragicamente l'esistenza di un'umanità senza più domande, e con tante risposte custodite in un passato che, stoltamente, si prova a rinnegare.

Non è colpa di Waters se ha adagiato la sua esistenza sul suo trauma infantile, che è quello di ogni essere umano. Una globalizzazione del dolore che ha roso i ricordi e tanti pezzi di vita rubati dallo scoppio di una bomba, o da una raffica di mitra o, più semplicemente, una baionetta ben piantata. No, non è colpa di Roger, il suo ostinarsi a gridare alle nuove generazioni se "Is there anybody out there?". La colpa dovremmo cercarla dentro di noi, prima ancora che nei signori della guerra.

Dovremmo cercarla nella nostra distrazione ed al nuovo istinto di assuefazione ad ogni genere di crudeltà che ha impoverito il nostro Dna.
"Sei riuscito ad abbattere i muri della tua vita?" - alla fine, a questa domanda, Roger Waters e Nick Mason risponderanno "Almeno in parte". E potremmo dire che sia già abbastanza. Ma un nuovo attacco ci giunge dall'esterno, da quel muro eretto nel 1979 con l'uscita dell'album The Wall, un attacco da chi quel potere, non lo vuole perdere. Roger ci avverte di questo nuovo pericolo, facendo scorrere sul muro-schermo del suo show la scritta "Big Brother is watching you". Perché qualcuno ha già piazzato la sua telecamera di sicurezza dentro il nostro muro di paure. Quanto meno, per accertarsi sulle nostre intenzioni.

Le Terre Rosse, un film di Giovanni Brancale

Interpreti del film sono due giovani attori, Valentina D'Andrea e Simone Castano, direttore della fotografia è Francesco Ritondale.

14 ottobre 2015, di Armando Lostaglio

Rionero in Vulture. Si sta girando in Basilicata, partendo dal Vulture - da Monticchio a Rionero - il nuovo film di Giovanni Brancale, "Le Terre Rosse", prodotto dalla Estravagofilm. Un film evocativo già dal titolo in quanto tratterà di luoghi come la Basilicata che nei secoli ha subito soprusi e prevaricazioni, ma che ha anche visto reazioni di massa come il Brigantaggio post-unitario, evento che la Storia non ha ancora del tutto chiarito e metabolizzato.

Il film del toscano Giovanni Brancale, (lucano di origini, è di Sant'Arcangelo) partirà proprio dal fenomeno postunitario, lambito in parte, per approfondire maggiormente le microstorie della comunità lucana. Le terre rosse è tratto dal romanzo Il Rinnegato dello scrittore lucano Giuseppe Brancale (1925-1979), padre del regista; segue le vicende di un personaggio, Giuseppe Prestone, e la sua comunità, in un arco temporale di poco meno di trent'anni, dal 1860 fino a 1887.

Il regista cerca dunque di analizzare un preciso periodo storico nella sua terra di origine, per raccontarne le vicende che hanno come elemento conduttore la terra, intesa come patria, luogo di origine ed "imprinting: terra di lavoro e sudore ma pure rossa di sangue. Il film viene girato interamente in Basilicata, alle pendici del Vulture, dove si sviluppò il fenomeno del Brigantaggio; quindi sarà ad Aliano, per omaggiare la figura di Carlo Levi, a Sant'Arcangelo e infine nei punti più arcaici dei Sassi di Matera, utilizzando, i volti, i costumi, la lingua, i luoghi che

ancora conservano assonanze storiche e culturali. La realizzazione del film si avvale della esperienza dello scenografo-artista Gaetano Russo e dispone della collaborazione attiva del CineClub "Vittorio De Sica", che da oltre venti anni opera nella diffusione della cultura cinematografica.
Interpreti del film sono due giovani attori, Valentina D'Andrea e Simone Castano, direttore della fotografia è Francesco Ritondale. Utilizzate anche molte comparse del luogo, grazie all'entusiastico apporto di Associazioni teatrali, come "I Briganti di Crocco", legata al fenomeno del Brigantaggio e la "Rivonigro". Il film di Brancale è il primo di una trilogia che la casa di produzione toscana Estravagofilm intende portare a compimento. Da diverso tempo opera nel settore della produzione cinematografica con la realizzazione di alcuni film quali Il Maestro e Margherita, La Formula, Nel nome del padre, Salvatore Rabbunì, diretti dallo stesso Brancale, che hanno riscosso un apprezzabile successo di critica e di pubblico.
Ora questa nuova prova, si ispira all'opera di Brancale senior. Recentemente la studiosa Elena Gurrieri ha dedicato 'In carte vivÈ (Mauro Pagliai editore) alcuni preziosi saggi a questo autore, la cui opera è stata presa in esame dal Centro studi umanistici guidato da Luca Nannipieri in Toscana, dal Premio Basilicata e dall'ateneo del Salento. Con la pubblicazione, nell'ottobre 2007, proprio del romanzo Il rinnegato, da cui viene tratto il film Le terre rosse, ha preso il via il progetto «Giuseppe Brancale. Opere complete» per Polistampa di Firenze, in quattro volumi.
Giuseppe Brancale è stato autore di quattro romanzi, oltre che di alcuni racconti, tutti ambientati in Basilicata, nella Valle dell'Agri (da alcuni anni in qua terra di estrazioni petrolifere) e di un saggio sulla Questione meridionale, che appassionò generazioni intere a partire dagli studi del meridionalista Giustino Fortunato, originario proprio di Rionero in Vulture. Le opere lasciate da Giuseppe Brancale coprono le vicende di due secoli, l'Otto e il Novecento, con una puntata, venata da tratti gotici, nell'età romana in Echi nella valle, pubblicato nel 1974. Per questo libro Carlo Levi, amico dello scrittore Brancale, disegnò il bozzetto di

copertina. 'Echi nella vallÈ ottenne il Premio della Presidenza del Consiglio dei Ministri.

Il tema di fondo che caratterizza il film di Brancale, per ispirazione connaturata, è dunque il ritorno nei luoghi, nella memoria, nella Storia, intrecciato alla dimensione della speranza. La sua trilogia cinematografica, dopo Le terre rosse, approfondirà il periodo storico degli anni '50 del secolo scorso, per concludersi quindi dagli anni '70 fino ad oggi: come filo conduttore le emigrazioni e le lotte sindacali nella continuità e nei confronti generazionali.

Irpinia, mon amour

Un film di Federico Di Cicilia. Con Franco Pinelli, Angelo Rizzo, Francesco Prudente, Luigi Capone, Sonia Di Domenico (Italia, 2015)

27 aprile 2016, di Lucio Garofalo

Presso la multisala di Mirabella Eclano ho seguito con curiosità la proiezione del film "Irpinia, mon amour", per la regia di Federico Di Cicilia, alla sua terza opera filmica, credo. Al termine del film si è svolto un dibattito con il regista: erano anni che non intervenivo in un cineforum e questo rappresenta già un elemento positivo. L'autore, originario di Villamaina, ha girato una sorta di focus sull'Irpinia. La pellicola ha l'indubbio merito di indurre gli spettatori a riflettere, a prendere consapevolezza della realtà che li circonda. Di questi tempi non è affatto poco.

Senza esagerare, il film riesce a scuotere le menti intorpidite, le coscienze assopite, lasciando perplessi, generando un miscuglio di sensazioni, stati d'animo e pensieri controversi. L'effetto emotivo è intenso. È un film di denuncia politico-esistenziale? Non solo. È una sorta di docufilm, di dossier o inchiesta cinematografica su un territorio devastato, ma che si può estendere anche ad altre periferie o altri Sud del mondo. La rappresentazione è a tratti ironica, grottesca e surreale, a tratti cruda e persino "paranoica", ma in ogni caso è efficace. La colonna sonora dei Jambassa ed altri musicisti irpini si impone ad infondere un'atmosfera paranoica e delirante.

Come, d'altronde, è l'Irpinia post-sismica. Puntuale è l'accostamento tra il sisma del 1980 e la guerra in Afghanistan, con scenari spettrali e desolanti, le violenze provocate su entrambi i fronti. Le vicende dei vari protagonisti, narrate secondo una struttura ad episodi, si intrecciano in una trama il cui denominatore comune è la noia o paranoia esistenziale. Per vincere la quale si inventano qualsiasi espediente: dalla militanza politica al rapimento di X, al suicidio in diretta streaming e via discorrendo. Con un sottofondo amaro di riferimenti espliciti (non casuali, bensì intenzionali) alla realtà, al macabro primato dei suicidi detenuto dall'Irpinia sul versante nazionale.

I personaggi che si muovono in un contesto sociale desertificato, circondato da paesaggi naturalistici spettacolari (da apprezzare le immagini fotografiche di alcuni luoghi irpini), sono interpretati da attori non professionisti, provenienti dalla strada e dalla vita reale, recitando sé stessi, secondo la tradizione del cinema neorealista italiano. Ma non è un film neorealista in senso classico. È un coacervo di contaminazioni, di influenze varie e molteplici, di citazioni e richiami cinematografici. Ed ai cinefili provvisti di una minima cultura storico-cinematografica non sfuggono tali riferimenti. È facile coglierli sin dall'inizio, già nel titolo, ispirato ad Hiroshima mon amour. Citando poi l'Armata Brancaleone nella scena esilarante (parodiata e paranoica) di Don Chisciotte e Sancho Panza contro le pale eoliche. Ed i Soliti Ignoti di Mario Monicelli. Fino ad Ovosodo di Paolo Virzì, con immagini di repertorio delle mobilitazioni del 2003 contro la guerra in Iraq. Forse sono ravvisabili pure richiami stilistici ad Ecce Bombo di Nanni Moretti. E via discorrendo.

Un prodotto indipendente come questo film, senza fini commerciali, non può avere la pretesa di racchiudere troppi contenuti estetici o sociali, ed ancor meno di suggerire ipotesi di soluzione dei problemi sollevati. Proposte che spetterebbero alle autorità competenti, ovvero alla sfera politico-amministrativa, ma non vengono elaborate, né applicate da chi dovrebbe. A riprova della grave latitanza degli enti pubblici locali, dell'indifferenza e dell'apatia, dell'impotenza delle istituzioni e delle amministrazioni di fronte ai drammi della precarietà e della disoccupazione giovanile, della nuova emigrazione, del triste record dei suicidi detenuto dalla nostra provincia, del crescente spopolamento e dell'invecchiamento delle popolazioni locali, dello spaesamento, ossia dello svuotamento di senso e di valore esistenziale che si avverte in comunità che un tempo potevano vantare un tessuto di reciproca solidarietà interpersonale ed una società a misura d'uomo.

Ma il dramma più profondo, allarmante, è precisamente la perdita di peso incisivo della politica, l'assenza delle istituzioni pubbliche, rinchiuse in un teatrino sempre più autoreferenziale, la loro distanza siderale dai bisogni concreti del territorio e delle popolazioni che lo abitano. Probabilmente, corro un po' troppo e rischio di valicare le intenzioni del regista stesso.

Junction 48

Un film di Udi Aloni (Israele, Germania, Usa - 2015) Con Tamer Nafar, Samar Qupty, Salwa Nakkara, Saeed Dassuki, Adeeb Safadi.

15 giugno 2016, di Piero Buscemi

Quando, alla fine del film, con il sottofondo la canzone simbolo del messaggio d'appello lanciato dal regista con la sua opera, si ha la sensazione di aver vissuto un'indimenticabile esperienza e che, non aver perso questa occasione, rappresenti una scelta indovinata tra le varie proposte di questa edizione del Film Festival di Taormina.

Sono quei due versi finali, ripetuti e sincopati, con una melodia che, quasi magicamente, riesce a miscelare la sonorità della lingua araba, liberandosi con un bisogno di speranza che, trasforma la morale della narrazione in un grido cosmopolita.
"Lasciateci vivere come noi siamo/lasciateci vivere come buoni" ha forse un'unica matrice d'ispirazione e un mondo intero di destinatari. Se, poi, come trapelato in questi giorni assistendo alla kermesse taorminese e confermato dalle parole di Harvey Keitel, la cultura e l'arte in qualsiasi forma possa rappresentare la rinascita di un mondo soffocato da un nuovo oscurantismo, il film al quale abbiamo assistito oggi pomeriggio, ne rappresenta la conferma.
Basterebbe citare il nome della cittadina di Lod, nominata all'inizio del film per risvegliare il nostro torpore ed indurci a cercarne le notizie su internet. Lo fa lo stesso rapper Kareem, il personaggio chiave del film che, canticchiando una canzone su un treno mentre è di ritorno a casa dal lavoro, in un verso invita a consultare Wikipedia, ma concedendoci solo due minuti "...prima che la polizia sia già lì".

E apprendiamo così i retroscena di questa piccola città, passata alle cronache per una strage compiuta da tre terroristi giapponesi il 29 maggio 1972, sembrerebbe per conto del Fronte di Liberazione della Palestina, e che causò 26 morti. Il film non cita la vicenda, ma il suggerimento di Kareem lo lascia supporre.

La vicenda si svolge proprio in questa località. Un luogo dove gli ebrei e i palestinesi vivono così a contatto che, quando hanno occasione di entrare in contatto, riescono a comprendersi usando indifferentemente i due idiomi. Non è soltanto una terra che accomuna queste due etnie, protagoniste da decenni di una guerra infinita. C'è la musica, quella più occidentale di tutti, quella che negli Stati Uniti ha consentito di raccontare storie di periferia e di ghetti del nuovo millennio.

È il rap, alternato alla sua forma danzante dell'hip hop, quella musica parlata che ci ricorda il grido disperato del popolo nero nelle piantagioni di cotone. Quella sorta di spiritual emancipato che ha consentito, in questi ultimi anni di giocare con le contraddizioni del mondo, a suon di ritmo campionato da milioni di computer.

Kareem, interpretato da Tamer Nafar, leader del primo gruppo rap palestinese, arrotonda i suoi guadagni, frutto di lavori improvvisati, con un'attività di spacciatore. Assistiamo ad un sequenza di immagini ritmate, come la musica di sottofondo pretende, che ci trascinano in serate di perdizione in feste, che troppo assomigliano ai nostri rave party. Ma veniamo catturati da un'innocente storia d'amore tra Kareem e Manar, alla quale affidare un futuro, che sarà migliore in ogni caso. Migliore di una fuga dalla polizia di un incidente stradale che cancellerà la figura del padre dalla vita del protagonista. Migliore di una madre sopravvissuta, condannata alla sedia a rotelle, che si illude di poter cambiare la tristezza in speranza, con riti mistici e pozioni miracolose.

Migliore, anche, dell'arroganza. Quella della polizia israeliana che distruggerà la casa di un amico del protagonista, per riciclarla in un'assurda ipocrisia, rappresentata da un Museo alla Convivenza da realizzare da quelle macerie. Quella che prova ad impedire alla dolcissima Manar di regalare la sua voce ad un pubblico, per colpa di un tradizionalismo familiare, che impedisci alle donne di rendersi "immorali". Migliore di una rassegnazione ad un destino ereditato da quel lontano 1948, che gli anziani provano a dimenticare e che i giovani, forse, neanche riescono a comprendere completamente.

Li ritroviamo, i nostri protagonisti, combattuti quasi per ironia della sorte, tra una rivendicazione di identità culturale, ed etnica, e il desiderio di rivincita sociale che può, che deve, che non può prescindere da quella nuova forma di musica ribelle, con la quale provare a trovare un contatto con chi, continuando a vedere come diverso, suona le stesse note di un'unica canzone.

"Una donna libera e il suo poeta" è un altro verso di un'altra canzone contenuta nel film, un verso di riflessione rivolto ad un razzismo senza più alibi, e ad una tradizione radicata in inutili assolutismi. Una riflessione che ci fa pensare davvero che, in questa guerra alla follia, perderemo tutti.

Può un film cambiare il mondo? Lo può una canzone rap? Lo spero. Sembra essere la risposta del regista israeliano, autore di questo film.

Celluloide: i personaggi

Chi è il cinema? Il regista che costruisce la storia, fotogramma per fotogramma? Lo sceneggiatore che ha stilato ogni singola scena ed ogni dialogo tra i personaggi? L'attore che interpreta provando a non personalizzare troppo la recitazione? O tutti questi interpreti messi insieme per raggiungere il risultato finale che delizieranno o deluderanno lo spettatore?

Per provare a dare una risposta, dedichiamo questa sezione a coloro che, in diversi ruoli, hanno dato vita a questo fantastico mondo. In celluloide, appunto.

Una breve carrellata di registi, attori e protagonisti del mondo del cinema. Molti ricordati per la loro creatività e la loro influenza su quei capolavori che resteranno sempre incisi sullo schermo e nel ricordo di milioni di appassionati.

Alcuni di loro, purtroppo, ci hanno già lasciato, ma proviamo a renderli immortali attraverso le loro biografie, il loro operato e il ricordo di chi ha avuto la fortuna di incontrarli.

Manfredi: quante cose che ci ha regalato

 *Difficile non pensare a Nino Manfredi come ad uno di famiglia*

9 giugno 2004, di Ugo Giansiracusa

Mi piacerebbe riuscire a scrivere qualcosa che non sia semplicemente un saluto o un ricordo. Perché proprio non voglio pensare che se ne è andato. Perché mi sembra quasi impossibile che non ci sia più. Se ho voglia di incontrare e vedere e salutare il Manfredi che aveva ancora poco più di trent'anni mi basta guardare "Gli innamorati" di Bolognini per ritrovarlo con ancora tutta una vita da vivere. E l'assurdo paradosso di incontrare qualcuno che non c'è più in un momento in cui io non c'ero ancora si può magicamente realizzare. Oppure posso cercarlo già quarantenne in uno dei tanti film che gli hanno permesso di far conoscere il suo grande talento come "Io la conoscevo bene", "Il padre di famiglia", "La ballata del boia". Se voglio posso cercare il dialogo con il Menfredi maturo di "Cafè Express", "Pane e cioccolato", "Per grazia ricevuta" e cercare di imparare qualcosa, della vita che ha vissuto, nei suoi occhi sempre un po' malinconici. Se lo desidero posso chiedergli di raccontarmi "Le avventure di Pinocchio" e immergermi, con lui, nel sogno della favola. Con lui posso ancora ridere o piangere o pensare o sognare. Potrò farlo in ogni momento.

Ovunque rivolga i miei ricordi posso riconoscere la sua fra le tante facce che hanno segnato la mia vita. Come una presenza quasi costante, come qualcuno di questa famiglia allargata e surreale che mi ha regalato la società dello spettacolo. Impensabile fare un seppur minimo riepilogo di una carriera e una vita che lo ha visto interprete di più di ottanta titoli cinematografici, di tante trasmissioni televisive, perfino di una lunga serie di spot pubblicitari che hanno impresso nella memoria quel "più lo mandi giù, più ti tira su" che è una citazione che in me ha quasi più valore di una qualsiasi di Platone o Socrate.

Mi vengono in mente, come onde sulla spiaggia, tante immagini, prese dai più disparati contesti, in cui Manfredi mi manda un sorriso, una parola, uno sguardo. Una dopo l'altra si susseguono immagini su immagini che mi è impossibile catalogare e fermare e considerale lontane. Quel suo sorriso aperto e sincero sotto quegli occhi che non sembravano mai poter essere felici. Quel suo parlare canzonatorio e pacato. Quei suoi gesti sereni e calmi e imperturbabili qualsiasi cosa avesse intorno. La sua capacità di trasformarsi in un'incredibile varietà di personaggi, dai più popolari ai più sofisticati, rimanendo sempre e comunque se stesso.

Sono sicuro che ognuno di noi sente Manfredi in maniera diversa e personale. La mia immagine è di un uomo che non si è mai preso troppo sul serio, che non ha mai tentato di lottare contro la vita ma di scherzarci e riderci sopra rendendosi conto che la partita è impari. L'immagine di uomo che cammina sempre col suo passo sia che intorno a lui nevichi o piova o splenda il sole. E mentre cammina si guarda intorno per trovare negli altri il suo prossimo personaggio, la prossima smorfia, la prossima battuta. Così che si formi un specie di cerchio magico in cui dalla gente prende ispirazione, la rielabora con il suo talento e poi alla gente la restituisce per regalare sorrisi e pensieri e sogni che non eravamo coscienti di possedere.

Ce la sto mettendo tutta per scacciare la tristezza e la rabbia. Per non pensare a Manfredi come qualcuno che non c'è più, per non pensarci come a qualcuno che negli ultimi 20 anni ha avuto pochissime possibilità di regalarci ancora qualcosa, per non pensare che sempre troppo tardi arrivano le parole e i ringraziamenti e i ricordi e magari i premi e le celebrazioni. Solo un attimo dedico al pensiero di quanto in più avrebbe potuto darci se troppo spesso, negli ultimi anni, non fosse stato dimenticato e relegato ad essere un simbolo di un cinema ormai lontano.

Concludo con un piccolo, personalissimo, ricordo. Perché è giusto dire, ricordare e affermare che anche attraverso uno schermo cinematografico si può essere vivi e veri e importanti e portare avanti le proprie idee. È stato grazie alla sua presenza, quasi gratuita, nel film "Colpo di luna" che ho conosciuto la comunità terapeutica Majeusis che tanto ha aiutato, in seguito, mio fratello. Ecco che l'uomo e l'attore Manfredi, come sempre ha fatto, si fondono in un'unica entità capace veramente di dare qualcosa a chi abbia voglia di ascoltarlo e guardarlo. Ed è veramente impossibile, in così poche parole, enumerare quante cose Manfredi ci ha regalato. Forse questa è un'operazione che ognuno di noi potrà fare in solitudine, magari guardando uno dei suoi tanti e splendidi film.

Sergio Citti, menestrello di borgata

 *Nel giorno della ricorrenza dei trent'anni dall'omicidio Pasolini, ricordiamo Sergio Citti. Prima che il tempo e l'oblio facciano il loro corso.*

3 novembre 2005, di Piero Buscemi

Lo ricordiamo così, tra l'andare cencioso, tra polvere, palazzi in costruzione, acque reflue e bambini a piedi scalzi a sguazzarci dentro. Sullo sfondo, una periferia in trasformazione. Specchiata sugli occhi del fratello Franco, in "Accattone" (1961). Gli stessi che chiesero giustizia e verità, per trent'anni. Così profondi e sinceri, davanti alla telecamera del TG3, durante una delle ultime interviste rilasciate.
Sergio Citti raccontava storie. Vere. Raccogliendo per strada umanità di "contorno" e lasciando ad altri, creatività e fantasia da mettere nei libri. Citti le ascoltava le storie. Nei vicoli nascosti di una Roma che, nelle pozzanghere dimenticate, aveva vissuto la seconda guerra mondiale e per la quale, negli anni '60, il "boom" era solo il ricordo delle bombe che rintronava nelle orecchie.
Sì, Sergio Citti raccontava storie. Storie di umili e di vita. Come quelle della Trilogia della vita che, dal 1970 al 1974, consegnò agli schermi i capolavori "Il Decameron", "I racconti di Canterbury" e "Il fiore delle Mille e una notte". Capolavori scritti a quattro mani con Pasolini, dove ladri, laici viziosi ed uomini di chiesa, uniti nel raggiro e nell'avidità, sono i protagonisti principali di una vita che si mescola tra il bene ed il male. Senza una netta distinzione.
Lunga la lista di attori, registi e sceneggiatori che devono a Citti il battesimo del cinema di cultura. Da Ninetto Davoli a Michele Placido. Da Gigi Proietti a Francesco Nuti. Da Serena Grandi ad Enrico Montesano. Molti altri devono a lui, un nuovo modo di fare cinema, tra ispirazione

neorealiste che riprendono la scia di maestri del calibro di De Sica, e il desiderio-necessità di raccontare le ambiguità della vita. E le sue contraddizioni.

Con la morte di Sergio Citti, scompare un pezzo di Italia di borgata con i suoi personaggi duri da digerire. Un altro pezzo di Italia dei "misteri". Come l'uccisione dell'amico Pasolini, infangata di menzogna e gratuito disprezzo. La stessa menzogna che colorò per anni i personaggi "veri" dei suoi film.

La stessa che ha trasformato una storia di omicidio politico in una storia sbagliata (grazie De André!) di sesso e vizio di una folle notte di periferia.

La stessa che gli ha impedito di raccontare la sua versione su questo omicidio culturale.

La stessa, che cerca un nuovo menestrello per essere smentita.

Tom Cruise a Roma

Mentre eravamo in giro per Roma, il 24 aprile 2006, abbiamo incocciato Tom Cruise

30 aprile 2006, di Victor Kusak

Giornata di folla a Piazza Santi Apostoli: oltre alla normale animazione di giornalisti, fotografi e cineoperatori attendati in attesa per i leader dell'Unione che entrano negli uffici al numero 73 - abbiamo incontrato Romano Prodi, attorniato dalla scorta di segretari e giornalisti -, poco più in là, al numero 66 sede dello storico palazzo Colonna (sede anche del Museo delle cere), abbiamo incocciato Tom Cruise.

Tom Cruise è arrivato insieme agli altri protagonisti del cast, con un corteo di sette Mercedes nere, scortatissimo. La star americana ha presentato a Palazzo Colonna, in anteprima mondiale, 'Mission Impossible III' che sarà nelle sale di tutto il mondo dal 5 maggio (in Italia sara' distribuito dalla Uip in 600 copie). Noi lo abbiamo incontrato casualmente mentre usciva da Palazzo Colonna, ce lo siamo trovati di fronte che tendeva la mano: subito dopo, il boato delle fans che ha sommerso tutti. Cruise è stato molto simpatico e disponibile, piccoletto e con gli occhiali scuri, ha stretto le mani a tutti.

La vera 'mission impossible' della sua vita ha dichiarato alla stampa Tom Cruise "È stata venire qui a Roma. Non volevo lasciare la mia bambina". "Sono io che cambio i pannolini a Suri, sono stato il primissimo a farlo. Katie la allatta e io le faccio fare il ruttino e cambio i pannolini. Tra noi un vero lavoro di squadra".

Cruise, venuto in Italia accompagnato dai figli adottivi Isabelle e Condor, è rimasto a Roma "solo per otto ore", come lui stesso ha confermato. Nel pomeriggio show a Piazza del Popolo, dove ha rilasciato interviste ai giornalisti tv accorsi da ogn parte del mondo (erano circa 500 accreditati).

A sera premiere del film all'Adriano di Roma, alla presenza del regista J.J. Abrams e parte del cast tra cui Michelle Monaghan, Jonathan Rhys-Meyer e il fresco premio Oscar Phillip Seymour Hoffman.

Tom Cruise (il suo nome completo è Thomas Cruise Mapother IV) è nato il 03/07/1962 (segno zodiacale: Cancro) a Syracuse, New York, Stati Uniti. Come regista ha diretto "Fallen Angels" (serie televisiva) nel 1993. Come sceneggiatore Giorni di Tuono (1991). Per la serie di Mission Impossible è anche produttore. Ha iniziato come attore con Taps - Squilli di Rivolta, regia di David Shawn (1981). È stato sposato con Nicole Kidman. Nel 1990 ha aderito a Scientology. Per il suo contributo all'industria dello spettacolo, gli è stata intitolata una delle stelle a cinque punte che compongono la Hollywood Walk of Fame.

Elio Petri, appunti su un autore

 *Un film di Federico Bacci, Nicola Guarneri e Stefano Leoni.*

19 ottobre 2006, di Antonio Cavallaro

"Elio Petri: ... appunti su un autore" è un film documentaristico uscito già da qualche mese per la collana Real Cinema della Feltrinelli. Chi è Elio Petri? Nella quarta di copertina della confezione del DvD, viene definito come "uno dei quattro o cinque registi mondiali che abbiamo avuto"; e questa è un'affermazione assolutamente vera, come innegabile è quella che segue e cioè che Petri: "sia oggi pressoché dimenticato...".
Avvalendosi della preziosa collaborazione della moglie Paola, che nell'introduzione del libro allegato 'Un amore lungo' (contenente tre scritti inediti di Petri) racconta di come una sera le piombarono in casa tre giovanotti con l'intenzione di realizzare un documentario sulla vita artistica del marito, il film è un sincero e appassionato tributo al cinema di questo grande autore, fatto cercando di "...ricomporre un puzzle le cui tessere sono sparpagliate per il mondo".
Dall'Assassino al progetto rimasto incompiuto 'Chi illumina la grande notte', il film ne ripercorre la carriera, ma grazie anche all'archivio privato messo a disposizione dalla moglie, con fotografie e super8, fornisce un ritratto misurato e discreto dell'uomo, la cui ammirazione riecheggia nelle sentite testimonianze di chi in quegli anni per amicizia o lavoro gli fu vicino, accomunate da un fondo di malinconia per la figura di un autore rimasto senza pari, ma soprattutto per una scomparsa troppo prematura, quando era il 1982 ed Elio Petri aveva solo 53 anni.
Intellettuale onnivoro di formazione comunista, amante delle arti figurative e della letteratura americana, Petri nel cinema fu un autodidatta, non frequentò mai nessuna scuola di cinema, imparò il

mestiere del regista dal fondamentale rapporto di collaborazione che ebbe con di Peppe De Santis, vero e proprio padre artistico per Petri. Dotato di un originale sguardo cinematografico e di un non comune senso del movimento della macchina da presa (Hello Dolly era il suo soprannome) che faceva di lui un regista anacronistico nel panorama del cinema italiano, i suoi film sono sguardi stimolanti e mai compiaciuti sulla schizofrenia contemporanea che avvolge le dinamiche che muovono la società, attraverso una coraggiosa capacità di rappresentazione, estrema, spiazzante, suggestiva, il cui unico limite era forse di essere del tutto in anticipo rispetto al tempo in cui vennero realizzati, ma che li rendono a distanza di decenni ancora attuali e moderni.

Realizzare un documento su Petri e sulle sue opere, significa anche fornire uno spaccato sull'Italia di quel periodo. Il cinema di Petri esiste quando ancora in Italia esisteva un Cinema forza espressiva, vivo malgrado i dovuti distinguo, sfaccettato e intraprendente, quando i film segnavano, la settima arte era attraversata da un dibattito critico lontano anni luce dall'attuale morte cerebrale e il grande schermo non aveva ancora accusato la trasfigurazione in specchio fasullo e mendace. I diversi livelli che interagivano nella società erano più ricettivi ma allo stesso modo anche più attenti, si era ancora ben lontani dall'ottundimento generale dei nostri giorni, dallo sviluppo di frustrazioni sedative. Per questo motivo il talento di Petri era potuto emergere, e per le stesso motivo incontrava difficoltà ad ogni nuovo passo.

Le continue attenzioni che la Censura rivolgeva ai suoi film, i rapporti di amore e odio con i produttori: la lunga mano dei Ponti e dei De Laurentis, a cui non si poteva sempre scampare, come aveva amaramente imparato in film come 'La decima vittima' o 'Il maestro di Vigevano'; la complicità trovata in Goffredo Lombardo ne 'L'Assassino'; il contributo economico dell'industriale della piastrella Zaccariello, grazie al quale poté fare 'A ciascuno il suo', primo film ad essere tratto da un racconto di Sciascia; la folle adesione di Daniele Senatore al progetto di 'Indagine su un cittadino al di sopra di ogni sospetto', che impiegò i soldi del padre generale per la realizzazione. Fino ad arrivare alla rottura con la critica cinematografica.

Negli ultimi anni Petri realizzò quelli che lui stesso definì "film sgradevoli"; erano gli anni settanta, gli anni della contestazione. 'La classe operaia va in paradiso' e 'La proprietà non è più un furto', furono considerati dalla critica di sinistra film pericolosi, qualcuno parlò anche di film reazionari, non comprendendone il grado di provocazione. Petri si sentì abbandonato anche dallo stesso ambiente cinematografico che in quegli anni non perdeva occasione per dimostrarsi attento alle istanze provenienti dal tessuto sociale, partecipando ai dibattiti nelle fabbriche e cercando d'attuare processi di palingenesi anche all'interno delle proprie istituzioni.

Con 'Todo Modo' arrivò anche la "scomunica" dal P.C.I., da cui era uscito nel 1957 dopo i fatti d'Ungheria. Ispirato a un altro racconto di Sciascia, 'Todo Modo' rappresentava in maniera cruda la deriva politica e di potere della classe dirigente della Democrazia Cristiana, che comincia ad assassinarsi durante lo svolgimento di fantomatici esercizi spirituali mentre fuori un "virus sconosciuto" continua a mietere vittime tra la popolazione. Uscito nel periodo in cui si cercava di realizzare il 'Compromesso Storico', il film ricevette attacchi durissimi da una parte e dall'altra che emarginarono Petri una volta per tutte. Il pessimismo e l'angoscia di 'Buone Notizie', ultimo film, rappresentano la disillusione, la totale perdita di fiducia nella società di un uomo che forse sentiva già vicina la fine.

Ricco di curiosità e aneddoti e impreziosito da alcuni brani estratti dalle pagine di "E tu chi eri?" di Dacia Maraini, purtroppo a questo bel documentario su Petri devono mancare le testimonianze dei suoi tre attori più cari: Marcello Mastroianni, protagonista de 'L'assassino', cacciatore biondo ne 'La decima vittima', "prete cattivo" in 'Todo Modo'; Salvo Randone, attore siciliano protagonista del suo primo capolavoro 'I giorni contati' (ispirato alla figura del padre), interprete di ruoli chiave in molti altri suoi film e naturalmente Gianmaria Volontè, con cui Petri ebbe un rapporto contraddistinto da duri scontri ma anche da grande affetto. Volontè fu più di un alter- ego per il suo cinema, fornendo prove indimenticabili: dall'intellettuale incapace di comprendere il fenomeno

mafia in 'A ciascuno il suo', al commissario di 'Indagine', l'alienato operaio Lulu di 'La calasse operaia' fino al "Presidente" di 'Todo Modo'.
Dunque chi era Elio Petri? Un intellettuale atipico, un personaggio scomodo per certi versi. Un autore cinematografico che nella sua carriera ha vinto Oscar, Festival di Cannes, Globo d'Oro, Nastri d'Argento, premi al Festival di Berlino ecc. ecc., e che sembra essere stato buttato via. La domanda da cui gli autori sono partiti e che li ha portati alla realizzazione di questo documentario (che non ha l'obiettivo di rivalutarlo, "perché Elio Petri ha valore in sé") è: perché i film di Petri sono irreperibili? Questa domanda aleggia nell'atmosfera alla fine del documentario, c'è chi parla di una nuvola di ingiustizia, chi non riesce a capire...
Chi scrive, ogni volta che ha chiesto di Elio Petri si è sentito rispondere da appassionati, commessi graduati, sedicenti interpreti dei nostri giorni: "Chi? È un regista spagnolo..? Che cosa ha fatto?". Niente, non ha fatto niente, se non il suo mestiere nella maniera più coerente, mettendoci dentro tutto l'impegno che un regista rispettoso del pubblico può dare, ponendosi domande, non abbassando mai la guardia, riflettendo e facendo riflettere. Magari verrà un tempo in cui quei quattro, cinque che in Italia sono l'intellighenzia (o come c###o si scrive) decideranno di farlo uscire dal limbo e potremmo, un sabato o una domenica, sentirne parlare Vincenzo Mollica a Dc Re Ciak Gulp, mentre ci propina l'ennesimo capolavoro del nostro cinema e della nostra musica, fra Paperino e Topolino che ballano in un cartone in bianco e nero.
Rispondendo a se stesso all'affermazione 'negli ultimi anni ho fatto film sgradevoli', Elio Petri continua: 'Si, film sgradevoli in una società che ormai chiede gradevolezza a tutto, persino all'impegno. I miei film, al contrario, oltrepassano addirittura il segno della sgradevolezza. A cosa è imputabile tutto questo? Perché faccio film così? Evidentemente è per via di una netta sensazione di essere arrivato al punto in cui mi pare che tutte le premesse che c'erano quando io ero ragazzo, si siano proprio vanificate. La società ha preso tutto un altro indirizzo, e in me questo non poteva non lasciare una traccia profonda'.

FILMOGRAFIA: Nasce un campione (cortometraggio, 1954); I sette contadini (cortometraggio, 1957); L'assassino (1961); I giorni contati (1962); Il maestro di Vigevano (1963); Peccato nel pomeriggio (episodio di Alta infedeltà, 1964); la decima vittima (1965); A ciascuno il suo (1967); Un tranquillo posto di campagna (1968); Indagine su un cittadino al di sopra di ogni sospetto (1970); La classe operaia va in paradiso (1971); La proprietà non è più un furto (1973); Todo modo (1976); Le mani sporche (film tv, 1979); Buone notizie ovvero la personalità della vittima (1979).

Paul Newman: si è spenta l'icona hollywoodiana dagli occhi blu

 *Tra i tanti articoli apparsi su web, abbiamo scelto questo di Nino Minoliti, tratto dal sito della Gazzetta dello Sport (www.gazzetta.it) per ricordare una delle più grandi star del cinema americano.*

27 settembre 2008, di Redazione

"Stamani alle 7.30 ho ricevuto una mail dall'America che mi ha fatto sapere che Paul Newman non è più tra noi". Con queste parole Vincenzo Manes, presidente della fondazione Dynamo Camp di Limestre (Pistoia), che fa parte dell'organizzazione internazionale di solidarietà fondata dall'attore americano, ha annunciato la morte di Paul Newman alla festa annuale della fondazione. Dagli Stati Uniti è arrivata poi la conferma ufficiale.
Gli occhi più blu di Hollywood si sono chiusi per sempre. All'età di 83 anni, è morto nella sua villa di Westport, in Connecticut, Paul Newman, una delle ultime leggende del cinema. Da tempo malato di un tumore ai polmoni, aveva deciso recentemente di lasciare il Weill Cornell Medical Center di New York, dove si era sottoposto all'ultimo ciclo di chemioterapia, per andare a morire nel suo letto.

MALATTIA - Le immagini che lo ritraevano sulla sedia a rotelle mentre lasciava l'ospedale avevano fatto il giro del mondo, facendo stringere il cuore a quanti – e sono milioni - lo hanno amato sul grande schermo e ammirato nella vita pubblica, per la sua generosità e il sostegno a tante cause umanitarie. Newman è stato infatti un punto di riferimento per almeno tre generazioni di pubblico maschile (e un oggetto del desiderio per altrettante di quello femminile), mentre gli spettatori più giovani ne hanno potuto apprezzare il carisma ancora intatto nelle sue ultime apparizioni (come in "Le parole che non ti ho detto", del 1999, o in "Era mio padre", del 2002), dove non aveva alcuna remora a mostrarsi con i capelli bianchi e le rughe che gli segnavano il volto, ancora bellissimo.

SOLIDARIETA' - Star sul grande schermo, ma anche impegnato tutti i giorni a favore dei più deboli: nel 1982 fondò un'azienda alimentare specializzata in produzioni biologiche, che ha ricavato finora 250 milioni di dollari, devoluti in beneficenza. Senza dimenticare la sua attività a favore della libertà di espressione, di culto e di stampa. Questo era Paul Newman.

CARRIERA - Tra l'epilogo e l'inizio della sua carriera, ci sono cinquant'anni di cinema e di interpretazioni memorabili. Dall'esordio nel 1954, con "Il calice d'argento", nel quale sostituì all'ultimo momento Marlon Brando, seguito due anni dopo dal primo grande successo, "Lassù qualcuno mi ama", dove interpretava in modo straordinariamente efficace il pugile mondiale dei medi Rocky Graziano, ai cult di fine anni Cinquanta ("La lunga estate calda", "Furia selvaggia", "La gatta sul tetto che scotta"), la traiettoria dell'attore di Cleveland si è snodata attraverso diversi personaggi. Dapprima tormentati e ribelli, eredità di quello stile appreso all'Actor's Studio di Lee Strasberg, poi sempre più sfaccettati e complessi, mai comunque banali o scontati.

CAPOLAVORI - Così sono arrivati i capolavori degli anni Sessanta, forse il periodo più fecondo di Newman: "Lo spaccone", "Hud il selvaggio", "Il sipario strappato", "Nick mano fredda", forse la sua interpretazione più bella in assoluto. Di questo periodo è anche "Indianapolis pista infernale" (1969), seconda incursione nel genere sportivo: stavolta interpretava, senza controfigura, un pilota in crisi coniugale (recitava accanto a Joanne Woodward, che aveva sposato nel 1958 in seconde nozze, dopo 9 anni di matrimonio con Jackie Witte, e che gli è rimasta accanto per il resto della vita) dando sfogo alla sua grande passione, i motori.

MOTORI - Una passione che coltivava assiduamente nella vita di tutti i giorni, tanto che nel 1979 partecipò con una sua scuderia alla 24 ore di le Mans, e su una Porche 935 guidata insieme a Rolf Stommelen e Dick Barbour si classificò secondo. E nel 1995, quindi a 70 anni, vinse la 24 Ore di Daytona per la classe GTS, diventando il più anziano pilota di un team vincente in quella competizione. Dieci anni dopo, sempre a Daytona, uscì illeso dall'incendio che distrusse la sua Crawford durante una sessione di prove: una disavventura che non smorzò la sua passione.

OSCAR - A cavallo tra gli anni Sessanta e i Settanta, diede vita in coppia con Robert Redford a due film memorabili: "Butch Cassidy", western malinconico e crepuscolare dall'indimenticabile colonna sonora di Burt Bacharach, e "La stangata", nel quale dimostrò di essere anche uno straordinario interprete di commedia brillante. Tutti lavori per i quali avrebbe tranquillamente meritato l'Oscar, che invece arrivò soltanto nel 1987 per "Il colore dei soldi", ideale sequel dello Spaccone, diretto da Martin Scorsese, dove il vecchio campione di biliardo faceva da maestro a un altro sex symbol, l'emergente Tom Cruise. Fu questa, unitamente a quella ottenuta nell'86 per la carriera, l'unica statuetta che Hollywood gli volle riconoscere, colmando in grave ritardo un vuoto scandaloso.

AMORE PER IL FIGLIO - Nel frattempo Newman era ancora tornato al genere sportivo ("Colpo secco", del 1977, è una bella pellicola ambientata nell'hockey ghiaccio professionistico), mettendo poi il suo talento a disposizione di grandi registi (Sydney Pollack, Sidney Lumet) per pellicole di spessore ("Diritto di cronaca", "Il verdetto") dove si era fatta apprezzare la sua maturità di uomo e di attore, indurita dal grande dolore provato per la morte dell'unico figlio maschio, Scott, scomparso nel 1978 per overdose. Proprio a Scott, nel 1984, aveva dedicato uno dei rari film da lui diretti, "Harry & Son", storia di un complicato amore tra padre e figlio che s'interrompeva per la morte del primo, finale che certamente Newman avrebbe scelto anche per la realtà. Non ebbe questa fortuna, ma ora i due sono assieme lassù dove li amano.

Nino Minoliti

Totò

Il 15 aprile 1967 moriva a Roma, Antonio Griffo Focas Flavio Dicas Commeno Porfirogenito Gagliardi De Curtis di Bisanzio, altezza imperiale, conte palatino, cavaliere del sacro Romano Impero, esarca di Ravenna, duca di Macedonia e di Illiria, principe di Costantinopoli, di Cicilia, di Tessaglia, di Ponte di Moldavia, di Dardania, del Peloponneso, conte di Cipro e di Epiro, conte e duca di Drivasto e Durazzo.

14 aprile 2010, di Redazione cinema

Il ricordo di Edoardo De Filippo da Paese Sera del 1967, tratto dal sito www.antoniodecurtis.com

Erano più colorate le strade di Napoli, più ricche di bancarelle improvvisate di chioschi di acquaioli, più affollate di gente aperta al sorriso allora, quando alle dieci di mattina le attraversavo a passo lesto - avevo quattordici anni - per trovarmi puntuale al teatro Orfeo, un piccolo, tetro, e lurido locale periferico, dove, in un bugigattolo di camerino dalle pareti gonfie di umidità, per fare quattro chiacchiere tra uno spettacolo e l'altro, mi aspettava un mio compagno sedicenne che lavorava là.
Oggi è morto Totò. E io, quattordicenne di nuovo, a passo lento risalgo la via Chiaia, e giù per il Rettifilo, attraverso piazza Ferrovia... Entro per la porta del palcoscenico di quello sporco locale che a me pare bello e sontuoso, raggiungo il camerino, mi siedo e mentre aspetto ascolto a distanza la sua voce, le note della misera orchestrina che lo accompagna e l'uragano di applausi che parte da quella platea esigente e implacabile

a ogni gesto, ogni salto, ogni contorsione, ogni ammiccamento del « guitto ». Do un'occhiata attorno; il fracchettino verde, striminzito, è lì appeso a un chiodo: accanto c'è quello nero. Quello rosso, glielo vedrò indosso tra poco, quando avrà terminato il suo numero. I ridicoli cappellini... A bacchetta, a tondino... e nero, marrone, e grigio... sono tutti allineati sulla parete di fronte... Manca il tubino: lo vedrò tra poco. Il bastoncino di bambù non c'è: lo avrà portato in scena. E lì, sulla tavoletta del trucco? Cosa c'è in quel pacchetto fatto con la carta di giornale? È la merenda, pane e frittata.

E la miserabile musica continua, e la sua voce diventa via via ansiosa di trasportare altrove quella orchestrina di moltiplicarla. Dal bugigattolo dove mi trovo non mi è dato vederlo lavorare, ma di sentirlo e immaginarlo com'è, come io lo vedo come vorrei che lo vedessero gli altri. Non come una curiosità da teatro, ma come una luce che miracolosamente assume le fattezze di una creatura irreale che ha facoltà di rompere, spezzettare e far cadere a terra i suoi gesti e raccoglierli poi per ricomporli di nuovo, e assomigliare a tutti noi, e che va e viene, viene e va, e poi torna sulla Luna da dove è disceso.

Ora sono travolgenti gli applausi e le grida di entusiasmo di quel pubblico: il numero è finito. Un rumore di passi lenti e stanchi si avvicina, la porticina del bugigattolo viene spinta dall'esterno.

Egli deve aprire e chiudere più volte le palpebre e sbatterle per liberarle dalle gocce di sudore che gli scorrono giù dalla fronte per potermi vedere e riconoscere, e finalmente dirmi: «Edua', stai cca'! » E un abbraccio fraterno che nel tenerci per un attimo avvinti ci dava la certezza di sentire reciprocamente un contatto di razza. E le quattro chiacchiere, quelle riguardavano noi due, le abbiamo fatte ancora per anni, fino a pochi giorni fa.

Dennis Hopper

 *Sono delle persone come noi, e vengono dal nostro sistema solare. Solo che la loro società è più evoluta della nostra. Voglio dire che non hanno guerre, non hanno sistema monetario, e soprattutto non hanno capi: perché ognuno di loro è un capo.*

30 maggio 2010, di Orazio Leotta

Pensi a Dennis Hopper e ti viene in mente Easy Rider, film cult e vero e proprio manifesto di quegli anni. Formidabili, quegli anni, direbbe l'amico Capanna. E te lo ricordi bene Dennis, coi suoi occhi azzurro ghiaccio, capelli al vento, dinoccolante nell'andatura, prototipo degli hippies anni '60.
Era repubblicano, ok, ma quando è troppo è troppo, ed anche lui fu costretto a prendere le distanze da Bush e schierarsi a favore di Obama nelle ultime elezioni made in Usa. Attore versatile, ma anche regista: avrebbe potuto interpretare il mafioso come il cow-boy, lo spaccone come il reduce di guerra, il difensore della legge o il lupo solitario.
Avesse avuto qualche decennio di meno, Tarantino l'avrebbe avuto ospite fisso nei suoi film, un po' come Almodovar con Penelope Cruz. Nato nel 1936, esordisce, anticonformista qual era, guarda un po' il destino, assieme a James Dean, in "Gioventù Bruciata" e poi l'anno dopo ne "Il Gigante". Poi tutta una serie di lungometraggi per giungere a quell'icona incontrastata a cavallo degli anni sessanta/settanta di Easy Rider (regista e attore protagonista).
Passano dieci anni e te lo trovi pure in Apocalypse Now, fotoreporter d'assalto. E poi "Rusty il Selvaggio", "Osterman weekend", "Il Corvo 4", "Lezioni d'amore" solo per citare alcuni dei suoi innumerevoli lavori.

Stimatissimo da Wim Wenders, che lo volle prima ne "L'amico Americano", l'indimenticabile Tom Ripley e poi recentemente finanche in "Palermo Shooting".

È stato uno dei più grandi e pensare che ha avuto in carriera solo una nomination quale miglior attore non protagonista per "Colpo vincente". Il cancro alla prostata ce l'ha portato via. Bye Bye Dennis, hai parcheggiato la tua moto forse per sempre. Adesso riposati un pò, perché non si sa mai, nell'aldilà c'è ancora da andare veloce...

Tiberio Murgia: addio a "Ferribotte"

Tiberio Murgia, uno dei più popolari caratteristi italiani, si è spento ieri a Roma all'età di 81 anni.

21 agosto 2010, di Orazio Leotta

Tiberio Murgia, uno dei più popolari caratteristi italiani, si è spento ieri a Roma all'età di 81 anni. Sardo di Oristano, visse un'infanzia difficile e piena di stenti. Ben presto fu costretto a procacciarsi il necessario facendo i lavori più umili dal garzone di falegnameria al lavapiatti e addirittura, il minatore emigrando in Belgio.
Tornato a Roma fu ripagato dalla sorte quando presentatosi a un provino di Monicelli, che cercava un siciliano tutto d'un pezzo per quello che poi sarebbe diventato un capolavoro della comicità italiana, ossia "I Soliti Ignoti", venne prescelto.
La pellicola fu un successo non solo grazie ai protagonisti quali Totò, Salvatori, Mastroianni e Gassman ma anche agli esordienti fra cui Murgia, "Ferribotte" nel film, che si appiccicò quel ruolo di siciliano pedante, petulante, oltremodo geloso, dallo sguardo curioso e sospettoso, che fu al tempo stesso per lui un limite, ma anche un veicolo di successo e di garantita carriera, anche se a causa delle inevitabili inflessioni sarde alcuni registi preferivano doppiarlo.
Caratterista dall'immediata simpatia comunicativa, dopo "I Soliti Ignoti", lo vediamo nel sequel di Nanni Loy "L'audace Colpo dei Soliti Ignoti", in "Costa Azzurra" di Vittorio Sala, in cui non smette di "controllare" la bellissima moglie (Giorgia Moll) durante il viaggio di nozze ma che non disdegna attenzioni verso le spogliarelliste di un night club.
"La Grande Guerra" sempre di Monicelli, "Il raccomandato di Ferro" di Marcello Baldi, "Genitori in blue jeans" di Camillo Mastrocinque dove interpreta un curioso brigadiere, "Ferragosto in bikini" di Marino

Girolami, dove si cala nei panni di un agente col compito di salvaguardare la morale, pronto a redarguire le succinte ragazze in bikini ma anche pronto ad osservarle con una certa "acquolina in bocca".

Può vantare collaborazioni artistiche anche con Paolo Villaggio, Monica Vitti, Edwige Fenech, Lando Buzzanca, Celentano e perfino con Peppino de Filippo e Louis De Funes. Alcune sue battute sono diventate veri e propri cult come: "Signorine, non vi vergognate a portare quei due pezzi...", rivolgendosi a due ragazze in spiaggia in costume da bagno (disposte pure a toglierselo) in "Ferragosto in bikini", o sempre nello stesso film, il celebre "Cufù cufù...circolare se non volete finire tutti in guardina " ma la più esilarante resterà sempre "Certo, certissimo, anzi ... probabile" nelle sequenze finali de "L'Audace colpo dei soliti ignoti", che ha sua volta ha dato il titolo a un film con la Spaak e la Cardinale.

Dino De Laurentiis

 *Agostino detto Dino, figlio di un pastaio torrese, iniziò giovanissimo a commerciare la pasta e durante il fascismo, subito dopo l'inaugurazione del Centro Sperimentale di Cinematografia di Roma, intraprese una breve carriera di attore.*

11 novembre 2010, di Orazio Leotta

Il grande produttore Dino De Laurentiis ci ha lasciato oggi, all'età di 91 anni. Era di Torre Annunziata, dove aveva visto la luce l' 8 Agosto del 1919 . È stato un grande italiano e un grande napoletano. Quando l'Italia gli chiuse le porte, andò a vivere in America e ripartì da zero, riuscendo a fare tutto quello che, negli ambienti del cinema e non, è ben noto.
E conservò sempre, pur vivendo in America, il suo accento napoletano, esprimendosi in un singolarissimo inglese. Il modo migliore per ricordarlo è elencare le sue produzioni a cominciare da Riso Amaro e continuando con Guardie e Ladri, Anna, Totò Terzo Uomo, La Lupa, Miseria e Nobiltà, L'Oro di Napoli, Un Americano a Roma, La Strada, Le Notti di Cabiria, La Grande Guerra, Una Vita Difficile, Serpico, Flash Gordon, Hannibal e tantissime altre, circa 700.
Agostino detto Dino, figlio di un pastaio torrese, iniziò giovanissimo a commerciare la pasta e durante il fascismo, subito dopo l'inaugurazione del Centro Sperimentale di Cinematografia di Roma, intraprese una breve carriera di attore, virando poco dopo verso quella del produttore, cosa che gli diede ben presto fama internazionale, culminata con due premi Oscar per il miglior film straniero con La Strada e Le Notti di Cabiria. Leone d'Oro alla carriera alla Mostra Internazionale del Cinema di Venezia del 2003, dove tuonò contro i registi italiani, troppo attenti ai giudizi della stampa piuttosto che ad ascoltare l'anima dello spettatore.

Del suo lavoro, come non ricordare l'accoppiata Ponti-De Laurentiis nata nel 1948 insieme all'amico Carlo Ponti, che sfornò capolavori come La Grande Guerra di Mario Monicelli, Leone d'Oro a Venezia nel 1959 e poi Totò a Colori, il primo film a colori del cinema italiano (primato ottenuto bruciando sul filo del rasoio La Carrozza d'Oro, della Panaria Film), Europa '51 di Roberto Rossellini, Anni Facili di Luigi Zampa oltre ai già citati due premi Oscar. Famosi in tutto il mondo anche i suoi studi cinematografici "Dinocittà", vicino a Roma, dove furono girati numerosi film anche con "star hollywoodiane" In America "emigra" all'indomani della Legge Corona del 1972 che premia coi contributi statali solo i film di intera produzione italiana (fino ad allora era necessario il 50%).

E lì, dopo aver fondato la De Laurentiis Entertainment Group, un'altra sfilza di capolavori: Body of Evidence, I Tre Giorni del Condor, Serpico, il remake di King Kong, Ore Disperate, L'Anno del Dragone tanto per citarne qualcuno. Fu sposato prima con l'attrice Silvana Mangano, protagonista dei suoi Riso Amaro e Anna, da cui ebbe quattro figli e poi con Martha Schumacher da cui ne ebbe altri due. Innumerevoli sono gli aneddoti che riguardano la carriera del grande Dino: di quando elargì mille dollari a Roman Polanski, in odore d'arresto, per consentirgli di riparare dagli States a Londra, di quando si trattenne a stento dal rimproverare Vittorio De Sica per i primi insuccessi di L'Oro di Napoli, degli altalenanti e a dir poco non idilliaci rapporti con Federico Fellini, dal destino crudele che lo privò dell'unico figlio maschio o di quando consegnò 20 milioni di dollari a David Lean per dirigere Bounty, ammonendo il regista che se avesse speso di più, i soldi li avrebbe dovuti mettere lui di tasca propria (ma ciò non accadde).

Oliver Hardy, in arte Ollio

 *Era il 7 agosto di cinquantaquattro anni fa, quando la metà naturale della coppia più famosa del mondo del cinema, ci lasciava. Ricordiamo la figura di Oliver Hardy.*

8 agosto 2011, di Redazione Cinema

Il talento comico di Oliver Hardy era caratterizzato dal "camera-look": un espediente cinematografico consistente nel rivolgersi direttamente agli spettatori per ricercarne la complicità, guardando direttamente nella cinepresa. Questo meccanismo filmico, gradito dal pubblico che si sentiva così coinvolto nel racconto cinematografico, sarà il punto di forza dell'attore americano nelle pellicole con Stan Laurel. Hardy è stato un innovatore soprattutto per quanto concerne la gestualità, fatta di movenze buffe, ma al contempo eleganti ed agili, nonostante la sua non indifferente mole fisica. L'attore ha spesso cantato anche in alcuni film del duo, dimostrando un grande talento vocale blues. In Italia era doppiato da Alberto Sordi.

La sua famiglia, di origini inglesi e scozzesi, a differenza di quella di Stan, non aveva mai avuto a che fare con il mondo dello spettacolo. Suo padre Oliver era un veterano della Guerra Civile, che aveva partecipato alla Battaglia di Antietam del 17 settembre 1862. Di professione avvocato, lavorò come capo cantiere per la Georgia Southern Railroad, supervisionando gli edifici della linea ferroviaria fra Augusta e Madison, Florida. Sua madre, Emily Norvell, era discendente dei Norvell di Williamsburg, una famiglia della Virginia che arrivò nella Georgia attorno al 1635. Si sposarono il 12 marzo 1890: per Emily, già vedova, era il secondo matrimonio, per Oliver il terzo. Due anni dopo la nascita di Oliver Norvell, la famiglia si trasferì ad Harlem nella Georgia. Oliver sr.

morì nel novembre dello stesso anno (1894). Sebbene il suo fisico notevolmente corpulento facesse pensare per un'inclinazione per le cose materiali, Oliver da bambino era invece piuttosto un sognatore: non aveva interesse per la scuola, era dotato di una bella voce e andava spesso e volentieri a teatro. La madre, che nel frattempo aveva aperto una catena di alberghi, pensò di iscriverlo al conservatorio, ma anche lì - seppur la sua bravura nel canto fosse evidente - Norvell non dimostrava impegno. Fallita anche la prova di inserirsi in una scuola militare, Norvell decise di seguire la carriera del cantante: a soli otto anni, entrò a far parte del gruppo dei Menestrelli dei Coburn, ma la nostalgia di casa per un bambino così piccolo si fece sentire, e lo show per lui durò poco tempo. Nel 1910, tutta la famiglia si trasferì a Milledgeville, dove il diciottenne Norvell trovò lavoro nell'unico cinema della città, diventandone il proiezionista e il manager. Infatuato dalla nuova industria cinematografica, cominciò a convincersi di poter entrare anche lui nel folle mondo delle comiche, il suo spettacolo preferito. Un amico gli suggerì di andare a Jacksonville, città conosciuta perché vi venivano girati molti film. Norvell vi si trasferì nel 1913, trovando lavoro come cantante nei cabaret notturni e comparsa ai Lubin Studios di giorno. Nel novembre 1913, si sposò con Madelyn Saloshin, la musicista che lo accompagnava al piano.

Nel 1921, Oliver e Jesse Robbins, regista delle comiche di Aubrey, vennero "prestati" a Gilbert "Broncho Billy" Anderson per girare la comica pilota di una nuova serie con un giovane comico inglese di nome Stan Laurel. Il film, The Lucky Dog, rappresentò la prima apparizione di Laurel e Hardy insieme, ma in seguito i due non si rivedranno fino al loro ingresso negli Studi Roach. Nel 1924, Hardy iniziò a lavorare negli Hal Roach Studios, partecipando alle comiche delle Our Gang e di Charley Chase. Nel 1925 venne inserito nel film Yes, Yes, Nanette! con James Finlayson, l'iroso ometto baffuto che negli anni successivi sarà un personaggio ricorrente nel film di Laurel e Hardy. Il film fu diretto da Stan Laurel. Oliver continuò a interpretare ruoli nei film con Clyde Cooke e Bobby Ray. Nel giugno del 1926, un cosciotto d'agnello cambiò il futuro di Laurel e Hardy. Hardy doveva apparire nel film Get 'Em Young, con la regia di Stan Laurel, ma tre giorni prima del primo ciak, venne ricoverato d'urgenza per un incidente domestico: mentre tirava fuori dal forno di casa un cosciotto d'agnello, riportò serie ustioni a un braccio. Laurel, che aveva lavorato da Roach anche come attore, venne incaricato di sostituirlo, tornando così davanti alla macchina da presa e rinunciando per sempre al ruolo del regista. Roach e il regista Leo McCarey cominciarono a impiegare Laurel come attore, affiancandogli anche altri attori degli Studi, tra cui ancora Hardy. I due parteciparono a A 45 minuti da Hollywood (1926), ma non ebbero scene insieme.

La svolta giunse con Duck Soup, girato nel settembre del 1926 ma uscito nel marzo del 1927: per la prima volta Laurel e Hardy recitavano come coppia. Seguirono altri short nel 1927, e gradualmente i loro ruoli diventarono sempre più simili a quelli di un vero duo di comici. McCarey scrisse così il copione del primo film pensato espressamente per la coppia, The Second Hundred Years, girato nel giugno del 1927. La pellicola decretò finalmente il successo di Hardy come protagonista, dopo un decennio di lavoro come spalla, comparsa e antagonista in quasi 270 film.

Creata la coppia comica destinata a diventare una delle più famose di tutti i tempi, Laurel e Hardy iniziarono la loro produzione insieme alla fine del '27, con capolavori della comicità quali The Battle of the Century (1927), un film memorabile per la più grande battaglia di torte mai girata, Leave 'Em Laughing (1928), From Soup to Nuts, You're Darn' Tootin, Should Married Men Go Home?, Two Tars, Big Business, Unaccustomed As We Are (1929), che segnò il passaggio della coppia dal muto al sonoro, Below Zero (1930), Blotto, Brats, Another Fine Mess, Helpmates (1932), e molti altri. Nel 1929 la coppia apparve nel film "All Stars" Hollywood Revue of 1929 e nell'anno successivo come rinforzo comico nel musical The Rogue Song (proiettato in Italia con il titolo Amore Gitano). Nel 1931 Laurel e Hardy debuttarono con il loro primo lungometraggio, Pardon Us, il primo di una serie di grandi film che spopolarono in tutto il mondo.

Forse il loro più grande successo, tuttavia, fu The Music Box (1932), che vinse l'Oscar per il miglior cortometraggio.

Nel 1936, la vita privata di Hardy subì un duro colpo quando la seconda moglie Myrtle chiese il divorzio, ottenuto poi nel maggio del 1937. In attesa della soluzione di un problema contrattuale tra Laurel e Hal Roach, alla fine dell'estate del 1938, Hardy realizzò da solo Zenobia, con Harry Langdon. Nel 1939, Laurel e Hardy firmarono dei nuovi contratti, separati ma sottoscritti lo stesso giorno, con il boss Roach, che "diede in prestito" i due alla RKO per realizzare The Flying Deuces. Sul set di questo film, Hardy s'innamorò di Virginia Lucille Jones, la segretaria di edizione, che sposò l'anno successivo. Fu un matrimonio felice, che durò fino alla morte di lui. Dopo due film usciti nel 1940, all'inizio del 1941 Laurel e Hardy lasciarono Roach e passarono alla 20th Century Fox, con la quale, insieme alla Metro-Goldwyn-Mayer, gireranno ancora otto film, ma tutti di scarsa qualità, principalmente per l'incapacità dei registi di sfruttare le ancora grandi doti artistiche del duo.

Il successo in America iniziò a diminuire, cosicché nel 1947 Laurel e Hardy si recarono in tournée in Europa, dove la loro fama era ancora grandissima. Visitarono anche l'Italia, dove furono accolti con grande entusiasmo, tanto che, secondo alcune fonti, anche il papa Pio XII volle incontrarli in privato. Nel giugno del 1950, durante uno spettacolo teatrale tenutosi a Villa Aldobrandini a Roma, Hardy conobbe finalmente di persona il suo doppiatore italiano, un giovane attore di nome Alberto Sordi. Hardy ritornò nel frattempo sui set cinematografici nel 1949 con Dopo Waterloo, accanto a John Wayne, e l'anno dopo ebbe una piccola parte in La gioia della vita (1950) di Frank Capra, nel ruolo di uno scommettitore di cavalli. Laurel e Hardy ritornarono quindi in Europa per girare il loro ultimo film, Atollo K, una coproduzione italo-francese che si rivelò un fiasco. A fianco dei due attori avrebbe dovuto recitare anche Totò, che però, poco prima dell'avvio delle riprese, aveva firmato un contratto con un'altra compagnia cinematografica. Darà forfait anche un altro comico previsto nel cast del film: il francese Fernandel. La coppia tornò ancora in due occasioni sul palcoscenico in Gran Bretagna, prima

nel 1952 e poi nel 1953-1954. Il grande favore del pubblico li spinse ad andare avanti finché le condizioni di salute di Babe prima, e quelle di Stan dopo, peggiorarono così tanto da costringere i due a concludere in anticipo il loro ultimo tour nel maggio del 1954.
Tornati in America, la loro popolarità tornò ai vertici degli anni d'oro, grazie ad una massiccia riproposta dei loro film migliori in televisione. Nel 1955, la coppia firmò un contratto con il figlio di Hal Roach per una serie di show a colori, alcuni di questi basati su vecchie favole per bambini, intitolata Le Fiabe di Laurel & Hardy. Le fiabe avrebbero dovuto essere girate a colori per la NBC, ma non se ne fece nulla. Laurel venne colpito da un attacco di cuore ad aprile, alla vigilia delle riprese e, come uscì dalla convalescenza, fu la volta di Hardy di subire a sua volta un forte attacco di cuore verso la fine dell'anno. Oliver Hardy trascorse il 1956 cercando di riprendersi e sottoponendosi ad una dieta molto rigida. Per la prima volta nella sua vita, si ritrovò ad essere magro, anche se non gli piaceva esserlo. Preferì abbandonare le scene e chiudersi in casa, senza vedere più nessuno. Il 14 settembre del 1956, un ictus lo portò alla semiparalisi; non poteva quasi più muoversi e, come racconta lo stesso Stan, aveva difficoltà anche a parlare, per cui i due ricorsero alla loro arte mimica per comunicare a gesti. In una lettera che Stan inviò a John Municino il 9 agosto del 1957, si fa riferimento a un cancro che si era sviluppato nell'organismo di Oliver e che lo fece dimagrire ancora di più. Oliver Hardy terminò il suo penoso anno da invalido la mattina del 7 agosto del 1957, quando morì presso la casa della suocera, al 5421 di Auckland Ave. a North Hollywood. Aveva 65 anni. È oggi seppellito nel Masonic Garden del cimitero Valhalla Memorial Park Cemetery a Nord di Hollywood. Stan, pur consapevole delle pessime condizioni dell'amico, rimase comunque sconvolto alla notizia della sua morte. Dichiarò alla stampa: «Che cosa c'è da dire. È scioccante, naturalmente. Ollie era come un fratello. Questa è la fine della storia di Laurel e Hardy». Oliver Hardy è anche ricordato come appartenente alla Massoneria, ed è citato come tale in numerosi elenchi di massoni famosi. Il film I figli del deserto è del resto espressamente ispirato ad una branca della Massoneria

statunitense, lo Shrine. Sulla lapide della sua tomba, nel 1977 i massoni "shriners" Antico Ordine Arabo dei Nobili del Santuario Mistico vollero collocare una targa commemorativa con inciso: "Oliver Hardy 1892-1957, un genio della comicità - il suo talento portò gioia e risate in tutto il mondo".

EuropaCinema 2011, la lezione di Pupi Avati

Il cinema prima di tutto è scrittura. Attingere dalla propria interiorità e dalla propria esperienza di vita.

14 ottobre 2011, di Antonio Carollo

Pupi Avati è stato ospite al Festival di Viareggio EuropaCinema 2011. Della sua lectio magistralis tenuta all'Eden agli studenti mi hanno colpito alcuni passaggi. Il film, ha detto, è prima di tutto scrittura. Se non si ha una storia da raccontare non si va da nessuna parte. Il soggetto e la sceneggiatura sono basilari. Prendere penna o macchina dattilografica (adesso sarebbe un'impresa trovarne una) o computer e scrivere, scrivere, fino a quando si attingendo dalla propria interiorità e alla propria esperienza di vita.riesce a costruire una storia che funzioni. Da una cattiva sceneggiatura non può nascere un buon film, da una buona sceneggiatura è difficile che venga fuori un brutto film. Il giovane che vuole svolgere un ruolo nel cinema, regista, attore o uno della miriade di mestieri che servono a fare un film, deve frequentare il set; la preparazione sui libri serve poco; bisogna stare dove si lavora il prodotto, recepire ogni sfumatura del lavoro del regista, degli attori, eccetera. I documentari e i corti sono pure una buona palestra, ma senza la smania di passare subito alla telecamera. All'idea deve seguire una approfondita elaborazione scritta.

Altro elemento decisivo è l'identità. Un aspirante regista deve avere spiccati il senso e la consapevolezza di sé come entità diversa dalle altre; questa diversità deve saperla esprimere attingendo dalla propria interiorità e alla propria esperienza di vita. Da questo nasce il radicamento di un'opera in un territorio, il ritorno ad un mondo di pensieri, di comportamenti, di costumi, di sentimenti, di vezzi, vissuti in prima persona, su cui si tesse la trama della storia da raccontare. In questo modo si ottiene un effetto di caratterizzazione e di distinzione immediatamente percepibile. I miei lavori, dice Pupi Avati, sono impregnati di fatti, personaggi, atmosfere tratti dalla mia infanzia e dalla mia giovinezza.

A proposito di questi riferimenti ha fatto una accattivante disamina dei vari periodi della nostra esistenza. La vita è un quadrante, ha detto, diviso in quattro sezioni: l'infanzia, la giovinezza, la maturità, la vecchiaia. Nei primi due stadi si vive di presente e di futuro, nella maturità di nostalgia della giovinezza, nella vecchiaia si tende a scomparire nell'infanzia. In "Una sconfinata giovinezza" i numerosi flash back ritornano ad un'infanzia incantata, ai nonni, alla casa di campagna, ai cuginetti, proprio per questa intima esigenza del vecchio di annullarsi in una felicità totale, per cancellare la miseria dell'ultimo scorcio della sua vita.

Divertente è stata la metafora dei bianchi e dei neri. In base alla mia ormai lunga esperienza di casting, ha detto, io distinguo gli aspiranti ad un ruolo in un film in due categorie, bianchi e neri. Appartiene ai bianchi chi si presenta all'appuntamento con la convinzione che si tratta di una formalità inutile, tanto passano solo i raccomandati. Ti butta, quasi, il suo book sul tavolo, impaziente e disincantato. Quando gli dici che i ruoli adatti a lui sono tutti presi, ti guarda con un sorriso sprezzante e una certa aria di trionfo, si riprende il book con malagrazia ed esce deciso, con aria di superiorità: ha visto confermate nei fatti le sue elucubrazioni sulle schifezze imperanti nel mondo. Il nero è l'esatto contrario. Ripone la propria vita su quella prova; è quasi terrorizzato al solo pensiero di essere respinto. Si presenta intimidito, umile, depone garbatamente sul tavolo il suo book, segue ansiosamente le mosse del regista o dell'addetto al casting. L'esaminatore si sente in trappola, come fa a distruggere il sogno dal quale dipende la vita di una persona? I ruoli sono esauriti, ma ai quattro arcieri che dicono una sola battuta nel film, per esempio, "I cavalieri che fecero l'impresa" se ne può aggiungere un quinto. Okai, arciere; avanti un altro. Esplode la gioia del giovane aspirante attore.

Un'ultima cosa che, credo, avrà un po' disorientato gli studenti e i giovani aspiranti cineasti presenti alla lectio: ha detto che attore si nasce, non si diventa. La naturalezza sul set o sul palcoscenico ce l'hai o non ce l'hai. Come esempio ha citato un noto giovane attore. È stato bravissimo nel suo film "Jazz Band" quando era vergine di scuola. Dopo il diploma è caduto nella mediocrità o sufficienza risicata. Una notazione. Questo report non dà che una pallida idea della verve affabulatoria e creativa di Pupi Avati. I suoi racconti sono piccole rappresentazioni fatte con la voce, i gesti, la mimica, i movimenti. Mi viene da dire; il talento ce l'hai o non ce l'hai.

Monica Vitti compie 80 anni

Un'immensa carriera di una donna speciale.

1 novembre 2011, di Armando Lostaglio

Compie ottant'anni il 3 novembre una fra le attrici più acclamate ed eclettiche della storia del cinema: Monica Vitti, nome d'arte di Maria Luisa Ceciarelli. Una carriera fra le più sfolgoranti (il suo esordio a soli quindici anni) che però non l'ha mai vista primeggiare come una vera diva, secondo tradizione. Forse a causa o in virtù del suo carattere versatile, o forse per la sua innata capacità di rendere uniche le sue interpretazioni, dal teatro alla televisione al grande cinema.
E persino come scrittrice e regista. Originale il suo libro "Il letto è una rosa" (Mondadori), del 1995. La ricordiamo in un gremitissimo auditorium del Centro sociale di Rionero, quando nel 1996 venne a presentarlo. Una serata indimenticabile, per la sua affettuosa condivisione verso un pubblico che le dimostrava una commensurabile stima. E lei, con la sua inconfondibile voce, rispondeva ad ogni curiosità, mentre il Cineclub "De Sica" le ha consegnato una targa e una pergamena con una poesia a lei dedicata.
Nel '95 Gillo Pontecorvo, direttore della Mostra del Cinema di Venezia, le ha conferito il Leone d'oro alla carriera. Meritatissimo, se si considera quanto valore aggiunto ha offerto al cinema da diverse angolature, da quella drammatica, alla commedia, a quello introspettivo: autori italiani e stranieri si sono contesi la sua presenza sulla scena, per rendere le opere drammaturgicamente autentiche ed intense.
Teatro e film un po' minori all'inizio della sua carriera, tenuto conto che durante gli anni '50, quando la Vitti entra in scena, si vive una fase interlocutoria dopo il neorealismo: il grande cinema che proprio in Italia celebra la sua imponenza. Eppure viene notata da un già affermato

Michelangelo Antonioni con il quale intreccia una relazione artistica e sentimentale. Diventa la sua musa e la protagonista nella sua celebratissima tetralogia dell' "incomunicabilità".

È la inquieta Claudia nel primo capolavoro "L'avventura " (del 1960); sarà l'anno dopo la tentatrice Valentina de "La notte" ; la impenetrabile Vittoria de "L'eclisse" (1962) e la nevrotica Giuliana del "Deserto rosso" (due anni dopo), film che s' aggiudica il Leone d'oro a Venezia. È un sodalizio sentimentale fra il maestro e l'attrice (ben più giovane) alquanto discreto e riservato, lontano dai riflettori, ma che tuttavia non sfugge, specie per la critica sui film di un autore maestoso seppur di non facile fruizione. Monica Vitti è anche doppiatrice per "Il grido" del maestro ferrarese: è la voce di Dorian Gray. E sarà anche la voce di Ascenza nel capolavoro di Pasolini "Accatone" e la voce di Rossana Rory ne "I soliti ignoti" di Mario Monicelli. Sarà proprio quest'ultimo maestro a mettere in luce la caratteristica brillante e forse più popolare della Vitti. Con "La ragazza con la pistola" (1968) si inaugura una stagione di nuove energie per il cinema visto al femminile. Con il capolavoro di Ettore Scola "Dramma della gelosia - Tutti i particolari in cronaca" (del 1970) accanto a Mastroianni e Giannini, Monica Vitti entra di diritto nell'olimpo dei grandi mattatori del cinema italiano. Nel maggio 1968 viene persino nominata presidente della giuria al XXI Festival del cinema di Cannes, proprio nell'anno delle contestazioni, per cui nessun premio cinematografico verrà attribuito.

Con gli anni '70 sarà protagonista indiscussa di indimenticabili commedie, da Nanni Loy, a Zampa, a Magni, a Risi, da Festa Campanile a Maselli, e nel contempo saranno anche molti i registi fuori dei confini nazionali a volerla sul set. Prima l'ungherese Miklos Jancsò ne "La pacifista" del '74 e quindi il controverso Luis Bunuel con "Il fantasma della libertà" tre anni dopo. Alcuni anni dopo il francese André Cayatte la vuole in "Ragione di stato" mentre nello stesso anno recita per la televisione nella commedia "Il cilindro" di Eduardo. Del 1973 forse il successo di maggior risonanza popolare, al fianco di Alberto Sordi che la dirige in "Polvere di stelle". Gli anni Ottanta la vedranno anche regista con l'esordiente Roberto Russo per il film "Flirt" (la colonna sonora è di De Gregori con la sua bellissima "Donna cannone") per il quale viene premiata a Berlino; quindi dirige "Francesca è mia" (1986).

Intensa e riservata anche la vita sentimentale, sempre con autori di cinema. Dopo Antonioni sarà con il direttore della fotografia Carlo Di Palma (che l'ha anche diretta in tre film a metà anni Settanta, stupendo "Teresa la ladra") ed infine con Roberto Russo, che ha sposato nel Duemila. Da allora, per ragioni di salute è pressoché sparita dalla scena. Ma non la sua figura, la sua immediata ironia e l'empatia con il pubblico che continua ad amarla.

Un ricordo del tutto personale: Napoli, ristorante Zi' Teresa, la Vitti è seduta al tavolo con Walter Chiari ed altri loro amici. Ci avviciniamo per un ossequioso saluto. Lei si alza e ricambia, salutando con un bacio i bambini che erano con noi. Un sorriso per nulla formale. Lo stesso che l'ha caratterizzata sulla scena, così come nella vita.

Ricordo di Franco Franchi

Il 9 dicembre del 1992 moriva uno dei più grandi comici italiani di sempre. Il pupo siciliano aveva 64 anni.

6 dicembre 2011, di Piero Buscemi

Scegliere la rubrica del nostro giornale per ricordare il comico palermitano non è stata impresa facile. Saltimbanco, attore, cantante. Ma si potrebbero aggiungere quasi tutte le arti dello spettacolo in generis per collocarlo con inevitabile imperfezione in un'unica arte che lo identificasse.
"Sono nato a Palermo il 18 settembre in vicolo delle Api. Sono registrato all'anagrafe con il nome di Francesco Benenato. Mio padre era muratore e mia madre lavorava alla Manifattura Tabacchi". Inizia così la biografia di Franco Franchi presente su sito www.francofranchi.it.

Chi è siciliano, e non solo, potrebbe non stupirsi troppo leggendo la descrizione della sua famiglia, che il comico definiva ultranumerosa, annoverando tredici figli, che sarebbero potuti essere anche di più se gli aborti del tempo non fossero stati così numerosi.
La vita di Franco Franchi inizia con il marchio della comicità, quando nel 1936 all'età di otto anni la sua famiglia lascia la casa natia di via Api per trasferirsi in via Terre delle Mosche, quasi a consegnargli la prima battuta della sua carriera.
Ma Franco Franchi è stato l'artista che ha portato l'ilarità circense dei pagliacci sui palchi dei teatri e sul grande schermo. Ispirato dal grande Totò, scelse la vita del teatro di piazza per inventarsi il modo di sopravvivere alla fame che regnava nella sua infanzia. E scelse il principe della risata non a caso. Cresciuto nei quartieri poveri di Palermo,

appariva naturale la sua maturazione artistica seguendo la tradizione dello spettacolo partenopeo della strada.

Perché la comicità, quella pura e genuina, racconta ed attinge dalle storie della strada. Con i suoi personaggi, le sue vicende umane, la povertà, l'amicizia e l'umiltà di un quotidiano del vivere che si accontenta di poco. Tanto, da farsi pagare le esibizioni con la natura del tozzo di pane.

Noi ce li ricordiamo i film di Franco Franchi, quando raggiunse la notorietà insieme all'amico Ciccio Ingrassia negli anni '60. Li ricordiamo nelle salette buie delle domeniche pomeriggio presso le canoniche delle parrocchie. La sambusoda tra le mani e la cannuccia in bocca, il pacco di patatine da dividere con gli amici. Gli sguardi puerili alle picciottelle in prima fila, incrociati ad ogni cambio di scena. E poi, le risate sincere, davanti all'assurdità delle situazioni delle sequenze filmate.

Il pupo siciliano dalla faccia di gomma, le sue smorfie spalleggiate da Ingrassia. I tormentoni che si provava ad imitare, per far colpo sugli altri coetanei. Ma la purezza e la pudica comicità di questo giullare dal fisico da ginnasta ha tracciato i solchi della nostra infanzia. Forse, ci permettiamo di segnalarlo, quest'arte espressiva che si permise il lusso di recitare con il grande Totò, ma anche con Buster Keaton, meriterebbe maggiore attenzione e rispetto da questa marmaglia di "artisti", meteore di un mondo che non sa sopravvivere senza un "cazzo" da intercalare tra una battuta e un'altra.

È deceduto il grande attore svedese Erland Josephson

 *Affetto dal morbo di Parkinson, è morto a Stoccolma all'età di 88 anni*

6 marzo 2012, di Armando Lostaglio

Sarà un nome che non a tutti susciterà ricordi. Ma quel viso espressivo dei tanti film di Bergman ce lo rimandano alla memoria, per la mitezza e la personalità di spessore nelle sue interpretazioni. Affetto dal morbo di Parkinson, è morto a Stoccolma all'età di 88 anni l'attore svedese Erland Josephson.
È stato per lunghi anni l'attore protagonista di numerosi film del maestro svedese Ingmar Bergman, con il quale ha condiviso una carriera fra le più elevate nella storia del cinema. Film come "Scene da un matrimonio" (1973) e "Sinfonia d'autunno" (1978) hanno segnato quel cinema sospeso fra teatro e letteratura, mediante una scrittura evoluta cui solo pochi maestri come Bergman hanno saputo dare vita.
E Josephson ha saputo dar corpo e soprattutto voce a personaggi colti e discreti proprio come li desiderava il maestro svedese, in un rapporto intimista e di introspezione come di rado accade nella storia del cinema. Josephson aveva iniziato a collaborare con Bergman già negli anni '30 e gli rimase vicino fino alla morte nel 2007. Solo nel 1973 l'attore approda alla ribalta internazionale con "Scene da un matrimonio", trasposizione cinematografica di una fortunata serie tv dell'anno precedente.
Tra i tantissimi film per Bergman si ricordano "L'immagine allo specchio" del 1976, e quel capolavoro assoluto come "Fanny e Alexander' del 1982; quindi "Sarabanda" del 2003. Ma anche altri autori hanno avuto modo di fruire della grandezza recitativa di Josephson, come Carlo Lizzani ne "La casa del tappeto giallo" del 1971, e il maestro russo Andrei Tarkovskij con

lo struggente "Nostalgia" (1983) e "Sacrificio" (1986), fino al film della coprotagonista di tanti set bergmaniani Liv Ullman con "L'infedele del 2000.

Nel 1966 Josephson era succeduto proprio a Bergman come direttore del Teatro drammatico di Stoccolma, incarico che aveva ricoperto fino al 1975. Aveva anche diretto i teatri di Helsingborg e Goteborg. Una grandissimo attore, modello di autorevolezza e sobrietà ad un tempo.

Novant'anni fa nasceva Adolfo Celi

In carriera collezionò ben 89 film per il cinema e 14 partecipazioni televisive, fra le quali "Sandokan" nel ruolo del cattivo Lord James Brook.

26 luglio 2012, di Orazio Leotta

Era il 27 Luglio 1922 quando a Messina, nel quartiere Lombardo, zona di via Brescia, vedeva la luce Adolfo Celi, uno dei più grandi interpreti italiani del grande e piccolo schermo. Figlio di un prefetto, dopo avere conseguito la maturità classica, si iscrisse all'Accademia d'arte drammatica di Roma nel 1941 e si trovò a studiare e a lavorare con compagni del calibro di Vittorio Gassman, Luciano Salce e Luciano Squarzina. Spiritoso, divertente, avventuroso, ma uomo di grande cultura debuttò nel 1946 in un film di Luigi Zampa dal titolo "Un Americano in Vacanza".

In carriera collezionò ben 89 film per il cinema e 14 partecipazioni televisive, fra le quali "Sandokan" nel ruolo del cattivo Lord James Brook, "Joe Petrosino" e "L'Amaro Caso della Baronessa di Carini" (Don Mariano D'Agrò). Indimenticabili le sue performances nel ruolo del Professor Sassaroli in "Amici Miei" e 'Amici Miei Atto II", nel Presidente del Tribunale in "Febbre da Cavallo", in Emilio Largo (Spectre) in Agente 007 Thunderball-Operazione Tuono, l'Ispettore Capo in "Cafè Express" o Re Boemondo in "Brancaleone alle Crociate".

Ha interpretato in carriera il malvagio, il vescovo, il sergente americano, l'antagonista di James Bond, il chirurgo e il governatore inglese. Tante volte lo abbiamo visto morire perché nei film spesso faceva la parte del cattivo ma altrettante volte ci ha fatto sorridere e amare la vita. Nel 2006 un documentario dal titolo "Adolfo Celi: un uomo per due mondi" a cura del figlio Leonardo, ci ricorda come Adolfo Celi oltre ad essere stato un grande attore fu anche un raffinato regista. Ma per "due mondi", parafrasando quanto in passato fu coniato per Giuseppe Garibaldi, si vuole intendere anche che l'attore messinese visse per ben quindici anni in Brasile ove fondò il Teatro Brasileiro de Comédia e la casa di produzione cinematografica "Vera Cruz".

In America del Sud portò sulle scene Pirandello, Goldoni, Shakespeare, Sartre e ivi diede avvio al teatro moderno. Da regista firmò due film, inediti in Italia "Tico-Tico no Fubà" (1952) e "Caicara" (1950). Morì improvvisamente all'età di 63 anni il 19 Febbraio 1986, colpito da una crisi cardiaca poche ore prima del suo debutto in teatro ne "I Misteri di Pietroburgo" di Feodor Dostoevskij, e la Gazzetta del Sud nel darne la notizia titolò "Un cattivo che non è mai stato antipatico", facendo chiaramente riferimento ai due ruoli di cattivo (quello in Sandokan e quello in Thunderball) più rinomati.

Ma la sua fu una carriera variegata in cui emerse il suo eclettismo, essendosi districato nel teatro agli inizi di carriera, poi in pieno neorealismo nel cinema italiano, per proseguire nella lunga parentesi brasiliana da autore a tutto tondo, per poi tornare da protagonista al cinema e in televisione. Così come la città di Roma anche Messina, che gli diede i natali, gli ha intitolato una strada, nella zona Sud, nei pressi del nuovo Stadio di calcio "San Filippo".

Gore Vidal, si spegne una stella anche nel cinema

Per trent'anni ha vissuto in Italia dalla metà degli anni 70, fra Roma e Ravello sulla Costiera Amalfitana, luogo wagneriano ispirativo per eccellenza.

3 agosto 2012, di Armando Lostaglio

Alla notizia della scomparsa del drammaturgo e sceneggiatore americano Gore Vidal (di padre italiano) il ricordo va alla ormai lontana 47^ Mostra del Cinema di Venezia, settembre 1990, nella quale lo scrittore è stato presidente della Giuria.
Era affiancato da personalità del cinema e della cultura cinematografica, da Omar Sharif ad Alberto Lattuada alla regista argentina Maria Luisa Bemberg, che portò al Lido il suo eccellente "Io, la peggiore di tutte" film che ci fece conoscere la poetessa messicana del '600, suor Juana Ines de la Cruz. Fu una mostra quella, diretta da Guglielmo Biraghi, nel segno del cinema di qualità vocato volentieri al testo letterario.
Fu infatti premiato un film che solo i fortunati accreditati del Lido e gli spettatori hanno potuto apprezzare, un'opera quasi del tutto estranea ai canali distributivi: "Rosencrantz e Guildenstern sono morti" diretto da Tom Stoppard, con i promettenti Gary Oldman e Tim Roth, opera ispirata all'esistenzialismo e al teatro dell'assurdo. Premiati col Leone d'argento (ex-aequo) Martin Scorsese con "Quei bravi ragazzi" e Jane Campion per il sublime "Un angelo alla mia tavola"; Leone alla carriera a Mastroianni.
Gore Vidal impresse, non senza diatribe, la propria eclettica personalità su quella Mostra; una figura altamente stimata non solo in America per la pungente satira politica e per una propria libertà sessuale.

Per trent'anni ha vissuto in Italia dalla metà degli anni '70, fra Roma e Ravello sulla Costiera Amalfitana, luogo wagneriano ispirativo per eccellenza. Vidal col cinema ha avuto un rapporto incisivo firmando sceneggiature di spessore: come "Ben-Hur" (1959) di William Wyler nel quale suggeriva (con troppo anticipo) una sorta di rapporto vagamente omosessuale fra i due protagonisti (ed ovviamente censurato, e quindi riveduto e corretto). Vidal che conierà in una sua opera la parola "gay" ancora in voga.

Ed ancora sceneggiature come "Io, Caligola" che Tinto Brass girerà nel 1979, "Il Siciliano" di Michael Cimino del 1987 e un capolavoro di Francesco Rosi "Dimenticare Palermo" (del 1990). Per Fellini reciterà se stesso nel multiforme "Roma" del 1972, con la Magnani nella sua ultima apparizione sullo schermo. Gore Vidal va celebrato per quella intrinseca eleganza, una ironia indipendente e fuori dal coro, almeno così lo ricordiamo in quella apparizione al Lido di Venezia.

Audrey Hepburn, con lei le più belle "vacanze romane"

Un breve ricordo a venti anni dalla sua morte. Premio Oscar per la migliore attrice nel 1954 per "Vacanze Romane".

15 gennaio 2013, di Orazio Leotta

Aveva una bellezza aristocratica ma semplice, gli occhi da cerbiatta e un sorriso disarmante. Sua madre era una baronessa olandese e tra i suoi avi figura anche Edoardo III d'Inghilterra e il conte James Hepburn. Semplice, dicevamo, e proiettata verso i più bisognosi. Cessata la sua straordinaria carriera di attrice si prodigò solo per la famiglia e per la sua nuova missione di ambasciatrice dell'Unicef.
Fu infatti al ritorno di un viaggio umanitario in Somalia che la Hepburn scoprì di essere malata di cancro. Morì a soli 63 anni, il 20 Gennaio del 1993 e riposa in Svizzera nel cimitero di Tolochenaz, nel cantone di Vaud. Inglese, ma vissuta in Belgio e in Olanda, sposò anche un italiano, il medico psichiatra Andrea Dotti, di nove anni più giovane da cui nel 1970 ebbe un figlio, Luca, il suo secondo, dopo Sean nato dal precedente matrimonio con l'attore americano Mel Ferrer. Entrambi i mariti saranno presenti al suo funerale.
Indimenticabile protagonista in capolavori quali "Vacanze Romane" di W.Wyler - primi vagiti di una dolcevita poi consacrata da Federico Fellini - che le valse il premio Oscar quale miglior attrice, "Sabrina" di Billy Wilder (nomination all'Oscar), "Guerra e Pace" di King Vidor, "Arianna", sempre di Billy Wilder, "La Storia di una Monaca" e "Colazione da Tiffany" (per entrambi la nomination all'Oscar) e poi "Sciarada" del 1963, "My Fair Lady" di George Kukor del 1964 e "Gli Occhi della Notte" di Terence Young del 1967, anche qui una nomination. L'anno seguente a Taormina

riceverà il Nastro Speciale. Già vi era stata nel 1962 per il David di Donatello per la migliore attrice straniera.

Lavorò coi più grandi attori della sua epoca: Peter O'Toole, Sean Connery, Eli Wallach, Cary Grant, Albert Finney, Gary Cooper e Fred Astaire. Recitò anche con Ben Gazzara in "E Tutti Risero", film del 1983, una commedia di qualità che tuttavia non riscosse buone risposte al botteghino. In veste di ambasciatrice Unicef, fu in Sudan, in Turchia, in Somalia, in Vietnam, in Bangladesh e in tutto il Sudamerica.

Audrey Hepburn, icona degli anni '50 e '60, fu anche un simbolo indiscusso di stile e involontariamente ne dettò la moda di quei tempi: la frangetta e il maglione nero a collo alto da perfetta teen-ager beneducata sono scolpiti nella memoria di ognuno di noi. La sua figura esile, da ballerina, era a dir poco inconsueta per i canoni degli anni '50 in cui trionfava il modello della maggiorata. Fu musa di Givenchy (Hubert de Givenchy fu presente al suo funerale).

Il suo look resta un esempio di eleganza assoluta. Dalla camicetta bianca abbinata a un'ampia gonna con fascia elastica in vita ai pantaloni alla Capri; dalle ballerine "ultra flat" al semplice tubino nero con maxi occhiali da sole (Chanel). E ancora, il foulard al collo e le calze colorate. È una delle femme più glamour della storia, ancora oggi. Eterna come una grande diva. Ci piace concludere questa carrellata di ricordi con una sua frase famosa che la dice tutta sul suo essere ottimista e propositiva: "Chi non crede nei miracoli, non è un realista".

Auguri maestro Zeffirelli

Compie novanta anni il maestro Zeffirelli.

12 febbraio 2013, di Armando Lostaglio

Nato a Firenze il 12 febbraio del 1923, il maestro ha avuto un'infanzia alquanto travagliata, dovuta al mancato riconoscimento da parte del padre e la prematura morte della madre. Carenze queste che furono riequilibrate dall'affetto e dall'esempio ricevuti dal grande intellettuale Giorgio La Pira, suo istitutore ai tempi del collegio nel convento San Marco a Firenze.

Dopo aver frequentato l'Accademia di Belle Arti a Firenze, esordì come scenografo nel secondo dopo guerra, curando la messa in scena di Troilo e Cressida, diretta da Luchino Visconti. Fu proprio il sommo regista milanese a segnare artisticamente e non solo, la brillante carriera di Zeffirelli.

Affettivamente legati, Zeffirelli compì (insieme a Francesco Rosi) le prime esperienze nel mondo del cinema, come aiuto regista dello stesso Visconti, in capolavori come La Terra trema e in Senso.

Da Visconti ha ereditato il culto per l'estetica, per l'eleganza espressiva, come elementi distintivi. Negli anni '50 esordì come regista sia in teatro che al cinema. Sul grande schermo con Camping (1957), una commedia di ambiente giovanile.

Verso la fine degli anni '60 si impose all'attenzione internazionale in campo cinematografico grazie alla trasposizione di due opere shakespeariane: La Bisbetica Domana (1967) e Romeo e Giulietta (1968). Intanto nel 1966 realizzò il documentario sull'alluvione di Firenze, intitolato Per Firenze. Con Richard Burton, in veste di commovente narratore.

Un'apertura a divi di altissimo spessore è stata anche la cifra rappresentativa di un maestro che si è sempre misurato con l'universo cinematografico di ampio respiro. Nel 1971 diresse Fratello Sole, Sorella Luna, una poetica celebrazione della vita di San Francesco: ad interpretare il santo è un trasognante Graham Faulkner (doppiato da Giannini), con sceneggiatura scritta insieme alla Wertmuller e Susi Cecchi D'Amico.

È la fede al centro delle sue opere tra le più memorabili, curate in modo particolare nella ricostruzione degli ambienti. Nel 1974 Zeffirelli cura la regia televisiva in mondovisione della cerimonia di apertura dell'Anno Santo e, nel 1977, gira il kolossal per la televisione, Gesù di Nazareth, con un cast stellare: Robert Powell (Gesù), Maria Hussein (Maria), e poi Peter Ustinov, Claudia Cardinale, Valentina Cortese. Il film avrà un successo ineguagliabile, anche negli Stati Uniti.

Insieme al cinema, così come per Luchino Visconti, sarà anche la regia teatrale a mettere in mostra le doti del regista. Nel 1976 torna a collaborare con il Teatro alla Scala di Milano, allestendo l'Aida diretta da Thomas Schippers, con Monserrat Caballè e Carlo Bergonzi tra i protagonisti.

Fra le ultime opere, va ricordato il film Un thè con Mussolini, con una strepitosa Judi Dench. Un'immensa carriera, quella di Zeffirelli, con decine di successi mondiali e progetti tutt'ora in fase di realizzazione. Un maestro di eleganza e di cura di ogni particolare, un cineasta di smisurato talento, non senza però, alcune cadute di stile, come alcune apparizioni televisive in programmi dedicati al calcio, che vanno oltre alle ostentate convinzioni di destra.

Tornatore e Rosi al Taormina Film Festival 2013

Incontro con Giuseppe Tornatore e Francesco Rosi.

16 giugno 2013, di Piero Buscemi

Che ruolo ha ancora oggi la settima arte in Italia? A livello sociale, come mezzo di comunicazione, come documento storico da tramandare ai posteri? Difficile rispondere, senza il rischio di contraddirsi. Eppure siamo il paese che ha attraversato il Neorealismo post-bellico, quando il duo De Sica-Zavattini seppe documentare la tragedia che la guerra si trascinò fuori dalle stanze dei bottoni, dalle folli ambizioni da superuomo, dalle sala da ballo invase dal bepop di Charlie Parker. E ce la raccontarono da due occhi in lacrime di un bambino raccolto per strada.

Maestri e capostipiti di successivi messia della celluloide, di chi come Francesco Rosi ci raccontò il potere occultato da un'altra ricostruzione post-tragedia. Una delle tanti che centellineranno il percorso di un'Italia che ha alternato macerie e falsi restauratori, ad alternanze quasi temporali. Era la seconda guerra mondiale, quella che ispirò le favole di De Sica, intrise di verità e di una realtà che sentiva il bisogno di essere raccontata. Poi si passò, appunto, alla ricostruzione di Francesco Rosi, quella che ci ha raccontato misteri italiani, rimasti misteri nonostante tutto, dal mito di Salvatore Giuliano e la strage di Portella della Ginestra. Alle storie di mafia, quando la parola era ancora latitante dai dizionari italiani, quando la mafia si tingeva da attrazione turistica da bancarella, anche nelle strade della rinomata Taormina, a sfoggiare statuette di terracotta con le didascalie "u mafiusu" sul personaggio maschile, con coppola e lupara sulle spalle come da copione, e "a mafiusa" sul personaggio "fimmina", con le tette evidenziate a simbolo di prosperità e folclore.

Ma Rosi ci ha raccontato quella meno folcloristica. Quella che faceva crollare i palazzi nei quartieri spagnoli di Napoli, provocando morte e disperazione, tra povertà che si sposava ad altra povertà, e rassegnazione che si univa all'affidamento.

Già, chissà se questo ruolo ambiguo, che ha reso grande e famoso nel mondo, del cinema italiano ha ancora qualcosa da raccontarci. Se la denuncia è ancora fonte d'ispirazione per la nuova generazione di registi. La denuncia, "che andava oltre", come ha tenuto a sottolineare lo stesso Rosi, intervenuto oggi pomeriggio, purtroppo solo via Skype, all'incontro che si è potuto assistere con Giuseppe Tornatore, nella sala congressi gremita oltre la propria capacità contenitiva, presso l'Hotel Diodoro a Taormina.

Lo stesso Tornatore passò a metà degli anni Ottanta per le mani della cronaca nera italiana, per mettere su carta e poi sul grande schermo, la ricostruzione dell'avventurosa vita do' Professore, alla storia Raffaele Cutolo, che ha segnato e, forse, segna ancora il destino del nostro paese.

Perché ricostruire il massacro di Portella delle Ginestra, solo quindici anni dopo che fu compiuta, era possibile solo rimettendo su quelle campagne il popolo che aveva, direttamente o indirettamente, vissuto quello scempio. E lo capì Rosi, che coinvolse un intero paese di Montelepre per la realizzazione del film (Salvatore Giuliano, 1962).

Perché tutto è questo è stato, solo e semplicemente, ricostruire la storia chiamandola con il proprio nome. Erano i tempi, come ha ricordato lo stesso Tornatore, quando un film poteva far nascere la prima Commissione Antimafia in Italia. Erano i tempi quando un film poteva dare voce ad un fetta di popolazione di disperati, che non l'avrebbe avuta mai. Erano i tempi quando un film poteva essere oggetto di discussione post-visione, nelle piazze, nei bar di paese e come abbiamo visto, anche nelle aule parlamentari.

Molti di noi ricorderanno le proiezioni nei super8 delle scuole, quando le immagini crude di "Le mani sulla città", si trasformava in dibattito in aula, in riflessione, in traccia per un imminente compito in classe di italiano.

I tempi sono cambiati, il set ideale da sempre per ogni buona storia da raccontare, la Sicilia, come ha saputo ricordarci Tornatore, ha gettato nella spazzatura il potenziale narrativo che questa terra ha saputo donarci, e che ancora ci dona. Oggi, "Le produzioni arrivano, girano e se ne vanno. E spesso, pagano pure il pizzo" - queste le parole di amarezza di Tornatore nel cercare di spiegare cosa attira e nel contempo, terrorizza, l'appassionato di cinema a rischiare questa folle corsa all'interno di questa contraddittoria terra.

Noi lo abbiamo visto andare via, Tornatore. Nei suoi film, spesso autobiografici. Nei suoi messaggi di rinascita, lo abbiamo visto ritornare. E noi lo aspetteremo sempre, tra un amarcord con il suo maestro putativo Rosi, e il suo modo gentile, semplice, entusiasta di raccontarci e di parlarci di cinema. Quel suo modo personale ed inconfondibile, che ci fa sedere ogni volta sulla poltrona di un qualsiasi cinema di periferia, e renderci consapevoli, sin dai titoli di testa, che dopo quelle due ore di immagini ed emozioni, non saremmo più le stesse persone.

Franco Battiato al Taormina Film Festival 2013

 *Incontro con Franco Battiato*

19 giugno 2013, di Piero Buscemi

"L'uomo è una macchina troppo perfetta, per poter credere alla favola che discenda dalla scimmia". Sembrerebbe una formula scientifica ascoltata ad un convegno di esperti sull'evoluzione, ma sono parole di Franco Battiato, pronunciate oggi pomeriggio, durante il suo intervento a Taormina in occasione del Film Festival.

"La complessità della macchina umana, il solo pensiero rivolto ad una mano, che afferra un bicchiere per avvicinarlo alla bocca, ci fa comprendere che si debba andare oltre a questo riduttivo concetto dell'evoluzione". È sempre Battiato che rincara la dose su questa sua convinzione. E ironizza, quando costretto a raccogliere il suggerimento della parola "tesi", da parte di uno spettatore, conferma con i fatti il bisogno di tenere sempre allenato il cervello. Spugna sì, ma mai insaziabile di nuove conoscenze. E di esperienze, Battiato, in vari campi dell'arte, ne ha fatte parecchie in questi decenni, da quando a diciannove anni lasciò i suoi luoghi natii, alle pendici dell'Etna per trasferirsi a Roma, in un primo momento, e a Milano in seguito. Tante, ma non così troppe da impedirgli di tentare nuove strade artistiche, il cinema tra l'altro lo ha già visto protagonista in passato, e sicuramente stimoli.

Stimoli di ricerca storica e musicale. Una ricerca che gli ha fatto sviluppare un progetto, a lungo cullato nella sua mente, e ormai in dirittura d'arrivo. Si chiamerà G. F. Handel, riprendendo le iniziali del grande compositore Georg Friedrich Handel (Händel in tedesco), contemporaneo di Bach, con il quale però non si incontrerà mai per sua stessa volontà.

Battiato si è dedicato alla stesura della sceneggiatura, approfondendo quanto più possibile le sue conoscenze sulla vita e le opere di questo musicista, spaziando nei vari periodi della sua vita, passando dagli anni vissuti in Germania al periodo quasi bohème di Roma, fino al periodo meno gratificante trascorso a Londra.

Prendendo spunto da questo progetto, che tra l'altro potrà vantare di un cast con nomi quali Johannes Brandrup, Charlotte Rampling, Willem Dafoe e Christopher Plummer, Battiato non ha perso occasione per manifestare il suo pensiero personale a quello che oggi è la cultura in Italia, monopolizzata e modellata a dovere dalla televisione, non disdegnando una critica diretta nei confronti di coloro che, al di là delle forti tentazioni di appiattimento cerebrale da parte dello schermo lcd, si rendono partecipi a farsi plasmare più dello stesso televisore.

Battiato, sollecitato dalla domanda di una spettatrice, molto volentieri si è rivolto al pubblico giovane, numerosissimo in sala. Ha cercato di essere emulo per le nuove generazioni, scuotendo la curiosità degli studenti presenti in sala, raccontando aneddoti sulla sua gioventù e sulla sua continua voglia di imparare. Come quando ha accennato alla sua vena pittorica, sviluppata più per una sfida personale che per una profonda infatuazione, dovuta alla sua scarsissima manualità giovanile, quando era costretto a maneggiare con matite e pennelli.

E con i giovani ha voluto concludere la sua partecipazione al Taormina Film Festival, intrattenendosi con loro alla fine del suo intervento, disponibilissimo agli autografi e alle foto ricordo. Da parte loro, gli studenti lo hanno ricambiato intonando: "Le serenate all'istituto magistrale/nell'ora di ginnastica o di religione...".

Parigi celebra Pier Paolo Pasolini

 *Un rapporto sempre vivido nella cultura francese, per "l'artista più scandaloso del XX secolo", come viene considerato dal curatore dell'allestimento parigino Serge Toubiana*

5 novembre 2013, di Armando Lostaglio

È la Roma di Pier Paolo Pasolini quella che Parigi celebra nella sua celeberrima Cinématèque Francaise. Un omaggio che la cultura d'Oltralpe decreta all'intellettuale, scrittore, regista e poeta che ha molto amato e non ha mai dimenticato. Si intitola Pasolini Roma l'imponente retrospettiva corredata di proiezioni e immagini, di dibattiti e confronti, interviste inedite del poeta e foto rare; viene proposta nel centenario della nascita del fondatore della Cinématèque, Henri Langlois, inaugurata mercoledì 30 ottobre e sarà a Parigi fino al prossimo 26 gennaio.
Proseguirà il suo percorso europeo grazie alla proficua collaborazione con altre importanti istituzioni culturali come il Palazzo delle Esposizioni di Roma, il Cccb di Barcelona ed il Martin-Gropius-Bau di Berlino. Pasolini a Parigi, in memoria delle iniziali collaborazioni con il regista Jean-Luc Godard ed il saggista Roland Barthes. Ma anche per l'amore ritenuto "impossibile" con Maria Callas, nato sul set di "Medea".
Un rapporto sempre vivido nella cultura francese, per "l'artista più scandaloso del XX secolo", come viene considerato dal curatore dell'allestimento parigino Serge Toubiana, che ospiterà fra gli altri la scrittrice Dacia Maraini e l'attore Ninetto Davoli. "Come un Rimbaud senza genio" Pasolini giunse a Roma in treno nel gennaio del 1950 insieme all'adorata madre Susanna, che in seguito immortalerà in alcune sequenze di due suoi capolavori: "Il vangelo secondo Matteo" e "Teorema".

Pasolini considerava la Città Eterna "stupenda e misera", che tuttavia lo plasmò oltremodo anche verso quella "vita ignota" delle borgate e le periferie, con la loro umanità senza tempo e senza storia. Il poeta e scrittore ne scrutò le atmosfere e le immortalò come un moderno Caravaggio, nel rappresentare i toni chiaroscuri, verso la valorizzazione di una complessità antropologica, che fino ad allora mai era stata affrontata con simile acutezza (tipica de regista), tanto che si possa parlare di una Roma prima e dopo Pasolini.

Una retrospettiva, dunque, che legittima una fruttuosa ed indispensabile cooperazione europea, nel nome e nel segno di uno dei più ammirati e controversi geni del nostro tempo.

Un ricordo della "Briguglio Film"

65 anni fa il primo dei due film prodotti, "Anni Difficili", con Ave Ninchi e Massimo Girotti, girato interamente a Modica

26 novembre 2013, di Orazio Leotta

Il quarantenne Ferdinando Briguglio, classe 1908, imprenditore messinese nato nel rione di Santa Margherita, che negli anni '40 e '50 aveva messo su una ditta, gli "Stabilimenti Briguglio", capace di dare lavoro a quasi cinquecento tra operai e impiegati vari, nel ramo della produzione di conserve alimentari, succhi d'arancia o salsa di pomodoro nonché essenze di agrumi per profumi, aveva una viscerale passione per il cinema tale da fondare nel 1947 una casa di produzione e distribuzione cinematografica, la "Briguglio Film" con sedi a Messina e a Roma. Il marchio era quello della Trinacria che s'incastonava al centro tra le scritte in minuscolo di "briguglio" e "film".
Oltre alla distribuzione di commedie americane, che contribuì a far conoscere nell'area del Mediterraneo, egli arrivò a produrre nel 1948 un film di successo, primo esempio di satira e denuncia del trasformismo fascista. Il titolo era "Anni Difficili", regia di Luigi Zampa, su testo niente meno che di Vitaliano Brancati (Il "Vecchio con gli Stivali" del 1944). Le vicende riguardano un onesto impiegato municipale siciliano costretto ad iscriversi nel 1935 al PNF. Tuttavia, nel 1944 dopo lo sbarco degli alleati, lo stesso podestà di allora - nel frattempo diventato sindaco – che prima gli aveva imposto la tessera del partito fascista adesso lo epura....
Fra gli interpreti segnaliamo accanto ad Ave Ninchi, Massimo Girotti e Delia Scala anche Umberto Spadaro, figlio di genitori catanesi, uno dei co-fondatori del Teatro Stabile di Catania. Premiato alla Mostra Internazionale del Cinema di Venezia del 1948 con la Coppa Enic per "la

migliore fattura tecnica", diede impulso a Briguglio di imbarcarsi nella produzione di una seconda (e ultima) pellicola, che uscì nelle sale italiane nel 1950.

Il titolo del film era "Quel fantasma di mio marito", regia di Camillo Mastrocinque su soggetto di Antonio Pietrangeli, interprete un giovane Walter Chiari, svogliato giornalista, prima licenziato, poi riassunto ma spedito sul fronte della guerra arabo-israeliano, che prima si fa credere morto e poi torna a casa come un eroe redivivo. Il film non riscosse successo né tra i critici, né a botteghino e pose fine all'entusiasmo di Briguglio come produttore. Quest'ultimo film fu tuttavia rivalutato a posteriori tanto che il Festival di Locarno del 2009 lo inserì come evento speciale della rassegna, dopo che lo stesso giunse a nuova vita a seguito della restaurazione da parte della Cineteca di Milano.

40 anni senza Vittorio De Sica. Poliedrico uomo di cinema, attore e regista, fu tra i padri del Neorealismo italiano

Quattro Oscar per il miglior film straniero in un arco temporale di 25 anni fra il primo e l'ultimo

14 novembre 2014, di Orazio Leotta

Difficile stabilire nel panorama cinematografico italiano chi è stato il migliore. Vittorio De Sica potrebbe esserlo stato. Perché fu attore ed anche regista; perché fu tra i padri nel Neorealismo ma fu brillante anche nel dare l'input alla nuova commedia all'italiana degli anni '60 (lo stesso non si può dire di Lizzani, Rossellini o De Santis); da attore e regista fu sensibile agli strascichi della Seconda Guerra Mondiale riproponendone aspetti drammatici ("La Ciociara" da regista, "Il Generale della Rovere" da attore) e finanche affrontando l'antisemitismo ("Il Giardino dei Finzi Contini"); perché rappresentò la cruda realtà, o meglio il realismo, del dopoguerra ("Sciuscià", "Ladri di Bicilette") ma fu lungimirante nel capire come si sarebbero potute moltiplicare le discrasie di un benessere economico difficile da gestire e conservare ("Il Boom"); fu volto popolare nel cinema, in TV, nel teatro di rivista e perfino negli ambienti della canzone napoletana.

Maschere come il maresciallo dei carabinieri in "Pane Amore e..." o il giocatore di carte incallito (lo era anche nella vita) lo hanno reso celebre e familiare negli ambienti di tutte le classi sociali specie della povera gente che gli perdonava la dissoluta vita familiare. Uomo di sinistra si batté in favore dell'associazionismo di categoria, fu dissacrante antifascista e per primo, in occasione dell'uscita di "Umberto D" dovette affrontare gli strali censurali di un Andreotti che all'uopo coniò la celebre "I panni sporchi si lavano in casa".

Quattro Oscar, dicevamo, per Sciuscià, Ladri di Biciclette, Ieri Oggi Domani e Il Giardino dei Finzi Contini e celeberrima la sua joint-venture con Cesare Zavattini, sceneggiatore di livello mondiale. Su Vittorio De Sica non occorre dilungarsi perché è stato detto tutto in questi quarant'anni dalla sua dipartita, in lui hanno convissuto mille anime: protagonista nel tempo dei cosiddetti "Telefoni Bianchi", del periodo della guerra, del Neorealismo, della Commedia all'Italiana. Lavorò coi più grandi, Totò compreso.

Di lui resta più di ogni altra cosa la grande umanità che lo avvicinava a uomini, donne, avversari politici, uomini di chiesa, ricchi, poveri, di cultura e non che in lui percepivano la sua capacità di rappresentare la realtà e di percepirne prima degli altri i cambiamenti.

Manoel de Oliveira, 106 anni di cinema

Nel ricordo del CineClub 'Vittorio De Sica' che lo ha più volte incontrato a Venezia

9 aprile 2015, di Armando Lostaglio

Dei 120 anni dalla nascita del Cinema, 106 sono quelli da lui vissuti, nel segno di un'arte che ha sviluppato in diverse declinazioni: dal teatro alla storia alla filosofia. Manoel de Oliveira se ne è andato col suo smisurato fardello di immortalità, che ha raccontato in un cinema ricco di immaginazione e storiografia. Manoel de Oliveira giunge così alla fine del suo lungo viaggio, partito dal suo Portogallo, terra che amava smisuratamente, terra dell'Oltre perché si confronta con le immensità atlantiche.

È volato come un angelo antico, sulle ali di un sogno: il cinema, il suo, che forse è più teatro che cinema puro. Lui, il più longevo di tutti, forse non il più irreprensibile (non sempre le sue opere erano ineccepibili per chi scrive) ma di certo era il più costante e coerente. Una visione estetica tesa alla continua conoscenza, al dubbio, fra fede, politica e storia in continuo confronto con l'era contemporanea. Un Don Chisciotte che combatte contro l'ignoranza e fa della memoria il legame con il futuro. Così scriveva in un suo poema sul cinema e la vita:"Mare recondito e senza limiti che sei la memoria, cosa nascosta di tutti i tempi e di nessun tempo.

Ma tu, memoria! ecciti la vita e l'immaginazione. Che preservi e selezioni. Così il cinema. Il cinema che audiovisivamente può e fissa della vita il teatro che trasforma letteratura e pittura in azione, in spettacolo." Tante le opere passate quasi sempre nei Festival più importanti, da Cannes a Venezia a Berlino; e i riconoscimenti alla carriera e ai suoi film. Il monumento del cinema portoghese, ma pure del cinema in ogni latitudine.

La prima volta che lo incontriamo al Lido di Venezia ha l'aspetto di un elegante signore europeo: il regista di Oporto era alto e snello, accompagnato dalla sua signora che sembrava di poco più giovane, ma lui aveva quasi novant'anni allora e ne dimostrava almeno venti in meno. "Maestro, pensa di girare a tre opere? Gli chiediamo, perché non si sottraeva mai al pubblico. "Ne ho in mente almeno tre" fu la risposta; ne realizzò almeno il triplo - compreso i corti - che presentava nei più importanti festival, dove la critica lo ha sempre ossequiato.

Inizia a girare poco più che ventenne all'epoca del cinema muto; poi la dittatura di Salazar gli impedirà di girare film; quindi la parentesi tedesca, e poi la consacrazioni dagli anni '70 in poi: tante le opere con lo spirito di un ragazzo, quasi volesse riprendersi il tempo perduto. È dell'81 il film che la critica consacra come il suo capolavoro "Francisca". Ha dunque sovrapposto storie ed immagini puntigliosamente girate che lo hanno condotto ad un eloquenza visiva in bilico tra la rappresentazione della realtà e l'annuncio di un senso misterico (talvolta mistico) di quanto ci circonda. Si interroga sul mistero della fede mediante la riflessione del gesuita lusitano del Seicento Antònio Vieira in "Parole e Utopia" (visto a Venezia nel 2000); si incanta sulle bellezze delle città mediterranee in "Film Parlato" (pure a Venezia nel 2003) dove quattro stupende signore europee (anche la nostra Stefania Sandrelli) disquisiscono sulle culture che da sempre attraversano quel Mare, cenando al tavolo del capitano-John MalKhovic su una nave da crociera che tocca anche Napoli: è lì, intorno a Castel dell'Ovo, si disserta di Virgilio; ad Atene sono i classici a nutrire la scena. Ma finirà in un tragico epilogo, quasi premonitore di quanto è accaduto ai giorni nostri.

È del 1994 l'omaggio che farà alla sua terra Wim Wenders in "Lisbon Story" dove riscoprirà il Maestro seguendo le stupende musiche dei Madredeùs. L'opera di de Oliveira ha il carisma di una quiete dissuasa da lievi cedimenti di percezione, che offrono spunti e meditazioni: il maestro si interroga persino su Cristoforo Colombo ne "L'enigma" (2007)

conferendogli una nascita lusitana. La ricerca come viaggio interiore si indirizza proprio in "Viaggio all'inizio del mondo" (del 1997) che sarà anche l'ultima interpretazione di Marcello Mastroianni. L'ultimo suo film visto a Venezia è "Gebo e l'ombra" nel 2012, con una stanca macchina fissa su piani sequenza, teatralmente incarnato (recita anche Claudia Cardinale), ma la sua parabola linguistica volgerà al termine.
Una delle ultime volte che lo incontriamo per le strade del Lido, sempre con l'occhio vispo sotto il suo elegante Panama, gli chiediamo "Maestro, sei sempre innamorato?" – "Certo" – ci dice da centenario con lo spirito di un eterno ragazzo. E poi "... Rimane la memoria della vita vissuta, che diventa alimento della vita stessa, possibilità di tutta l'arte."

Giuseppe Bertolucci, vita di un maestro

"L'unica cosa che conta è continuare a porsi delle domande, tante domande"

27 maggio 2015, di Cristiana Di Bartolomeo

Giuseppe Bertolucci (1947-2012) è stato regista nel senso più ampio e libero del termine, di teatro, cinema, film narrativi, documentari, video teatrali e, sceneggiatore. Fratello del noto al più ampio pubblico di cinema internazionale, Bernardo Bertolucci.

Il Festival a Roma dedicato al maestro cineasta, in corso dal 18 al 24 maggio, gli rende omaggio di un atto dovuto, in quanto Giuseppe Bertolucci non si è mai posto in scena, al centro della scena, forse per il suo dono, quella capacità di guardare ogni scenario da una postazione sempre un po' distante, sicuramente eccentrica e solitaria. Il Festival propone quindi il suo cinema, il suo teatro, la sua televisione, i suoi molti titoli, rendendo parallelamente omaggio anche alle pellicole inedite, danneggiate e, quasi invisibili.

Una stesura di un programma, senz'altro complessa data la vastità e complessità della produzione; una stesura talvolta dolorosa nello scoprire che tale patrimonio è a rischio di perdita: sono andati smarrite molte pellicole, quasi mai il materiale migliore.

Un paradosso quasi per chi ha rivestito il ruolo di Presidente della Cineteca di Bologna per ben quindici anni, dal 1997 al 2011, rappresentando un punto di riferimento per i cineasti del '900 italiano. Bertolucci, in questo ruolo, seppure figura anche istituzionale, si è sempre posto come un organismo vivente, quindi in veste non burocratica bensì di ricerca, scientifica, a servizio degli spettatori.

Il fil rouge dell'opera portata al Festival è la centralità di una figura del nostro patrimonio culturale, che ha attraversato mezzo secolo di storia italiana con passo tanto discreto quanto sicuro nel mondo della cinematografia, sicuramente non facile. Anche le sue regie teatrali non sono state mai invadenti, sempre fedele al testo originale, di supporto all'attore e, ancora una volta, attento al gusto del pubblico.

Quindi non cercheremo di rintracciare in lui alcuna sistematicità, tematica, metodologia. Non la troveremo. Solo un backstage, quello sì, del vagabondaggio creativo, estetico ed intellettuale, delle questioni del suo tempo, le cui tracce ed indizi sono continuamente contrappuntati dal ? (punto di domanda), "quell'elegante segno grafico ricciuto che -quando non è forma dialogica controllante- non chiude, ma spalanca le porte dell'ignoto e della sorpresa?"

La sua opera rappresenta i registi, gli autori, i cineasti e i poeti del Novecento italiano. La sua passione drammaturgica, il suo essere dialogico con se stesso e con gli autori diventa scambio culturale con i suoi stessi attori, che cura, scopre, rivela e offre a quello spettatore che anela essere spettatore, nel fine ultimo di ricevere stupore e comprensione. E ciò lo fa con grande completezza con Pier Paolo Pasolini, su tutti.

Il Festival è stato inaugurato lunedì 18 maggio al Teatro Argentina con la serata istituzionale, che ha visto Roberto Benigni maestro di cerimonia. Il comico toscano ha raccontato l'esordio in presa diretta del regista e, di quella vis comica in lui, dal regista da giovanissimo individuata con ' Berlinguer ti voglio bene ' (1997), di cui è seguita proiezione del film. Un film racconto italiano, un capolavoro che racconta, rivelandolo, oltre al genio di Benigni, del quale Bertolucci ebbe a dire "filmando Roberto avevo la netta sensazione di trovarmi di fronte a qualcosa di irripetibile ed unico", una intelligente timelapse dell'Italia post-boom, decodificandone fragilità, disgregazione, spiazzante modernità che sradica. Sguardo d'autore seppur acuto sempre mite, però.

Le giornate del Festival si dipaneranno con inizio delle proiezioni alle ore 15.30, tra Teatro India e Casa del Cinema - quest'ultima sempre con ingresso gratuito -, con più di 30 titoli tra le sale Kodak, Deluxe e Volonté. La programmazione è contrappuntata da quattro titoli delle sue opere-monologo seguendo un intervallo preciso di produzione, l'una dall'altra, di dieci anni. I primi due titoli in ordine cronologico di realizzazione: Cioni Mario (1975) e Raccionepeccui, a seguire Il Pratone del Casilino e 'Na Specie de cadavere lunghissimo (l'ombra del gatto che attraversa una strada di Roma il giorno dell'assassinio di Pasolini).

Prima del 1975 in Italia c'erano Carmelo Bene e Dario Fo a dare forma a questa pratica di scena - sebbene esistessero sì i fini dicitori e i comici del cabaret -, all'estero, invece, Cocteau con La Voce Umana. Una forma che non intende consegnare esercizi di stile dell'attore, il suo talento o virtuosismo tecnico, ma qualcosa di altro, qualcosa da prediligere per Giuseppe Bertolucci, che è il porre lo spettatore nella condizione prediletta di voyeur che casualmente si imbatte in qualcuno che sta parlando, da solo, e pian piano può cominciare a spiarlo, per arrivare a comprendere, se stesso.

Una particolare attenzione va rivolta alla data del 24 Maggio, con la Giornata Pasolini presso la sala Kodak, che prevede dalle ore 16.00 film e documentari dedicat dall'autore a Pasolini "le cui analisi sociologiche leggevano in filigrana nel tessuto della società, l'identikit di qualcuno che poi, nella realtà, nella vita..." lo silenzierà.

Il curatore del Festival, Ignacio Paurici, ricorda con noi Giuseppe Bertolucci così: "..fra i tanti suoi pregi, quello che amavo di più l'instancabile senso dell'umorismo, la sua finissima ironia, capace di spiazzare, tutti, indicando una strada nuova, inesplorata. Maestro di umanità, ed umiltà..." La cornice dell'opera del maestro cineasta, sostenuta dall'Assessore alla Cultura della Regione Lazio, Lidia Ravera, ancora e di nuovo insiste sulla virtù dell'ironia "implacabile, leggera, puntualissima, rara risorsa degli esseri umani naturalmente straordinari" e la sua creatività: "debordante, crossmediale, selvatica, libera da barriere ed etichette".

L'atto dello scrivere ha un carattere, così le cose di cui si scrive. Lo stile utilizzato è il modo migliore per comprendere, profondamente, se si hanno cose da dire... Giuseppe.

Per il Programma del Festival, si può consultare www.festivalbertolucci.com

Per una preziosa mano che accompagni i neofiti di Bertolucci Giuseppe, la sua mano: COSEDADIRE, Edizioni Bompiani.

La gioia per l'Oscar a Ennio Morricone

La gioia di un aquilano per l'Oscar dato a un "aquilano onorario", Ennio Morricone.

2 marzo 2016, di Redazione Cinema

Con grande gioia esprimo, da aquilano, plauso ed emozione per l'Oscar conferito ad Ennio Morricone dall'Academy of Motion Picture Arts and Sciences, ieri notte a Los Angeles, per le musiche del film The Hatefun Height di Quentin Tarantino. Un riconoscimento atteso, seguito all'Oscar alla Carriera tributatogli nel 2007.

Ho atteso più di un'intera giornata, pensando che lo facesse qualche rappresentante istituzionale della Città. All'Aquila si dichiara ogni giorno, su tutto, talvolta anche sul nulla. Ma quando si deve davvero, come in questa occasione, non accade. Allora, da amministratore civico di lungo corso a riposo, intanto lo faccio io. Magari una dichiarazione ufficiale della Municipalità seguirà, assai opportunamente. Ma non poteva passare senza commento, senza le nostre felicitazioni un fatto così prestigioso che riguarda un Cittadino Onorario dell'Aquila, un grande amico della città capoluogo d'Abruzzo. Già, perché Ennio Morricone è un "Aquilano onorario", insieme ad Arthur Rubinstein e Goffredo Petrassi per la Musica, come Vittorio Storaro lo è per il Cinema e Antonio Calenda per il Teatro, tre settori dove la vocazione culturale dell'Aquila si è espressa a livelli di riguardo nel panorama nazionale e oltre.

Diverse volte il maestro Morricone è stato all'Aquila, per dirigere applauditissimi concerti, nel giorno memorabile del conferimento della Cittadinanza onoraria, come nell'immediatezza del tragico terremoto del 2009 la sua visita alla città ferita, con profonda sensibilità verso gli aquilani. Mi piace particolarmente ricordare anche l'indimenticabile giornata con il Maestro in occasione della presentazione a L'Aquila della preziosa biografia, Morricone. Cinema e oltre, curata da Gabriele Lucci ed edita da Electa/Accademia dell'Immagine: uno dei gioielli di quelle collane di monografie e dizionari del cinema realizzati dalla Sezione Editoria dell'Accademia dell'Immagine dell'Aquila, sotto la direzione di Gabriele Lucci. Uno splendido volume, così ricco di testimonianze sull'opera del Maestro, con una serie di frammenti di partiture autografe e con grande ricchezza di richiami alla sua creazione musicale, oltre il cinema. Quasi tre anni di lavoro Lucci impiegò per quell'opera, con numerose giornate passate nello studio del grande musicista, vincendo la sua naturale riservatezza.

In quel 26 novembre 2007, al Cinema Massimo pieno come un uovo, rispondendo alle domande di Gabriele Lucci, il M° Morricone raccontò molti aneddoti della sua vita professionale e tante testimonianze, infine confessando le sue predilezioni per Bach, Frescobaldi, Monteverdi e Palestrina, ma anche per Strawinski, Nono e Petrassi. Intanto sul grande schermo scorrevano i fotogrammi dei più noti film ai quali Morricone ha dato le sue indimenticabili musiche: Per un pugno di dollari, Il buono il brutto e il cattivo, C'era una volta il West, Indagine su un cittadino al di sopra d'ogni sospetto, Mission, C'era una volta in America, Nuovo cinema Paradiso, Sacco e Vanzetti, La sconosciuta.

L'Oscar conferitogli per il film di Quentin Tarantino s'aggiunge alla copiosa messe di riconoscimenti tributati al Maestro Morricone nel corso della sua lunga carriera. Musicista tra i più versatili, sensibili e raffinati, sin dai primi lavori diede prova di raggiungere vette qualitative impensabili, anche se solo nel 1961, con il film Il federale di Luciano Salce, Ennio Morricone avvia la sua splendida avventura con una sequela di straordinarie composizioni che ha impresso il suo estro sul cinema mondiale, regalando all'umanità le più belle pagine di musica sposata alla settima arte.

Goffredo Palmerini

Totò, filosofo della risata

Alcune date possono unire il destino di personaggi, apparentemente molto differenti tra loro. La loro lezione di vita, spetta a noi saperla interpretare.

15 aprile 2016, di Piero Buscemi

Abbiamo ricordato sulle nostre pagine la figura del grande filosofo-scrittore Jean-Paul Sartre, una figura emblematica e affascinante del panorama culturale mondiale, deceduta il 15 aprile 1980.

L'importanza dell'opera e del pensiero dell'intellettuale francese ha consegnato ai posteri il suo messaggio filosofico e le gesta della sua vita in prima linea contro i soprusi e le contraddizioni del suo tempo, non troppo lontane dal pretenzioso modernismo di oggi, riassunto di un fallimento evolutivo, che fa di Sartre, un esempio di coerenza e anti potere costituito da emulare, dove i mezzi comunicativi virtuali di oggi rischiano, spesso, di rimanere nell'ombra, quando si è chiamati a trasformare in fatti le accattivanti citazioni, disperse sul mondo internauta.

Il 15 aprile registra la scomparsa di un altro personaggio emblematico del nostro Paese. L'uomo che ha saputo filosofeggiare la crudeltà della Seconda Guerra mondiale, tra un campo di concentramento, ironizzato nel suo famoso Siamo uomini o caporali, e l'avvertimento alle generazioni che sarebbe seguite, sulle nuove arroganze che avrebbero investito le loro vite, dopo essersi scrollate di dosso la crudeltà del periodo nazi-fascista, in nome di più attuali e discutibili principi democratici.

Stiamo parlando ovviamente di Totò. Il più grande attore italiano, riconoscenza post-mortem, come si divertiva spesso a evidenziare in vita. La sua grande arte interpretativa dei vizi e delle virtù del suo tempo ha saputo raggiungere la sensibilità riflessiva degli spettatori. L'amaro della vita che traspare dal volto triste del personaggio di Guardie e Ladri, che sente il dovere di giustificare l'operato illegale condotto per anni, davanti al rappresentante della legalità (immensa interpretazione di Aldo Fabrizi), al quale affiderà il destino della propria famiglia, mentre viene condotto in carcere. La sua famiglia, unico motivo legittimo che discolpa un'esistenza di truffe e rapine. Concetto ribadito più volte in altri film indimenticabili, uno su tutti, Totò truffa '62, accanto a un altro grande, Nino Taranto.

L'attualità, forse anche la preveggenza, di un destino comune di un'umanità che si illude di riuscire a trovare ancora motivi di nostalgico oblio delle vicende, quasi banali e bizzarre, descritte nei film interpretati dal comico napoletano, finisce per perdersi nella rassegnazione davanti alla costatazione di una società piegata alla filosofia del "futuro", consolazione obbligata per riversare nelle generazioni a venire, la chiusura del cerchio di un mondo migliore.

La capacità di anticipare i tempi dell'arte della satira politica, vede in Totò l'attore che ha saputo ridicolizzare quel potere costituito, più volte e sicuramente in modo diverso, scacciato dai salotti del pensiero utopistico ed anche futurista di Jean-Paul Sartre. L'epico film, con l'indimenticabile macchietta creata dal Principe, che vede il personaggio più imitato della storia del cinema, il mitico Antonio La Trippa, capace di amplificare la propria campagna elettorale, spesso notturna, attraverso l'utilizzo di un gigantesco imbuto, con il quale il personaggio del film invaderà la privacy (tanto per usare un termine oggi molto di moda) dei suoi coinquilini, assopiti da un rassegnato stallo politico. Una provocazione "culturale" che farà recitare alla signora La Trippa la frase "Non c'è rosa senza spine, non c'è governo senza Andreotti".

Non sappiamo se l'attore-uomo Totò abbia mai realmente riconosciuto un minimo di umanità alla società del suo tempo, quel minimo che potesse poggiare le basi per realizzare quel futuro, che abbiamo già citato in questo articolo. La risposta, forse, ce la potrebbe dare la sua folle risata consegnata ai posteri attraverso l'occhio attento e scrutatore dell'animo umano, che Pasolini seppe immortalare nel suo Uccellacci e uccellini, una sorta di ammocernata analisi della società, divisa nelle due grosse appartenenze, già descritte in Siamo uomini o caporali.

Questo 15 aprile, che accomuna le due sfaccettature della filosofia di vita che avvicina il saltimbanco partenopeo con l'enigmatico filosofo francese, racchiude forse un'altra interpretazione. Basterebbe elencare i personaggi illustri che si ritrovano a condividere la ricorrenza della loro morte. Filippo Brunelleschi, Greta Garbo, Giovanni Gentile, Abraham Lincoln, Pol Pot e Raimondo Vianello sono nomi sufficienti per provare ancora a ridere e deridere questo pazzo, pazzo mondo.

Bud Spencer, in arte Carlo Pedersoli

Un altro monumento di Napoli ci ha lasciati orfani di una cultura alla quale, molti di noi, hanno affidato la propria infanzia.

28 giugno 2016, di Piero Buscemi

Il cinema era al di là del torrente, che divide ancora oggi i tanti paesini della riviera jonica messinese. Era l'unico che potevi trovare lungo tutta la costa che da Messina porta a Catania. Certo, c'era Taormina e il suo festival, ma negli anni '70, era ancora un palcoscenico elitario, difficilmente accessibile.

Il torrente lo attraversavamo a piedi. Quasi sempre in secca, si partiva da Nizza di Sicilia e si giungeva alle prime case di Alì Terme. Molti di noi, per anni, hanno sconosciuto il resto del paese, come se quel cinema rappresentasse le colonne d'Ercole per le nostre fughe adolescenziali.

Il cinema Vittoria, ancora in fervida attività, proponeva film non sempre recentissimi, Sergio Leone la faceva da padrone, e i primi filmetti osé con la Fenech a conturbare le raffreddate fantasie degli inverni troppo "coperti", dopo le estati di turisti e anatomie da far scaldare dal sole, completavano lo striminzito cartellone stagionale.

Noi, all'epoca ragazzini delle scuole medie, andavamo al cinema attirati da altro. Troppo ingenui ed ancora poco smaliziati per apprezzare le rotondità della Edwige nazionale, lasciavamo i nostri abbecedari a casa e ci accodavamo al botteghino per acquistare il biglietto ed entrare (rubiamo i versi di una nota canzone di Edoardo Bennato), a vedere i film del nostro personale Mangiafuoco.

La stazza esuberante, ma atletica, da contraltare agli occhi azzurri del compare di avventure. Nomi americanizzati che ci hanno ingannato per anni sulla loro reale origine. Sono stati gli emblemi delle nostre reazioni alle prepotenze gratuite, le scazzottate ricostruite seguendo un copione da spettacolo da circo. Bud Spencer e Terence Hill hanno saputo ridicolizzare la violenza, i guappi di cartone, a volte trasformati in guerrieri della notte.

Ci hanno fatto conoscere le strade americane che non riuscimmo a vedere nei censurati episodi della sagra de Il Padrino. Anche le colonne sonore, filastrocche cantate in inglese dai fratelli De Angelis, quasi a volere rappresentare una linea di continuità della maschera americana recitata da Alberto Sordi.

Ci hanno fatto vestire i panni dei poliziotti, dei difensori dei deboli nel selvaggio west, dei pezzenti sagliuti a miliardari a scardinare bande di malavitosi. Anche quando il grosso dei due, come più semplicemente riuscivamo a distinguerli, vestì il ruolo del commissario napoletano, in lotta con le sole mani, contro la camorra delle droghe all'uscita delle scuole, capimmo che si poteva lanciare messaggi educativi con la metafora del pugno, una battuta in dialetto e l'indimenticabile Enzo Cannavale a fare da spalla.

Quello che non è riuscito a dividere il cinema, in cerca di nuovi stimoli, spesso deleteri e rasenti l'idiozia, anche quando Bud e Terence presero strade diverse nella loro carriera, ci è riuscita la vita. Quella che ha spento l'ultimo ciak del sorriso barbuto che, già oggi, cominciamo a rimpiangere.

Giuseppe Ferrara. Ci lascia il suo cinema civile

 *Prima de "I misteri di Roma" avevo un concetto che mi faceva credere all'immobilità della macchina da presa di fronte a una scena da girare. Con Zavattini il concetto diventa il seguente: liberiamo la macchina da presa dal cavalletto perché essa è come un testimone che sta nel reale, che vive la realtà partecipandovi e muoviamoci dentro ai fatti... Ergo, macchina a mano.*

28 giugno 2016, di Armando Lostaglio

È un concetto fondamentale sul quale ha mosso i passi di celluloide Giuseppe Ferrara, che ci ha appena lasciati, all'età di 84 anni. Un cinema di impegno civile il suo, di ricerca sociale su eventi e personalità che hanno segnato la storia nazionale degli ultimi 50 anni. Autore un po' controverso dal carattere forte, toscano di nascita ma con radici lucane (a Francavilla in Sinni). Autore che sapeva scavare in eventi col piglio dell'inchiesta. Oltre una quindicina i suoi film e altrettanti i documentari (qualcuno girato anche nella "sua" Lucania).
Dalla vicenda Moro (con Gian Maria Volonté, che vinse a Berlino) a Carlo Alberto Dalla Chiesa (con un eccellente Lino Ventura, aiuto regista un allora giovane Giuseppe Tornatore), Ferrara ha lanciato nel cinema italiano una maniera non consueta di fare cinema, senza però esporsi troppo, discreto e controverso qual era.
Alcuni anni fa come CineClub "De Sica" aderimmo ad una mobilitazione per sostenere e sollecitare la concessione dei benefici della legge Bacchelli al regista. Ci si augurava che il Comune di Roma avesse

mantenuto l'impegno di concedere a Ferrara un alloggio di quelli confiscati alla mafia. Appariva significativo ricordarlo considerando che proprio le cosche sono state più volte nel mirino della sua cinepresa.

L'appello lanciato da Apollo Undici e dall'ANAC contava le firme di cineasti, critici, giornalisti; da Ettore Scola a Ugo Gregoretti, Michele Placido (che fu Giovanni Falcone nel film omonimo), Sergio Rubini ("Il caso Moro"), Anna Galiena ("Guido che sfidò le Brigate rosse"), Giuliana De Sio ("Cento giorni a Palermo"), Adalberto Maria Merli ("Faccia di spia", "Cento giorni a Palermo" e "Segreto di Stato"), il produttore Mauro Berardi ("Il caso Moro"), il regista Marco Leto e molti altri ancora.

Molta stima dal mondo del cinema, un impegno civile, oltre che politico, che Beppe Ferrara non ha mai tradito e confermato nelle sue opere che hanno avuto sempre per protagonisti casi inquietanti della nostra Repubblica: lo scandalo del Banco Ambrosiano e la morte (omicidio o suicidio?) di Roberto Calvi, l'omicidio del generale Dalla Chiesa ("Cento giorni a Palermo"), la CIA e la finanza internazionale alleata con la malavita ("Faccia di spia"), la strage di Capaci in "Giovanni Falcone", il narcotraffico, il sindacalista Guido Rossa capro espiatorio delle BR per aver denunciato la connivenza di un operaio con i terroristi.

Da critico fondatore di cineclub e docente di cinema (in Umbria), Ferrara ha portato una ventata di pragmatismo non omologato. Il personale ricordo va alla nostra presentazione del libro "SCHERMI RIFLESSI - tra cinema e televisione" (EditricErmes, 2010) presso la Libreria del Cinema di Roma, al fianco della scrittrice e critica Carmen De Stasio e dello scrittore Giovannino Russo. Una presenza qualificante e discreta per quella serata di cultura cinematografica. Un ricordo indelebile.

Addio John Hurt

Si è spento il grande attore inglese, all'età di 77 anni, dopo una vana lotta contro un tumore al pancreas.

28 gennaio 2017, di Piero Buscemi

Quando nel 1980 lo vedemmo sul grande schermo, recitando in una delle sue più toccanti interpretazioni, The Elephant Man del regista David Lynch, John Hurt era già un divo della settima arte, protagonista indimenticabile del film di fantascienza Alien e davvero struggente in Fuga di mezzanotte, già qualche anno prima.

La sua capacità camaleontica di passare dalle vesti del tossicodipendente compagno di cella dello studente universitario Billy Hayes, nel film interpretato da Brad Davis, storia vera di un'avventura nelle carceri turche di un giovane americano scoperto all'aeroporto di Istanbul con una cinta di hashish, che dopo diverse esperienze drammatiche, riuscirà a fuggire e tornare in patria, a quelle del protagonista di Elephant Man, alias Joseph Merrick, l'uomo vissuto nella Londra vittoriana di fine '800 e deformato a dismisura a causa della sindrome di Proteo, hanno collocato John Hurt nell'olimpo della cinematografia britannica ed internazionale.

Erano gli anni dell'esplosione della carriera di Rober De Niro, altro grande protagonista d'oltreoceano dell'arte in celluloide, che in quegli anni '80 fu più volte il diretto antagonista nella raccolta dei consensi della critica e dei prestigiosi premi, quali gli Oscar. Fu proprio De Niro a strappargli l'Oscar per la pellicola The Elephant Man, grazie alla maestosa interpretazione dell'attore italo-americano in Toro Scatenato di Martin Scorsese.

Le doti recitative di Hurt gli hanno consentito di rivestire i ruoli più contrastanti, che una carriera cinematografica possa concedere ad un

artista. È stato Winston Smith, il personaggio di 1984, film tratto dal romanzo di George Orwell e diretto da Micheal Radford, un istrione Gesù in La pazza storia del mondo di Mel Brooks, regista con il quale recitò anche nella parodia Balle Spaziali che faceva il verso ad Alien. Ma è stato anche Chandler, l'aviatore inglese del film La linea del fiume del regista romano Aldo Scavarda e ambientato nella seconda guerra mondiale.
È stato anche protagonista del discusso e rivalutato col tempo I cancelli del cielo di Michael Cimino, il regista del noto film Il cacciatore, ironia della sorte, epica produzione cinematografica interpretata da Rober De Niro. Farà parte anche del cast di Harry Potter e la pietra filosofale di Chris Columbus, dove reciterà anche nei successivi Harry Potter e i doni della morte Parte 1 e 2 del regista Davi Yates. Ha recitato anche nel fantasy Melancholia del regista danese Lars von Trier e nel recentissimo Jackie di Pablo Larraìn, il film ispirato alla vita di Jacqueline Kennedy.
John Hurt rientra tra i grandi attori made in England, una nazione che ha saputo consegnare alla storia della cinematografia mondiale tanti artisti eclettici, imprevedibili, estrosi e di una grande capacità interpretativa, quali Micheal Kaine, Ian McKellen, Ben Kingsley, Antony Hopkins per citarne qualcuno.
Una scuola che, fondata su una grande tradizione teatrale, ha saputo darci un'immagine poetica e mistica del mondo britannico, in pieno contrasto con quella stereotipata che abbiamo memorizzato dai libri di scuola, monopolizzata dalla casa reale, gli autobus a due piani, le vecchie cabine rosse, fish and chips. Tutto intorno all'Union Jack.
John Hurt si è spento il 27 gennaio. Qualche giorno prima, il 22, aveva compiuto 77 anni.

Indice dei film e degli autori delle recensioni

Riportiamo i titoli dei film citati nelle recensioni e – di seguito, contraddistinti da una * -, gli autori delle recensioni.

Alexander, di Oliver Stone..56
Amico di famiglia (L'), di Paolo Sorrentino......................................110
Amore ai tempi del colera (L'), di Mike Newell...............................150
Amore ritrovato (L'), di Carlo Mazzacurati..48
Angeli e demoni, di Ron Howard..174
Aviator (The), di Martin Scorsese..54
Baaria, di Giuseppe Tornatore..179
Bestia nel cuore (La), di Cristina Comencini....................................83
Breakfast on Pluto, di Neil Jordan..138
Buio nell'anima (Il), di Neil Jordan...144
Butterfly effect (The), di Eric Bress e J.Mackye Gruber...................25
Caimano (Il), di Nanni Moretti...99
Caja (La), di Juan Carlos Falcòn Rivero..134
Centochiodi, di Ermanno Olmi..128
Changeling, di Clint Eastwood..165
Closer, di Mike Nichols...52
Company (The), di Robert Altman...29
Concorso di colpa, di Francesco Nuti...78
Conseguenze dell'amore (Le), di Paolo Sorrentino.........................43
Democrazia confinata, di Danilo Licciardello e Ornella Bellucci...190
Diari della motocicletta, di Walter Sallers..39
Dias de Santiago, di Josué Méndez...72
Diaz, di Daniele Vicari...203
Diritto di sognare un'Italia senza mafia, di Renzo Rossellini........116
Donnie Darko, di Richard Kelly..59
Draquila, di Sabina Guzzanti..188
E' stato morto uno ragazzo, di Filippo Vendemmiati.....................192

Eraserhead - La mente che cancella, di David Lynch..................157
Eredità (L'), di Per Fly..................27
Fahrenheit 9/11, di Roger Moore..................41
Fantasma di Corleone (Il), di Marco Amenta..................96
Fascisti di Marte, di Corrado Guzzanti..................112
Generazione mille euro, di Massimo Venier..................194
Gente di Roma, di Ettore Scola..................16
Gioiellino (Il), di Andrea Molaioli..................196
Good Morning Aman, di Claudio Noce..................183
Goodnight and Good Luck, di George Clooney..................87
Gran Torino, di Clint Eastwood..................171
Grande bellezza (La), di Paolo Sorrentino..................210
Grande capo (Il), di Lars von Trier..................121
Guerre stellari, di George Lucas..................21
Hotel Rwanda, di Terry George..................70
Invictus, di Clint Eastwood..................185
Irpinia mon amour, di Federico Di Cicilia..................231
Jules e Jim, di François Truffaut..................119
Junction 48, di Udi Aloni..................234
Lady in the water, di M. Night Shymalan..................106
Lavorare con lentezza, di Guido Chiesa..................46
Lord of War, di Andrew Nicoll..................93
Ma quando arrivano le ragazze?, di Pupi Avati..................64
Madagascar, di Eric Darnell e Tom McGrath..................79
Meglio gioventù (La), di Marco Tullio Giordana..................13
Million dollar baby, di Clint Eastwood..................66
Minatori Rosso Malpelo, di Pasquale Scimeca..................108
Miracolo a Sant'Anna, di Spike Lee..................161
Non è un paese per vecchi, di Joel ed Ethan Coen..................152
Nuovomondo, di Emanuele Crialese..................104
Odore del sangue (L'), di Mario Martone..................36
Onda (L'), di Dennis Gansel..................176
Ora di religione (L'), di Marco Bellocchio..................140
Papà di Giovanna (Il), di Pupi Avati..................159
Passione di Cristo (La), di Mel Gibson..................31

Patria, di Felice Farina..221
Ragazza del lago (La), di Andrea Molaioli...142
Reality, di Matteo Garrone...208
Regista di matrimoni (Il), di Marco Bellocchio...101
Rolling Stones Sweet Summer Sun 2013 (The), di Paul Dugdale............216
Romanzo criminale, di Michele Placido..89
Salvador Allende, di Patricio Guzman...81
Saturno contro, di Ferzan Ozpetek...124
Sentiero (Il), di Jasmila Zbanic..200
Shortbus, di John Cameron Mitchell...114
Siamir, di Francesco Munzi...68
Signore degli anelli: il ritorno del re (Il), di Peter Jackson..........................18
Sin City, di Robert Rodriquez e Frank Miller..73
Soy Cuba - Il Mammuth siberiano, di Vicente Ferraz................................91
Still life, di Jia Zhang-Ke...126
Terraferma, di Emanuele Crialese...198
Terre Rosse (Le), di Giovanni Brancale...228
To Rome with love, di Woody Allen..206
Torneranno i prati, di Ermanno Olmi...223
Tutta la vita davanti, di Paolo Virzì...155
Valzer con Bashir, di Ari Folman..167
Vi ar bast!, di Lukas Moodysson..212
Viceré (I), di Roberto Faenza..146
Vita di Adele (La), di Abdellatif Kechiche..214
Vita è un miracolo (La), di Emir Kusturica..62
Vite degli altri (Le), di Florian Henckel von Donnersmarck.......................131
Viva Zapatero!, di Sabina Guzzanti...85
Wall (The) di Roger Waters, Sean Evans..225
Wonderland, di James Cox...23
Woodsman (The), di Nicole Kassell..76
Wrestler (The), di Darren Aronofsky...169
*Adamo, Dario...157, 183, 188, 196
*Allegria, Angela...203
*Basile, Vincenzo..216
*Buscemi, Piero.......200, 223, 225, 234, 242, 278, 293, 296, 316, 319, 323

*Calogero..................................52, 54, 62, 64, 68, 76, 78, 81, 89, 91
*Carollo, Antonio...134, 162, 206, 272
*Castiglia, Giuseppe...21
*Cavallaro, Antonio............99, 106, 121, 126, 131, 142, 153, 169, 171, 247
*Cirnigliaro, Fabrizio...177, 180, 185, 194
*Colia, Anna..167
*Corsini, Elisabetta...112, 124, 128
*Di Bartolomeo, Cristina...309
*Di Francesca, Diana...146
*Di Lino, Sergio..16, 18, 23, 29
*Garofalo, Lucio...231
*Gentile, Emanuele...165
*Geria, Teresa..70, 72
*Giannini, Laura...13, 43, 276, 291
*Giansiracusa, Ugo..25, 27, 31, 36, 41, 239
*Giovani, Annalisa..48
*Guarino, Donatella...104, 155
*Kusak, Victor..85, 87, 138, 160, 190, 244
*Lapenna, Laura..110
*Leotta, Orazio.....................192, 198, 259, 261, 263, 282, 288, 300, 302
*Lerda, Elisa..174
*Livolsi, Silvestro..108
*Lostaglio, Armando......208, 210, 221, 228, 275, 280, 285, 290, 298, 305, 321
*Mica, Salvatore...79, 83, 155 e seg.
*Misuraca, Lorenzo..46
*Navio, Rafael...119
*Olla, Simone...59
*Pace, Claudia..39
*Pelleriti, Alfio...56, 66, 73, 150
*Piccitto, Cesare..140
*Redazione Girodivite.................................101, 252, 256, 266, 313
*Rosano, Liliana...114
*Rossi, Davide...212, 214
*Ruggeri, Carmen..93, 96

*Scicolone, Bianca...........116
*Timpanaro, Laura...........144
*Venturi, Davide...........43

Nota di edizione

Questo libro

La raccolta delle recensioni e degli articoli pubblicati da Girodivite, la più antica testata web italiana, nell'arco degli ultimi 12 anni. Una occasione imperdibile per ri-vedere film, attori, registi, protagonisti del mondo del cinema. Un ferma-immagine di quello che ci ha emozionato, interessato, quello che ci ha fatto discutere.

Autori delle recensioni: Dario Adamo, Angela Allegria, Vincenzo Basile, Piero Buscemi, Calogero, Antonio Carollo, Giuseppe Castiglia, Antonio Cavallaro, Fabrizio Cirnigliaro, Anna Colia, Elisabetta Corsini, Cristina Di Bartolomeo, Diana Di Francesca, Sergio Di Lino, Lucio Garofalo, Emanuele Gentile, Teresa Geria, Laura Giannini, Ugo Giansiracusa, Annalisa Giovani, Donatella Guarino, Victor Kusak, Laura Lapenna, Orazio Leotta, Elisa Lerda, Silvestro Livolsi, Armando Lostaglio, Salvatore Mica, Lorenzo Misuraca, Rafael Navio, Simone Olla, Claudia Pace, Alfio Pelleriti, Cesare Piccitto, Liliana Rosano, Davide Rossi, Carmen Ruggeri, Bianca Scicolone, Laura Timpanaro, Davide Venturi.

A cura di...

Piero Buscemi è nato a Torino nel 1965. Redattore del periodico online www.girodivite.it, ha pubblicato : "Passato, presente e futuro" (1998), "Ossidiana" (2001, 2013), "Apologia di pensiero" (2001),

"Querelle" (2004), *L'isola dei cani* (2008, ZeroBook 2016), "Cucunci" (2011). Ha curato l'antologia di poesie *Accanto ad un bicchiere di vino* (ZeroBook 2016) e l'antologia *Parole rubate* (2017). Vincitore di diversi premi letterari, alcuni suoi racconti e poesie sono contenuti in alcune antologie nazionali. Il romanzo "Querelle" è stato tradotto in inglese e pubblicato dalla Pulpbits Press (Stati Uniti). È tra i fondatori dell'Associazione culturale "Aromi Letterari" di Messina. Sostenitore Emergency, collabora con l'Avis (donatori sangue) ed è promotore delle iniziative di ActionAid Italia.

Le edizioni ZeroBook

Le edizioni ZeroBook nascono nel 2003 a fianco delle attività di www.girodivite.it. Il claim è: "un'altra editoria è possibile". ZeroBook è una piccola casa editrice attiva soprattutto (ma non solo) nel campo dell'editoriale digitale e nella libera circolazione dei saperi e delle conoscenze.

Quanti sono interessati, possono contattarci via email: zerobook@girodivite.it

O visitare le pagine su: http://www.girodivite.it/-ZeroBook-.html

Ultimi volumi:

Cento gocce di vita / di Ferdinando Leonzio (ISBN 978-88-6711-121-3)

Neuroni in fuga / Adriano Todaro (ISBN 978-88-6711-111-4)

Parole rubate / redazione Girodivite-ZeroBook (ISBN 978-88-6711-109-1)

Accanto ad un bicchiere di vino : antologia della poesia da Li Po a Rino Gaetano / a cura di Piero Buscemi (ISBN 978-88-6711-107-7, 978-88-6711-108-4)

Il cronoWeb / a cura di Sergio Failla (ISBN 978-88-6711-097-1)

Col volto reclinato sulla sinistra / di Orazio Leotta (ISBN 978-88-6711-023-0)

L'isola dei cani / di Piero Buscemi (ISBN 978-88-6711-037-7)

Saggistica:

I Sessantotto di Sicilia / Pina La Villa, Sergio Failla (ISBN 978-88-6711-067-4)

Il Sessantotto dei giovani leoni / Sergio Failla (ISBN 978-88-6711-069-8)

Antenati: per una storia delle letterature europee: volume primo: dalle origini al Trecento / di Sandro Letta (ISBN 978-88-6711-101-5)

Antenati: per una storia delle letterature europee: volume secondo: dal Quattrocento all'Ottocento / di Sandro Letta (ISBN 978-88-6711-103-9)

Antenati: per una storia delle letterature europee: volume terzo: dal Novecento al Ventunesimo secolo / di Sandro Letta (ISBN 978-88-6711-105-3)

Il cronoWeb / a cura di Sergio Failla (ISBN 978-88-6711-097-1)

Il prima e il Mentre del Web / di Victor Kusak (ISBN 978-88-6711-098-8)

Col volto reclinato sulla sinistra / di Orazio Leotta (ISBN 978-88-6711-023-0)

Il torto del recensore / di Victor Kusak (ISBN 978-6711-051-3)

Elle come leggere / di Pina La Villa (ISBN 978-88-6711-029-2)

Segnali di fumo / di Pina La Villa (ISBN 978-88-6711-035-3)

Musica rebelde / di Victor Kusak (ISBN 978-88-6711-025-4)

Il design negli anni Sessanta / di Barbara Failla

Maledetti toscani / di Sandro Letta (ISBN 978-88-6711-053-7)

Socrate al caffé / di Pina La Villa (ISBN 978-88-6711-027-8)

Le tre persone di Pier Vittorio Tondelli / di Alessandra L. Ximenes (ISBN 978-88-6711-047-6)

Del mondo come presenza / di Maria Carla Cunsolo (ISBN 978-88-6711-017-9)

Stanislavskij: il sistema della verità e della menzogna / di Barbara Failla (ISBN 978-88-6711-021-6)

Quando informazione è partecipazione? / di Lorenzo Misuraca (ISBN 978-88-6711-041-4)

L'isola che naviga: per una storia del web in Sicilia / di Sergio Failla

Lo snodo della rete / di Tano Rizza (ISBN 978-88-6711-033-9)

Comunicazioni sonore / di Tano Rizza (ISBN 978-88-6711-013-1)

Radio Alice, Bologna 1977 / di Lorenzo Misuraca (ISBN 978-88-6711-043-8)

L'intelligenza collettiva di Pierre Lévy / di Tano Rizza (ISBN 978-88-6711-031-5)

I ragazzi sono in giro / a cura di Sergio Failla (ISBN 978-88-6711-011-7)

Proverbi siciliani / a cura di Fabio Pulvirenti (ISBN 978-88-6711-015-5)

Narrativa:

L'isola dei cani / di Piero Buscemi (ISBN 978-88-6711-037-7)

L'anno delle tredici lune / di Sandro Letta (ISBN 978-88-6711-019-3)

Poesia:

Il libro dei piccoli rifiuti molesti / di Victor Kusak (ISBN 978-88-6711-063-6)

L'isola ed altre catastrofi (2000-2010) di Sandro Letta (ISBN 978-88-6711-059-9)

La mancanza dei frigoriferi (1996-1997) / di Sergio Failla (ISBN 978-88-6711-057-5)

Stanze d'uomini e sole (1986-1996) / di Sergio Failla (ISBN 978-88-6711-039-1)

Fragma (1978-1983) / di Sergio Failla (ISBN 978-88-6711-093-3)

Libri fotografici:

I ragni di Praha / di Sergio Failla (ISBN 978-88-6711-049-0)

Transiti / di Vicotr Kusak (ISBN 978-88-6711-055-1)

Ventimetri / di Victor Kusak (ISBN 978-88-6711-095-7)

Opere di Ferdinando Leonzio:

Segretari e leader del socalismo italiano / di Ferdinando Leonzio (ISBN 978-88-6711-113-8)

Breve storia della socialdemocrazia slovacca / di Ferdinando Leonzio (ISBN 978-88-6711-115-2)

Donne del socialismo / di Ferdinando Leonzio (ISBN 978-88-6711-117-6)

La diaspora del socialismo italiano / di Ferdinando Leonzio (ISBN 978-88-6711-119-0)

Cento gocce di vita / di Ferdinando Leonzio (ISBN 978-88-6711-121-3)

Cataloghi:

ZeroBook: catalogo dei libri e delle idee 2017

ZeroBook: catalogo dei libri e delle idee 2016

ZeroBook: catalogo dei libri e delle idee 2015

ZeroBook: catalogo dei libri e delle idee 2012

Catalogo ZeroBook 2007

Catalogo ZeroBook 2006

Riviste:

Post/teca, antologia del meglio e del peggio del web italiano

ISSN 2282-2437

http://www.girodivite.it/-Post-teca-.html

Girodivite, segnali dalle città invisibili

ISSN 1970-7061

http://www.girodivite.it

https://www.girodivite.it

www.ingramcontent.com/pod-product-compliance
Lightning Source LLC
Chambersburg PA
CBHW050127170426
43197CB00011B/1738